동물권 논쟁

— 피터 싱어·탐 레건 그리고 제3의 해법 —

지은이 **임종식**

"나는 친구를 먹지 않는다." 친구를 먹지 않았던 극작가 버나드 쇼를 좋아한다. "살아 있는 것은 다 행복하라"는 법정스님의 축원을 되뇌인다. "인간에게는 비폭력적이고 힘없는 동물을 죽이고 적대시하는 것은 사탄의 철학이다"는 피타고라스의 언명에 공감한다. 인간의 고통이건 돼지의 고통이건 고통은 고통으로 여긴다. 동물학대범들은 이승의 기억을 안고 축생도로 환생, 자신과 똑 같은 인간을 만나길 기대한다. 좋아하는 겨울이 와도 길고양이들 생각에 마음이 편치 않다.

성균관대학교 유학과를 졸업하고 위스콘신 대학교(Univ. of Wisconsin-Madison) 철학과에서 윤리학과 행위철학 분야로 석사와 박사학위를 받았다. 서울대학교와 카이스트에서 강의를 했으며 성균관대학교 초빙교수로 있다. ≪형사법과 살해의도≫, ≪인간, 위대한 기적인가 지상의 악마인가?≫, ≪낙태 논쟁, 보수주의를 낙태하다≫ 등의 저서가 있고 ≪과학의 발전과 윤리적 고민≫을 편집했으며 ≪생명의 위기≫, ≪2020 미래한국≫, ≪지식의 최전선≫ 등의 공저가 있다. 생명과 관련된 윤리적인 물음에 관심을 가지고 있으며, 죽음과 관련된 형이상학적 물음과 신과 관련된 철학적 물음에도 관심을 가지고 있다. 인간우월주의 이데올로기를 거부하고 인간중심 평등주의 철학의 이단자로서 저술활동을 펼치고 있다.

동물권 논쟁
피터 싱어·탐 레건 그리고 제3의 해법

© 임종식, 2021

1판 1쇄 발행__2021년 08월 30일
1판 2쇄 발행__2022년 10월 20일

지은이__임종식
펴낸이__양정섭

펴낸곳__경진출판
　　　　등록__제2010-000004호
　　　　이메일__mykyungjin@daum.net
　　　　사업장주소__서울특별시 금천구 시흥대로 57길(시흥동) 영광빌딩 203호
　　　　전화__070-7550-7776　팩스__02-806-7282

값 21,000원
ISBN 978-89-5996-824-4 93300

동물권 논쟁

— 피터 싱어·탐 레건 그리고 제3의 해법 —

임종식 지음

들어가기

　1949년 6월 11일, 고베의 한 부유한 가정에서 저체중의 남아가 태어난다. 아이는 외모 콤플렉스와 인육에 대한 욕구 속에 성장기를 보냈고, 와코대학교 재학시절에는 욕구를 이기지 못해 학교 근처에 거주하는 독일 여성의 집에 잠입한다. 여성에게 제압당해 체포됐지만 잠입 이유를 실토하지 않아 강간미수죄로 고소를 당했으며, 그마저도 구리타공업의 사장이었던 아버지가 합의금을 지불해 취하된다. 덕분에 칸사이대학교에서 영문학 석사과정까지 무사히 마쳤고, 억눌렸던 엽기성에 다시금 방아쇠를 당긴 건 파리대학에서 만난 학급동료 르네 하르테벨트였다. 1981년 6월 11일, 생일을 핑계로 르네를 집으로 초대했지만 힘으로 제압할 자신이 없어 등 뒤에서 엽총으로 살해하고 사체를 대상으로 온갖 엽기행각을 벌인다. 이틀 후 시신을 가방에 담아 불로뉴 숲의 호수에 유기하려던 차에 목격자가 의심을 하자 가방을 버려둔 채 도주한다. 경찰이 탐문에 들어갔고, 152cm의 키에 깡마른 체구의 동양인이라는 특징 덕분에 사가와 잇세이佐川一政임을 쉽게 특정할 수 있었다. 사가와의 아파트 한켠에 자리한 냉장고에서 사체의 잔해들이 발견된다.

　사가와의 냉장고에서 발견된 것이 썰어 놓은 수박이었다고 해보자. 그렇다면 그를 중벌로 다스릴 수 없었던 것인가? 지금까지 가졌던 친숙함을 버리고 수박의 생김새를 떠올려보자. 모양새만 놓고 보면 수박과 인간의 머리가 크게 다르지 않다. 게다가 수박을 썰면 빨간 액체까지 흐른다. 사가와가 시신에 둔감해져 쉽게 훼손할 수 있었던 것처럼, 우리도 같은 이유에서 수박에게 엽기행각을 벌이고 있는 것은 아닌가?

의문부호는 동물권 부정론자에게로 이어진다. 돼지도 수박과 다를 바 없다는 것이 그들의 생각이기 때문이다. 수박에게 엽기행각을 벌이고 있는 것이 아니라면 그 이유를 밝혀야 한다. 동물권 부정론자들은 수박에게 썰리지 않을 권리가 없기 때문이라고 답변할 것이다. 정답이다. 하지만 문제는 돼지다. 돼지에게 엽기 행각을 벌이는 것이 아니라면 그 이유가 무엇인가? 수박과 마찬가지로 돼지에게 권리가 없기 때문인가?

1998년 8월 4일 오전, 펜실베니아 프레스크 아일의 한 주택 담장을 돼지 한 마리가 뛰쳐나온다. 다급한 모습으로 주변을 둘러본 후 고속도로 쪽으로 난 초행길로 황급히 발걸음을 옮기고는 고속도로에 다다르자 망설임 없이 도로 한복판에 눕는다. 아슬아슬하게 시간이 흘렀고, 초조한 마음을 더 이상 누를 수 없다는 듯 자리를 박차고 일어나 집을 향해 내달린다. 집안으로 들어가 잠시 머물고는 이내 고속도로로 다시 내달려 작심한 듯 도로 한 복판에 눕는다. 처음 누운 지 45분이 지났을 무렵이었다. 차량 한 대가 멈춰 섰고 운전자가 차에서 내리기가 무섭게 벌떡 일어나 따라오라는 듯 걷기 시작한다. 돼지의 옆구리에 난 상처가 마음에 걸린 운전자가 뒤를 쫓았고, 어느 주택에 다다르며 뭔가 잘못 됐음을 직감한다. 실내에서 개가 미친 듯이 짖어대고 있었기 때문이다. 조심스레 집안으로 들어가 보니 한 중년 여성이 쓰러져 신음을 하고 있었다. 미니돼지 루루ᴸᵁᴸᵁ가 조앤의 목숨을 구하는 순간이었다. 딸에게 생일선물로 사줬던 루루와 자신들이 키우던 애완견을 데리고 조앤 부부가 주립공원으로 휴가를 왔고, 남편이 낚시를 간 사이 조앤이 심장 이상 증세로 쓰러졌던 것이다. 15분만 늦었어도 목숨을 잃었을 것이라는 말을 전해들은 조앤은 루루가 눈물을 쏟으며 울부짖었다고 당시를 회상했다.

인간을 살리기 위해 절체절명의 상황을 자초한 루루에게는 권리 자체가 없다는 것이 동물권 부정론자들의 생각이다. 누군가가 루루를 데려가 고문해 죽였어도 조앤에게 악행을 저지른 것이지 정작 루루에게는 어떤 해악도 끼치지 않았다는 것이다. 루루를 고문해 죽여도 감정적인 문제일 뿐 정말로 도덕적, 법적 문제는 아닌가?

1989년 10월 27일, 필자가 다니던 위스콘신대학교에서 동물권 캠프의 수장 탐 레건이 공개강연을 개최한 바 있다. 질의응답 시간에 한 청중이 "구명정이 전복되어 아이와 개 중 한 쪽만을 구할 수 있다면 누구를 구하겠느냐"고 물었고, 레건은 망설임 없이 "아이는 지적 장애아고 개는 영리한 개라면 개를 구하겠다"고 답변했다.

동물의 권리에 대해 무지했던 터라 충격이 아닐 수 없었다. 하지만 한편으로는 신선한 경험이었으며, 돌이켜보건대 당시 동물들이 겪고 있는 참상을 알았더라면 레건이 재직중이던 노스케롤라이나주립대학교로의 전학을 심각하게 고민했었을 것이다.

여하튼 이후로도 무지는 이어졌고, 학업에 여유가 생긴 논문학기에 들어서야 전공과 무관하게 피터 싱어의 ≪동물해방Animal Liberation≫과 탐 레건의 ≪동물권 옹호론The Case for Animal Rights≫을 읽을 수 있었다. 무지에서는 벗어날 수는 있었지만 동물권 논쟁에 참여할 기회를 갖지 못했고, 짧지 않은 세월이 흐른 2015년에야 비로소 미뤘던 숙제를 한 기분으로 ≪인간, 위대한 기적인가 지상의 악마인가?≫를 내놓았다. 인간중심 평등주의를 부정함으로써 동물에게 빚진 감정을 조금이나마 덜 수 있었으며, 동물의 권리를 적극적으로 옹호하기 위해 후속서인 이 책을 기획했다.

이론을 다룬다는 점에서 집중을 요할 수 있다. 하지만 ("내용 없는 사고는 공허하고, 개념 없는 직관은 맹목적이다"는 독일의 철학자 칸트의 말을 응용해) "이론 없는 실천은 맹목적이고, 실천 없는 이론은 공허하다"고 흔히들 말하듯이, 동물의 권리에 대해 어떤 식으로든 자신의 입장을 정리하고자 한다면 피해갈 수 없는 과정으로 보아야 한다.

이 책을 통해 인간과 동물의 동등한 권리를 주장했다. 하지만 그것으로 동물의 상처를 보듬을 수 있다고 생각하지 않는다. 그들의 영혼을 위무할 수 있다고도 생각하지 않는다. 그들이 겪었을 그리고 겪고 있을 참상을 생각하면 그럴 수 있다는 것은 오만임에 틀림없기 때문이다. 다만 이 책이 질곡의 시간을 견디고 있을 동물들을 되돌아보고 그들의 출구를 고민하는 계기가 되었으면 하는 바람이다.

2021년 8월
麥波 임종식

차례

PART 2 대안 찾기: 욕구에 기반한 이익 권리론

[부록]

PART 1
동물해방의 첨병

피터 싱어와 탐 레건

제1장 피터 싱어의 동물해방론

1. 싱어와 레건의 정체성

지문을 읽고 복권을 어떻게 처리해야 옳은지 고르시오.

기내 식기 납품회사 부장님이 퇴직 후 노후를 대비해 견과류 포장사업을 계획하고 있다. 사업 구상 차 홀로 산행에 나서 정상에 다다랐을 무렵이었다. 어디선가 신음소리가 들리는 것 같아 섬뜩한 기분에 발길을 멈췄다. 불길한 기운이 이끄는 대로 걸음을 옮기자 우려했던 예감이 모습을 드러냈다. 중년의 남자가 피를 흘린 채 쓰러져 있었고, 자초지종을 물어보니 괴한에게 강도를 당했다는 것이었다. 구조대원을 기다리는 동안 상태가 급격히 악화된 남자는 움켜쥐고 있던 무언가를 건네며 간신히 입을 뗐다. 1등에 당첨된 복권인데 굴지의 모 땅콩회사 부사장님께 전해달라는 것이었다. 그분의 물불 가리지 않는 성품이 좋아서라는 말도 잊지 않는다. 그러겠노라고 약속을 하자 남자는 안도의 표정으로 눈을 감는다. 시신을 인계하고 하산한 부장님은 무겁지만 흥분된 마음을 안고 동네 어귀의 단골술집으로 향했다. 술집의 벽걸이 TV에선 초등학생들이 심장병 친구들을 위한 모금활동을 펼치고 있었다.

① 약속대로 땅콩회사 부사장님께 전달한다.

② 심장병어린이들을 위한 성금으로 기탁한다.

③ 견과류 포장사업 자금으로 활용한다.

④ 약속대로 땅콩회사 부사장님께 전달하고, 그런 다음 훔쳐서 교회에 헌금한다.

윤리를 제대로 배워본 적이 없었던 부장님으로서는 밤새워 고민해도 정답을 찾을 수 없었다. 혼자 힘으로는 해결할 수 없다는 것을 깨닫고 초등학교 동창 철학자에게 도움을 구하기로 한다. 동창을 만나 자초지종을 설명했고, 상황을 파악한 동창은 확신에 찬 어조로 답변한다. "결과를 보지 말고 행위를 보게나. 아무리 결과가 좋더라도 행위 자체가 그르면 하지 말아야 하네. 도덕적 의무는 결과와 무관한 것일세. 심장병어린이들에게 도움이 된다는 것이 약속을 어기는 행위를 옳게 만들지 못하네." 한마디로 ①번이 정답이라는 것이었다.

고맙다는 말을 남기고 헤어졌지만 한 가지 의문이 뇌리를 떠나지 않았다. 땅콩회사 부사장님께는 껌 값이지만 심장병어린이들에게는 희망이지 않느냐는 의문이었다. 발길을 돌려 중학교 동창 철학자에게로 향했고, 이야기를 들은 동창은 의문을 해소해준다. "행위를 보지 말고 결과를 보게. 약속을 지키는 것이 옳은지는 결과에 달렸다네. 영향을 받을 모든 사람들의 이익을 극대화시키기 위해서는 약속을 어겨야 하네." 예상대로 ②번을 정답으로 제시한 것이다.

의문은 해소했으나 갈피를 잡을 수 없었던 부장님은 둘 중 누가 옳은지를 가리기 위해 고등학교 동창 철학자를 만난다. 하지만 동창에게서 뜻밖의 답변을 듣게 된다. "문제는 행위가 아니라 결과네. 약속을 지키는 것이 옳은지는 결과에 달렸네. 행위자에게 이익이라면 약속을 어기는 것이 의무라네." 예상치 않게 ③번을 정답으로 꼽은 것이다.

고등학교 동창 철학자의 조언이 내심 싫지 않았으나 그대로 따르기에는 어딘가 개운치 않았다. 그래서 마지막으로 목사로 변신해 이름을 날리고 있는 대학교 동창 철학자를 찾아갔다. 이야기를 들은 동창은 예상대로 땅콩회사 부사장님께 전달하라고 충고한다. 하지만 다음 말이 놀라왔다. 그런 다음 훔쳐서 교회에 헌금을 하라는 것이었다. 말 그대로 ④번이 정답이라는 것이었다.

추가 정보 없이 거칠게 분류하면 네 동창 중 ①번을 정답으로 꼽은 초등학교 동창은 의무론자deontologist로 분류할 수 있다. 한편 ②번을 꼽은 중학교 동창과 ③번을 꼽은 고등학교 동창은 목적론자teleologist로 분류할 수 있으며, 그들 중 중학교 동창은 공리주의자utilitarian로 그리고 고등학교 동창은 윤리적 이기주의자ethical egoist로 재분류할 수 있다. 정말 궁금한 건 ④번을 택한 대학교 동창의 정체이다. 하지만 복잡하게 생각할 것 없이 그냥 이상한 사람으로 보면 된다.

초등학교 동창 = 의무론자
중학교 동창 = 목적론자이자 공리주의자
고등학교 동창 = 목적론자이자 윤리적 이기주의자
대학교 동창 = 이상한 자

윤리학 교재도 아닌데 의무론은 뭐고 목적론은 또 뭔지 부담스러울 수 있다. 그럼에도 윤리체계에 대한 설명으로 시작할 수밖에 없는 이유는 동물의 도덕적 지위, 즉 동물이 도덕적 고려 대상인지를 논하며 목적론과 의무론을 빗겨갈 수는 없기 때문이다. 정확히 말하자면 전통적으로 윤리문제에 대한 해결방안을 놓고 목적을 뜻하는 희랍어 텔로스telos에서 유래한 목적론teleology과 의무를 뜻하는 희랍어 데온deon에서 유래한 의무론deontology이 대립해 왔으며, 이들 두 윤리체계가 동물의 지위 담론에 새로운 지평을 연다.

희랍어 'telos텔로스'는 문맥에 따라 여러 의미로 해석될 수 있는 만큼 거기서 유래한 'teleology목적론' 역시 여러 의미로 쓰이고 있다. 하지만 공리주의를 잉태한 윤리체계로서의 목적론은 행위의 목적에 초점을 맞춘, '행위의 옳고 그름은 결과에 달렸다'는 윤리체계를 뜻한다. 따라서 윤리체계로서의 목적론과 의미가 다르지 않지만 결과의 의미가 부각된 '결과주의consequentialism'라는 용어

목적론과 의무론은 행위에 기반한 윤리체계로서 '어떻게 할 것'을 주문한다. 이들 이외에 '어떻게 될 것'을 주문하는 제3의 윤리체계인 덕을 뜻하는 희랍어 아레테arête에서 유래한 덕윤리virtue ethics, aretaic ethics도 동물의 도덕적 지위 문제에 대한 해법을 제시하며, 페미니즘 역시 나름의 해법을 내놓는다. 하지만 이들 해법으로 동물의 도덕적 지위를 확보하기에는 한계가 있다는 점에서 조연급인 이들 해법에 대한 논의는 생략하고자 한다.[1] 이탈리아의 화가 라파엘로Raffaello Sanzio, 1483~1520가 1511년에 그린 '아테네 학당'에서 서양의 덕윤리 창시자인 (左) 플라톤Platon, BC 428년경~348과 (右) 아리스토텔레스Aristoteles, BC 384~322의 모습을 확대했다.

가 등장한 것은 어찌 보면 예고된 일이었다.2)

행위의 옳고 그름이 결과에 달렸다고 했을 때, 그 의미는 최선의 결과를 초래해야 한다는 뜻이다. 따라서 누구에게 최선의 결과인지에 대한 설명이 따라야 한다. 이 물음을 놓고 '영향을 받을 모든 사람들에게'라는 가훈을 가진 큰집 공리주의와 '행위자에게'라는 가훈을 가진 작은집 윤리적 이기주의가 마찰음을 빚는다.

이들 두 결과주의자 중 공리주의 철학자 싱어Peter Singer가 1975년에 내놓은 ≪동물해방Animal Liberation≫에 의해 동물의 지위 담론에 본격적으로 논쟁의 불씨가 당겨진다. 동물의 지위 하면 어김없이 '피터 싱어'라는 이름이 등장하는 이유로서, 인간의 전횡으로부터 동물을 구해야 한다는 생각의 공리주의자라면 싱어에 묻어가는 것도 나쁘지 않을 것이다. ≪동물해방≫이 전 세계 모든 주요 언어로 번역됐듯이, 그리고 그의 이름이 2005년 타임지 선정 '세계에서 가장 영향력 있는 100인'에 올랐듯이, 지난 반세기 동안 동물의 도덕적 지위 담론에 공헌한 바가 실로 지대하기 때문이다.

이제 의무론자 차례다. 공리주의가 동물해방운동을 선점했어도 기가 죽을 필요는 없다. 역작 ≪동물권옹호론The Case for Animal Rights≫으로 동물권 논쟁의 지형을 바꾼 철학자 레건Tom Regan으로 눈을 돌릴 수 있기 때문이다. (레건은 ≪동물권옹호론≫으로 동물권 보호운동의 이론적 기틀을 마련하고 후속서 ≪빈 우리 Empty Cages≫로 동물의 권리를 유린하고 있는 현장을 파헤쳤으며, 비영리재단 'CAF'를 창설함으로써 명실상부 동물권옹호론 캠프의 수장으로 등극한다.)

싱어의 동물해방론과 레건의 동물권옹호론은 인간중심 평등주의anthropocentric egalitarianism와 생물중심 평등주의biocentric egalitarianism를 부정하고 동물중심 평등주의zoocentric egalitarianism를 추구한다는 공통분모를 가지며, 둘 모두 생물학적 사실에 기반한 '평등 원칙'에 도덕적 의미를 입힘으로써 도덕공동체의 외연을 동물로까지 확장시킨다.

물론 싱어와 레건은 서로 다른 이유로 동물중심 평등주의자로서의 정체성을 유지한다. 레건이 자신과 싱어의 차이점을 "싱어에게 개체의 이익이 관심 사라면, 내 관심사는 이익을 가진 개체다"고 요약했듯이,[3] 공리주의로 무장한 싱어에게는 쾌고감수능력sentience을 가진 존재의 이익이 관심사인 반면, 의무론자인 레건의 관심사는 자신의 삶에 대해 주관적인 경험을 할 수 있는 존재의 가치이다. (싱어는 'sentience'의 의미를 '쾌락과 고통을 느낄 수 있는 능력'으로 국한시킨다.)

주목할 점은 공리주의와 의무론의 간극만큼이나 그들이 실천적인 면에서도 차이를 보인다는 점이다. 동물을 보호할 법적장치를 마련해야 한다는 데는 둘이 견해를 함께한다. 하지만 쾌적한 환경에서 사육하고 고통 없이 죽인 동물의 고기를 소비하는 것은 문제가 되지 않는다는 것이 싱어의 입장인 반면, 레건은 "더 넓은 공간을 할애하거나, 자연에 가까운 환경을 조성해주거나, 더 많은 친구를 만들어주는 것이 근본적으로 악한 것을 옳게 만들지 못한다"고 주장함으로써 공장식 축산의 완전 퇴출을 주문한다.[4] 싱어는 레건에

러시아의 생리학자 파블로프Ivan Pavlov의 실험에 동원된 개의 볼에 침을 받는 기구가 부착되어 있다. 사진의 실험동물을 보고 불편한 마음이 들었다면 싱어와 레건의 타깃인 종차별주의자는 아니다. 생체실험이 반드시 필요하다고 했을 경우, 만일 실험동물을 해방시키고 혈세로 부를 축적한 자, 이춘재·유영철과 같은 반국가적·반사회적 범죄자로 그 자리를 대체해야 한다는 생각이라면 싱어와 레건이 넘볼 수 없는 그야말로 입신의 경지에 오른 동물중심 평등주의자라고 자부해도 좋다.

대해 상황을 고려하지 않은 막무가내식의 반대라고 꼬집으며,[5] 동물을 쾌락과 고통을 담은 그릇 취급하고 결과만 좋으면 죽여도 좋다는 식이라고 레건은 비난의 화살을 싱어로 돌린다.[6]

동물해방이라는 공동의 목표를 설정했지만, 방법을 놓고 공리주의자와 의무론자가 날을 세우는 것은 당연한 귀결이다. 상대의 주장이 옳다면 피차 서로에게 활동 무대를 내줘야 하기 때문이다. (이 책 전반에 걸쳐 '인간 이외의 동물nonhuman animals'을 줄여서 '동물'로 표현하고자 한다.)

2. 싱어와 공리주의

1937년 5월, 체임벌린 내각이 들어서며 영국은 자국의 안위를 위해 대독일 유화책을 펼친다. 독일의 오스트리아 병합을 사실상 용인했고, 프랑스의 쇼탕 내각도 대독일 유화책을 쓰면서 히틀러의 세계 제패 야욕에 방아쇠가 당겨진다. 오스트리아 수상 슈슈니크를 사임시킨 1938년 3월 11일, 무솔리니가 병합을 용인했다는 소식을 전해들은 히틀러는 고맙다는 말을 전하라고 수차례 반복한다. 새로 수상 자리에 오른 나치당 당원 자이스-잉크바르트가 각본에 따라 독일에 지원을 요청했고, 12일 자정에 독일군이 국경을 넘는다. 13일, 자이스-잉크바르트가 오스트리아와 독일의 병합을 선언했으며, 이튿날 히틀러가 빈에 모습을 드러내며 유대인의 앞날에 짙은 먹구름이 드리운다.

유대인이었던 싱어의 부모님은 가까스로 오스트리아를 탈출했지만 조부모 네 분 모두 탈출 기회를 놓쳐 나치 캠프에 수용된다. 1946년 외조모만 극적으로 부모님이 거주하던 오스트레일리아 멜버른으로 생환했고, 바로 그 달에 싱어가 태어난다. 종교에 얽매이지 않은 자유로운 분위기에서 성장한 싱어는 13세 소년이 치르는 유대인 성년식 바르미츠바를 거부함으로써 유대인 공동체에서 벗어나 무신론자로서의 삶을 살아간다.

멜버른에서 대학을 다닐 때 반 베트남전 운동에 가담했고, 임신중절을 합법화하기 위해 결성된 '임신중절법개혁연합'과 오스트레일리아 노동당에 가입한다. 윤리를 현실에 적용하는 데 관심을 가졌지만, 옥스포드 유학시절에 우연한 계기로 동물 문제에 관심을 갖게 된다. 수업을 마치고 토론도 할 겸 캐나다 출신 동료 대학원생 케셴Richard Keshen과 식당으로 향했다. 케셴은 소스에 고기가 들었다며 스파게티 대신 샐러드를 택했고, 스파케티를 선택한 싱어가 고기를 먹지 않는 이유를 물었다. 동물을 먹거리로 삼는 것이 정당화될 수 없어 보인다는 케셴의 답변이 육식에 대한 성찰의 계기가 된다. 동물을 주제로 글을 쓰기 시작했고, 방문교수(New York University)로 뉴욕에 머물던 2년 동안 집필을 계속해 그 결과가 이듬해인 1975년에 ≪동물해방≫으로 세상에 모습을 드러낸다. 싱어가 공리주의 동물해방론자로서의 정체성을 본격 공표하는 순간이었다.

싱어의 동물해방론을 이해하려면 공리주의로 시작해야 한다. 다음의 경우를 생각해보자. 출산을 돕던 산부인과 의사에게 우려했던 상황이 발생했다. 태아의 머리가 산도産道에 끼인 것이다. 태아를 제거하지 않으면 임신부도 숨질 수밖에 없으나, 머리를 부수는 것 이외에는 달리 제거할 방도가 없다. 반면 임신부가 숨지기를 기다려 복부를 절개하면 태아를 살릴 수 있다.

이른바 쇄두술碎頭術 예로서, 지금은 의술이 발달해 둘 모두를 살릴 수 있게 되었으나 과거에는 한 명을 희생시킬 수밖에 없었다. 과거로 돌아가 이와 같은 상황이 발생했다고 해보자. 따라서 다음의 세 선택지 중 하나를 택할 수밖에 없다고 해보자.

첫째, 태아의 머리를 부수고 임신부를 살린다.
둘째, 임신부가 숨지기를 기다려 태아를 살린다.
셋째, 둘 모두가 숨지는 모습을 손 놓고 지켜본다.

태아에게 기구를 대는 것은 악몽임에 틀림없다. 그렇다고 임신부를 죽게 내버려 둘 수도 없는 일이다. 상황이 이렇다면 어떤 선택을 내려야 하는가? 모름지기 임신부를 살려야 한다는 것이 대다수의 생각일 것이다. 참고로 태아의 머리를 부수는 것은 살인인 반면(태아를 죽이고자 의도하는 것인 반면) 임신부가 숨지기를 기다리는 것은 살인이 아니라는(임신부를 죽이고자 의도하는 것이 아니라는) 이유로 교황청은 태아를 살려야 한다는 입장을 취한다.

여하튼 피치 못해 태아를 희생시켜야 한다는 생각이라면, 그리고 그 이유가 살인인지의 여부와 무관하게 임신부를 잃는 것이 가족과 지인들에게 더 큰 고통이기 때문이라고 한다면 공리주의 해법에 동조한 것이다. 현대공리주의의 아버지 벤담Jeremy Bentham, 1748~1832과 공리주의를 정립한 밀John Stuart Mill, 1806~1873이 다음과 같이 정곡을 찔렀듯이 '고통', '쾌락', '결과', '영향을 받을 모든 사람'이 공리주의의 키워드이기 때문이다.

"자연은 인류를 고통과 쾌락이라는 두 주권자의 지배하에 두었다. 오직 고통과 쾌락만이 우리가 마땅히 해야 할 것을 알려주고, 우리가 무엇을 할 것인가를 결정해 준다. 한편으로는 옳고 그름이, 다른 한편으로는 인과의 사슬이 이 옥좌에 고정되어 있다. 그들이 우리가 하는 모든 일, 우리가 말하는 모든 것, 우리가 생각하는 모든 것을 지배한다. 아무리 이 종속에서 벗어나려 애를 써 봐도 종속을 보여주고 확인하는 데 기여할 뿐이다. 말로는 고통과 쾌락의 제국을 떠난 척할 수 있지만 실제로는 여전히 종속된 채 줄곧 남아 있을 것이다. 공리의 원리는 고통과 쾌락에 대한 우리의 종속을 인정하고, 이성과 법의 손을 빌려 지복至福의 뼈대를 구축하는 것을 목적으로 하는 체계의 기초가 될 수 있다고 상정한다."7)

"공리성 또는 최대 행복 원리를 도덕의 기초로 받아들이는 신조는 행위들은 행복을 증진시키는 정도에 비례해 옳고, 행복의 반대를 초래하는 정도에 비례해 그르다고 여긴다. 행복이란 쾌락, 그리고 고통이 없는 것을 뜻하며, 불행이란 고통, 그리고 쾌락이 없는 것을 뜻한다."[8]

벤담이나 밀과 같은 고전적 공리주의자에 따르면 어떤 행위가 옳은지는 영향을 받을 사람들에게 얼마나 큰 행복(쾌락)을 주는지, 얼마나 큰 불행(고통)을 안기는지에 달렸다. 공리주의를 지탱하는 이른바 공리의 원리principle of utility로서, 선택 가능한 행위 중 영향을 받을 모든 사람들의 행복을 극대화하는 행위를 택해야 한다는 것이다. 즉, 다음의 두 주장이 공리주의의 특성을 대변한다.

• 행위의 옳고 그름은 결과에 달렸다.
• 결과의 가치는 행복의 총량에 달렸다.

유대인 물리학자들의 밤낮 없는 노력이 드디어 결실을 맺었다. 1890년도로 돌아갈 수 있는 타임머신을 완성한 것이다. 이제 적임자가 나타나 돌쟁이 히틀러를 제거하면 히틀러 출생지에서 이름을 딴 '작전명 브라우나우'는 성공리에 막을 내릴 것이다. 여러분이 적임자라면 타임머신에 몸을 싣겠는가? 현시점으로 돌아올 수 있는 방법이 없어도 기꺼이 그러겠노라고 해야 공리주의에 입문했다는 평가가 가능하다. 사진은 1890년 돌 전후의 히틀러 모습이다.

행위의 옳고 그름은 결과에, 그리고 결과의 가치는 행복의 총량에 달렸다는 것이 공리주의의 구호이며, 이는 각 행위가 초래할 행복과 고통을 계량하고 가장 큰 행복을 낳는(모든 행위가 고통만을 안길 경우에는 고통의 총량이 가장 적은) 행위를 선택하는 것이 의무라는 말과 다르지 않다.

행복과 도덕의 유관성을 부정하기 어렵다. 또한 공리주의가 사촌격인 윤리적 이기주의보다 한 수 위임에 틀림없다. 하지만 윤리적 이기주의보다 고수라는 것과, 즉 '행위자의 이익이 관건일 수 없다'는 것과 '행위자의 이익을 도외시 하라'는 것은 완전히 다른 차원의 얘기라는 것이 문제다. 공리주의는 전자를 넘어 후자의 입장도 취할 수밖에 없으며, 이로 인해 공리주의는 뭇매를 맞는다. 그에 대한 논의는 '제1장 5.'로 미루고 위의 구호가 갖는 함의를 생각해보자.

그녀의 고혹적인 눈빛에 심장이 통째로 감전됐고, 온 몸의 미세혈관은 폭풍처럼 요동쳤다. 친구의 여자 친구에게 영혼까지 빼앗긴 것이다. 그녀로부터 헤어나오려고 하면 할수록 더욱 깊게 빠져들었고, 급기야는 건강마저 잃을 지경에 이르렀다. 그녀도 나에게 호감을 갖고 있다면 데이트 신청을 해야 하는가? 그러면 내 건강은 회복되고 친구는 건강을 잃게 될 것이다.

여러분이 데이트 신청을 고민하는 당사자라고 해보자. 그리고 공리주의자에게 자문을 구했다고 해보자. 그렇다면 행복의 총량을 계량하기 위해 여러분과 여러분 친구의 신상에 대해 물을 것이다. 여러분은 예컨대 대체에너지 개발을 목전에 둔 과학자인 반면 친구는 혈세로 부를 축적하려는 자의 부역자라면 데이트 신청을 해야 한다고 충고할 것이며, 반대로 여러분은 혈세로 부를 축적하는 자의 부역자이고 친구가 위의 과학자라면 데이트 신청을 하지 말라고 충고할 것이다. 인류의 생존 가능성을 높이는 것이 부역자의 건강을 해치는 것을 정당화시킨다는 말로서, '행위의 옳고 그름은 결과에 달렸다'는 그리고 '결과의 가치는 행복의 총량에 달렸다'는 주장은 '목적이 수단을 정당화시킨다'는 함의를 가진다.

쇄두술 예로 돌아가 보자. 환자의 마음을 헤아리는 것도 의사의 의무일 것이다. 하지만 무엇보다도 살인은 저지르지는 말아야 한다는 것이(생명권을 의도적으로 박탈하지 말아야 한다는 것이) 의무론자의 생각이다. 따라서 임신부가 숨지기를 기다리는 것은 살인이 아닌 반면 태아의 머리를 부수는 것은 살인이라면, 후자는 고려 대상일 수 없다. 하지만 목적이 수단을 정당화시킨다면 태아의 머리를 부수는 것이 살인인지는 고려 대상이 될 수 없다.

이렇듯 공리주의는 목적이 수단을 정당화시킬 수 있는지의 물음을 놓고 의무론과 대척점에 서며, 평등을 지향한다는 것 역시 공리주의의 빼놓을 수 없는 특성이다. 즉, 결과의 가치는 행복의 총량으로 평가해야 한다는 데는

1970년, 심리학자 라이더Richard Ryder에 의해 종차별주의speciesism라는 용어가 탄생한다. 라이더는 싱어, 레건과 마찬가지로 종차별주의에 메스를 가한다. 하지만 고통을 느낄 수 있는 대상에게는 인간의 권리를 그대로 적용해야 한다는 일명 페이니즘pianism을 공리주의와 의무론의 대안으로 내놓는다. 한 시간 동안 쾌락을 얻기보다는, 한 시간 동안 고문을 당하지 않겠다는 라이더의 주장으로 쾌락이 아닌 고통이 관건이라는 공감대가 형성되며, 소극적 공리주의negative utilitarianism도 그 공감대에 동참해 행복을 증진시켜야 할 의무와 고통을 줄여야 할 의무를 구분하고 후자에 방점을 찍는다. 하지만 고통을 느낄 수 있는 생명체가 없다면 고통도 없을 것이므로 그들 모두를 죽여야 할 의무를 지울 수밖에 없다는, 즉 한 순간에 인류를 절멸시킬 수 있는 무기를 사용하면 일정량의 고통이 따르지만 장기적으로는 고통의 양이 줄어들 것이므로 위의 무기를 사용해야 할 의무를 지울 수밖에 없다는 반론에 휘말리며, 모든 사람에게 자살해야 할 의무를 지운다는 반론에도 휘말린다. 사진은 동물의 복지가 아닌 권리를 주장해 동물권의 아버지로도 불리는 영국의 작가 솔트Henry Salt, 1851~1939이다.

'그 누구의 행복도 다른 사람의 행복보다 더 큰 가치를 갖지 못한다'는 것이 전제가 되고 있다.

• 모든 사람의 행복의 가치는 동일하다.

위의 구호는 우리사회가 안고 있는 병리현상에 대한 치유책으로서의 면모도 갖추고 있다. 혈세로 부를 축적하고, 남의 저작물을 도용하고, 뇌물로 각종 이권에 개입하고, 강도, 강간에 납치, 사기를 벌이는 등의 반국가적이고, 반사회적인 반인륜적인 범죄들이 '내 행복이 남의 행복보다 중요하다'는 이기적인 발상에 기인하기 때문이다. (동물해방운동 아이콘으로서의 공리주의의 위상이 위의 구호에 기인한다는 것도 앞으로 알게 될 것이다.)

문제는 동물이다. 대량밀집사육, 동물실험, 모피, 동물쇼, 동물원, 사냥 등이 사회문제로 대두된 현 시점에 동물의 고통 문제를 도외시한 채 공리주의자를 자처할 수는 없는 일이다. 행복의 총량을 계량하는 데 있어 동물의 고통을 고려 대상에 포함시켜야 하는지의 문제를 놓고 싱어가 벤담에서 해결의 단초를 찾은 이유이다.

> "인간 이외의 동물들이 폭군의 손에 의해서가 아닌 이상 그 누구에게도 빼앗기지 않을 권리를 획득하게 될 날이 올지도 모른다. 피부가 검다는 것이 인간을 아무런 보상 없이 제멋대로 학대해도 되는 이유가 될 수 없다는 것을 프랑스 사람들은 이미 깨닫고 있다. 다리의 개수가 다르다는 것, 털이 덥수룩하다는 것, 엉치뼈가 없다는 것 역시 민감한 존재를 학대받을 운명으로 내 몰 수 있는 근거로서 충분치 않다는 것을 언젠가는 깨닫게 될 수도 있다. 그렇다면 어떤 특징이 뛰어 넘을 수 없는 경계선이 될 수 있는가? 이성 능력인가? 아니면 담화를 나눌 수 있는 능력인가? 하지만 완전히 성장한 말이나 개가 태어난 지 하루, 일주일, 한 달된 영아와는 비길 수 없을 만큼 이성적이고 말 붙이기도 쉽다. 하지만 그들이 영아보다 능력이 없다고

가정해보자. 그렇다면 어떤 이유로 그들을 학대할 수 있는가? 문제는 그들에게 이성적으로 사고할 능력이 있는지 또는 대화를 나눌 능력이 있는지가 아니라, 그들이 고통을 느낄 수 있는지이다."9)

벤담은 채식을 주장하진 않았지만 인간적인 방법으로 도살할 것을 주문한다. 하지만 그로부터 인간과 동물의 고통을 차별하지 말아야 하는 구체적인 이유를 들을 수 없으며, 한 세기 반이 지나서야 비로소 싱어가 공을 넘겨받는다.

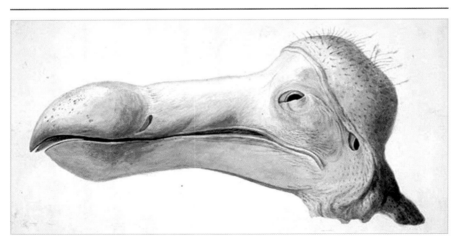

1505년 포르투갈 상인들이 아프리카 동쪽에 위치한 모리셔스 섬에 발을 들여놓으며 섬을 가득 메웠던 도도새dodo의 운명에 암운이 드리운다. 천적이 없어 날개가 퇴화해 뒤뚱거리며 돌아다녔고 인간에게 경계심을 보이지 않았던 도도새는 'as dead as a dodo완전히 죽어버린'라는 숙어가 생겨났듯이 마지막 남은 개체가 1681년 죽으며 완전히 자취를 감춘다. 공리주의자에게는 고통이 유일한 궁극적인 악이다. 따라서 도도새를 고통 없이 죽였고, 도도새를 죽임으로써 얻은 쾌락의 양이 도도새의 멸종이 안긴 고통의 양보다 크다면 공리주의자로서는 도도새를 멸종시킨 데 대해 부정적인 평가를 내릴 수 없다. 그림은 1648년에 해부에 앞서 스케치한 도도새의 머리다.

3. 선호/쾌락 공리주의와 싱어

철로변에서 휴식을 취하던 씨름선수가 브레이크 파열로 질주하는 화차를 목격하고 경악을 금치 못한다. 전방의 협소한 지형에서 5명의 철로 점검원이 작업 중이었기 때문이다. 때마침 비상철로가 눈에 들어왔고, 선로전환기를 작동시켜 화차의 방향을 전환시키려는 순간 비상철로의 협소한 공간에서 작업 중인 1명의 철로 점검원을 발견한다. 잠시 망설이는 듯했지만 이내 선로전환기를 작동시킨다.[10]

누구라도 비상철로에 있었다면 5명의 동료들을 바라보며 발을 굴렀을 것이다. 그런데 목격자가 화차의 방향을 내 쪽으로 전환시킨다면 어떤 생각이 들겠는가? 비상철로에 있던 철로 점검원이 필자의 지인이었다면 멱살을 잡고서라도 지인을 선택해 사망케 한 이유를 물을 것이다. 하지만 공리주의자들의 생각은 다르다. 즉, 씨름선수가 오히려 도덕적 의무를 이행했다는 것이 그들의 생각이다. 물론 한 명이라도 더 살리는 것이 이성적인 선택일 수 있다. 그렇다면 다음의 경우는 어떠한가?

철로변에서 휴식을 취하던 스모선수가 브레이크 파열로 질주하는 화차를 목격하고 경악을 금치 못한다. 전방의 협소한 지역에서 5명의 철로 점검원이 작업 중이었기 때문이다. 때마침 평범한 구경꾼이 눈에 들어왔고, 그를 바퀴에 던지면 화차를 멈출 수 있다는 것을 알았다. 구경꾼에게 바퀴로 몸을 던지라고 눈짓을 했지만 도망가려 하자 번쩍 들어 던졌고, 덕분에 5명의 철로 점검원은 화를 면한다.[11]

공리주의에 따르면 스모선수 역시 도덕적 의무를 이행한 것이다. 쇄두술 예를 놓고도 동일한 해법을 제시한다. 즉, 태아의 머리를 부숴서라도 가족, 친지 등 영향을 받을 모든 사람들의 고통을 최소화해야 한다는 것이 공리주의 해법이다. 하지만 이 물음을 놓고 공리주의 캠프 내에서도 마찰음을 빚는다. 인간을 화차 바퀴에 던지거나 인간의 머리를 부수는 것과 같은 일이 반복되면 행복의 총량이 늘어나겠느냐는 의문이 제기되며, 그 결과 공리의 원리를 개별행위에 적용해야 한다는 행위공리주의act utilitarianism에 반발해 '무고한 사람의 생명을 해치지 말라'와 같은 일반화된 규칙들에 적용해야 한다는 규칙공리주의rule utilitarianism가 계파를 형성한다.

싱어는 벤담의 후계자답게 행위공리주의 대열에 합류함으로써 고전적 공리주의자로서의 정체성을 유지한다. 하지만 거기서 머물지 않고 자신이 그 특징을 다음과 같이 요약한 선호공리주의preference utilitarianism라는 확장된 형태의 행위공리주의를 수용함으로써 반종차별주의 전선을 구축했다는 데 주목해야 한다. (선호공리주의는 이익공리주의interest utilitarianism로도 불리며 영향을 받게 될

싱어는 옥스포드 유학 당시 교수였던 도덕철학자 헤어Richard Hare의 영향으로 윤리에서 객관적인 진리는 없다는 입장을 굳히며, 따라서 자연스레 선호공리주의자로서의 정체성을 가진다. (선호공리주의에 따르면 윤리적 판단은 객관적으로 참인 것에 대한 것일 수 없고, 보편화할 수 있는 선호에 관한 것이라야 한다.) 흥미로운 사실은 그가 폴란드의 공리주의 철학자 카타지나 드 라자리-라덱 Katarzyna de Lazari-Radek에 설득당해 2010년을 전후로 선호 공리주자로서의 정체성을 포기하고, 행복에서 고통을 차감한 잔여 행복을 극대화해야 한다는 고전적 공리주의인 쾌락공리주의hedonistic utilitarianism 캠프에 합류했다는 점이다. 하지만 이와 같은 입장 변화가 쾌고감수능력에 방점을 찍은 그의 동물해방론 전반에 큰 영향을 끼치지는 않는다. 사진은 고전적 공리주의의 정점을 찍은 ≪윤리학의 방법Methods of Ethics≫의 저자이자 싱어가 벤담과 밀보다도 탁월한 공리주의자라고 평가한 영국의 철학자 시지윅Henry Sidgwick, 1838~1900이다.

모든 사람들의 이익을 극대화할 것을 주문한다. 선호하거나 선호하지 않는 것 중에 고통과 쾌락이 포함될 수 있으므로, 선호공리주의가 추구하는 이익에는 선호충족 또는 욕구충족뿐 아니라 쾌락과 고통도 포함된다.)

선호공리주의

"누군가가 선호하는 것에 반하는 행위는 그의 선호도가 반대되는 선호도보다 크지 않다면 옳지 않다."[12]

물론 '선호공리주의자＝종차별주의의 적'이라는 등식은 성립하지 않는다. 선호공리주의자이자 동물실험 옹호론자로 유명한(악명 높은?) 프레이Raymond Frey가 그랬듯이 선호공리주의를 오히려 종차별의 도구로 활용할 수 있기 때문이다. 프레이에 대한 논의는 '제1장 5.3.'으로 미루고 싱어가 던진 의문점을 생각해보자.

공리주의에 따르면 모든 사람의 이익(행복)의 가치가 동일하다. 즉, 부자와 가난한 사람의 이익을 차별하지 말아야 하며, 유색인종과 백인, 남성과 여성의 이익도 차별하지 말아야 한다. 그렇다면 그 비차별의 원칙을 동물에게도 적용해야 하는 것은 아닌가?

4. 평등이념의 구현

4.1. 이익평등고려원칙

싱어의 ≪동물해방≫이 호응을 얻은 것은 어찌 보면 예고된 일이었다. 당시 미국 사회를 달구던 흑인해방운동, 게이해방운동, 여성해방운동의 시류가 동물해방운동으로 확산돼 급진적 동물보호론자들에 의해 동물의 이익을 차별하지 말아야 한다는 주장이 개진되기에 이른다. 바로 이 주장이 싱어를 만나 이익평등고려원칙principle of equal consideration of interests이라는 평등주의 원칙으로 전열이 정비되며 논란의 중심에 서게 된다.

평등이란 사람에 관계된 사실적 특성에 기반한다는 것이 인종차별주의자와 성차별주의자의 주장이다. 하지만 싱어에게 그들의 주장은 기득권을 지키려는 얄팍한 꼼수에 불과하다. "사람마다 체형과 치수가 다르다. 도덕 능력, 지적 능력, 자비심을 가진 정도와 타인에게 마음을 쓰는 정도, 효율적으로

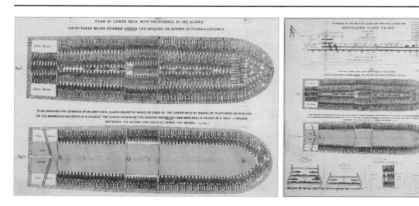

싱어는 작가 브라우디Oliver Broudy와의 인터뷰에서 종차별주의에 대한 생각을 이렇게 정리한다. "공장식 축산이 홀로코스트나 노예무역과 똑 같다는 말이 아니다. 거기에 엄청난 양의 고통이 존재한다는 뜻이다. 나치가 그들의 제물이 겪었을 고통을 무시한 것이 옳지 않았던 것처럼, 우리가 우리의 제물이 겪고 있는 고통을 무시하는 것 역시 옳지 않다." 사진은 영국의 노예무역선 짐칸의 모습이다.

대화할 수 있는 능력, 쾌락과 고통을 경험할 수 있는 능력도 사람마다 다르다."13) "어떤 사람이 흑인 또는 여성이라는 사실로부터 그 사람의 지적능력이나 도덕능력에 대한 어떤 것도 유추할 수 없다. … 인종차별주의자들은 백인이 흑인보다 우월하다고 주장하지만 … 모든 능력면에서 특정 백인보다 우월한 흑인이 있으며", 남성이 여성보다 우월하다는 주장에 대해서도 동일한 답변이 가능하다.14)

평등이 사람에 관계된 사실적 특성에 기반할 수 없다면, 평등을 어떻게 이해해야 하는가? 싱어는 이 물음을 놓고 다음과 같이 답변함으로써 이익평등고려원칙 판짜기에 들어간다.

> "지적 능력, 도덕 능력, 체력 등의 사실에 관계된 특성에 의존해서는 평등을 주장할 수 없다는 점을 확실히 해야 한다. 평등은 도덕적 이념이지 단순히 사실에 관계된 단언이 아니다. 두 사람 사이에 능력면에서 사실적인 차이를 보인다는 것이 그들의 욕구와 이익을 차별적으로 충족시키는 것을 정당화시킬 논리적으로 납득할 만한 어떠한 근거도 되지 않는다. 모든 인간이 평등하다는 원칙은 인간들 사이의 실제적인 평등이라고들 말하는 것에 대한 기술記述이 아니라 인간을 어떻게 대해야 할지에 대한 처방이다."15)

백인인지, 남성인지, 미적분을 풀 수 있는지, 도덕원칙을 이해할 수 있는지, 언어를 사용할 수 있는지, 직립보행이 가능한지, 꼬리가 퇴화됐는지의 여부는 도덕적 이상인 평등과 무관하다는 것이다. 따라서 평등에 관계된 특성을 지목해야 한다. 싱어에 따르면 이익을 취할 수 있는지가 평등과 관계된 유일한 유의미한 특성이며, 여기가 싱어의 적토마 쾌고감수능력이 등장하는 무대이다.

> "쾌고감수능력을 가져야 한다는 것이 이익을 취하기 위한 전제조건이다. 이익에

대해 말하는 것이 유의미하기 위해서는 쾌고감수능력 전제가 충족돼야 한다. 남학생에게 차이지 않는 것이 길가에 놓인 돌이게 이익이라는 것은 넌센스다. 돌은 고통을 느끼지 못하므로 이익을 취할 수 없다. 돌에게 어떻게 해도 그의 복지에 영향을 끼치지 못한다. 반면 생쥐는 학대를 당하면 고통을 느끼므로 고통을 당하지 않는 데 따른 이익을 취한다."16)

하지만 왜 하필 이익인지 묻지 않을 수 없다. 권리와 의무 또는 덕 등이 관건일 수 없는 이유가 무엇인가? 싱어에 따르면 윤리는 근본적으로 이익에 관계된 것으로, 누구의 이익을 충족시켜야 하는지에 관계된 물음이다. 한마디로 권

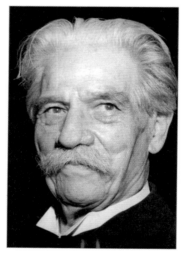

"윤리는 다름 아닌 생명에 대한 경외다." 슈바이처 박사는 윤리를 한마디로 생명에 대한 경외라고 정의하며, 박사의 전기를 쓴 브라바존James Brabazon은 박사의 생명에 대한 경외를 다음과 같이 요약한다. "우리가 진정 확신하는 것은 살아있다는 것과 살길 원한다는 것뿐이다. 이것이 바로 인간은 물론, 코끼리에서 풀잎들까지 모든 생명체가 공유하는 특성이다. 따라서 우리는 모든 생명체의 형제자매이며, 우리가 배려 받고 존중받길 원하는 만큼 모든 생명체에게도 그래야 한다." 타종의 생명을 경시하는 대다수의 기독교인과 극명한 차이를 보이는 대목이며, 싱어와의 차이점도 드러나는 대목이다. 싱어의 경우 이익평등고려원칙의 적용대상을 생명체 전체가 아닌 쾌고감수능력을 가진 존재로 국한시켰기 때문이다.

리나 의무, 덕 등은 부차적인 문제라는 것이 싱어의 답변이나, 일면 실망스러운 것이 사실이다. 여타 공리주의자들의 설명 그 이상의 것을 들을 수 없기 때문이다.

이익평등고려원칙의 적용 대상을 쾌고감수능력을 가진 존재에 국한시켜야 하는 이유에 대해서도 묻지 않을 수 없다. 삶의 의지 개념을 발전시켜 생명에 대한 경외 윤리를 제창한 슈바이처Albert Schweitzer 박사의 경우 의식이 있는지에 무관하게 모든 생명체에게 도덕적 지위가 있다는 입장을 취한다. 한편 생물중심 평등주의를 제창한 테일러Paul Taylor는 어떤 생명체이건 한 생명체의 선을 실현하는 것은 다른 생명체의 선을 실현하는 것과 동일한 가치를 가진다고 주장한다.17) 그들을 따라 이익평등고려원칙의 적용 대상을 생명체 전체로 확장시켜야 하는 것은 아닌가? 또는 생태계 전체가 이익을 가졌다고 본 굿패스터Kenneth Goodpaster를 따라 생태계 전체의 이익을 침해하지 말아야 하는 것은 아닌가?

싱어로 돌아가 보자. 아이들 발에 차이지 않는 것이 등굣길에 놓인 돌에게 이익이라는 것은 넌센스 맞다. 나무는 어떠한가? 건설업자의 톱에 잘리지 않는 것이 4대강 강변에 있는 나무에게 이익이라는 것도 난센스인가? 이 역시 난센스라는 것이, 즉 (등굣길의 돌, 인조잔디와 같은) 무생명체와 (4대강 강변에 있는 나무, 금잔디와 같이) 쾌고감수능력이 없는 생명체 모두 물리적 과정에 예속된 물리적인 존재로서 그들 사이에서 유의미한 도덕적 차이를 찾을 수 없다는 것이 싱어의 입장이며, 그는 그렇게 보아야 하는 이유를 다음과 같이 설명한다.

"[도덕적 배려 대상의 외연을 생명체 전체로 확장시켜야 한다는 사람들은] 비유적인 언어를 사용하고는 마치 자신들이 말한 것이 문자 그대로 참인 양 주장한다. 우리는 종종 식물이 생존을 위해 물과 빛을 '추구'한다고 말하며, 식물에 대해 그렇게 생각하는 것이 그들에게 '삶의 의지'가 있다거나 그들도 자신만의 선을 '추구'한다고 말하는 것을 좀 더 쉽게 받아들이게 한다. 하지만 일단 식물은 의식도 없고 어떤 의도적인 행동에도 연루될 수 없다는 사실을 곰곰이 생각해보면 그 모두가 비유적인 언어라는 것이 명백해진다. 강물은 자신만의 선을 추구하고 있고, 바다에 다다르려 분투하고 있다거나, 유도 미사일에게 선은 목표물과 함께 폭발하는 거라고 말할 수도 있다. … [하지만] 그 모든 것에 대해 전적으로 물리적인 설명이 가능하며, 의식이 있는지의 여부가 문제가 되지 않는다면 무생명체를 관장하는 물리적 과정보다 생명체의 생장과 소멸을 관장하는 물리적 과정을 더 중시해야 할 마땅한 이유를 찾을 수 없다."[18]

이렇듯 "의식이 있는지의 여부가 문제가 되지 않는다면 무생명체를 관장하는

이익평등고려원칙의 적용 대상을 쾌고감수능력을 가진 존재로 국한시켜야 한다는 것이 싱어의 주장이다. 하지만 그 이유에 대한 그의 설명은 한 가지 의문점을 자아낸다. 의식이 없는 유기체의 경우 생명이 없는 자연물과 달리 생명을 유지하는 방식으로 환경에 대응하고 있다. 거기에 의미를 부여할 수 없는 이유가 무엇인가? 사진은 해수욕장의 불청객인 작은부레관해파리physalia physalis이다.

물리적 과정보다 생명체의 생장과 소멸을 관장하는 물리적 과정을 더 중시해야 할 마땅한 이유를 찾을 수 없다"는 점에서, "쾌고감수능력을 잣대로 삼지 않으면 생명체와 무생명체 사이에 설정한 도덕적 경계를 옹호하기가 더욱 어려워진다"는 것이 싱어의 설명이다.[19]

이제 이익평등고려원칙의 윤곽이 드러난 셈이다. 싱어가 2001년도 슬레이트 매거진Slate Magazine에서 정리했듯이 "인간이 느끼는 정도의 고통을 동물이 느낀다면 그들의 고통을 인간의 고통과 평등하게 고려해야 한다"는 것이 이익평등고려원칙의 골자라 할 수 있다. (싱어에게 쾌고감수능력이 도덕과 유관한 특성인 이유는 고전적 공리주의자들이 그랬듯이 쾌락은 선이고 고통은 악으로 보았기 때문이다.)

이익평등고려원칙

인간이 느끼는 정도의 고통을 동물이 느낀다면 그들의 고통을 인간의 고통과 평등하게 고려해야 한다.

인간과 동물의 고통을 평등하게 고려해야 한다고 했을 때, 그 의미를 싱어는 다음과 같이 설명한다. 손바닥으로 말과 아기의 엉덩이를 같은 세기로 때리면 피부가 민감한 아기가 더 큰 고통을 느낄 것이고 따라서 아기를 때리는 것이 더 그르다고 보아야 한다. 하지만 몽둥이로 말을 때리면 아기가 손바닥으로 맞을 때 느끼는 정도의 고통을 느낄 것이므로 말을 몽둥이로 때리는 것은 아기를 손바닥으로 때리는 것만큼 그르다.[20]

동물의 고통을 인간의 고통과 평등하게 고려해야 한다고 했으므로, 싱어의 동물들은 해방구에의 입성을 눈앞에 두었다고 해야 한다. 하지만 이익평등고려원칙의 정당화라는 마지막 관문이 기다리고 있다는 것이 문제다.

4.2. 이익평등고려원칙의 정당화

4.2.1. 이익평등고려원칙과 주변부 사람들 논변

싱어의 설명을 듣기에 앞서 잘못된 용어 하나를 바로잡고자 한다. 동물의
지위하면 어김없이 등장하는 용어가 있다. 합리적 이기주의를 옹호한 나비슨
Jan Narveson이 이름 붙인 'argument from marginal cases주변부 사람들 논변'가 그것으

레건은 지적 장애아, 중증의 치매환자 등을 차별할 수 없다는 의미를 더하기 위해 'marginal
cases'를 'nonparadigmatic humans'로 표현한다.21) 즉, 'marginal'을 'nonparadigmatic
비전형적인'으로, 그리고 'cases'를 '인간human'으로 표현한다. 하지만 'cases'를 '인간'으로 표현하는
것도 바람직하지 않다고 보아야 한다. 인간의 유전자를 가졌지만 도덕적 지위를 갖지 못한 대상을
'인간'으로, 그리고 인간의 유전자를 가졌는지에 무관하게 도덕적 지위를 가진 대상을 '사람person'으
로 이해해야 한다는 공감대가 형성되어 있다는 점에서, 특별한 대우와 관심을 요하는 사람들인
'cases'를 '인간'으로 표현하면 그들을 도덕적 지위를 갖지 못한 대상으로 간주한다는 오해를 부를
수 있기 때문이다. 보에티우스Boethius, 470년경~524가 사람인격, persona을 '이성적 본성의 개체적 실체
Persona est rationalis naturae individua substantia'로 정의한 이래 사람에 대한 정의는 존재론적 본성에 초점
이 맞춰진다.22) 하지만 17세기에 들어 영국의 철학자 로크John Locke, 1632~1704로 인해 전환점을
맞으며, 지금의 사람에 대한 정의는 존재론적 본성이 아닌 정신능력에 초점을 맞춘 로크에서 연원한
다.23) 사진은 작가 미상의 보에티우스 초상화와 저서 ≪철학의 위안De Consolatione Philosophiae≫
1385년 판에 실린 투옥된 보에티우스의 모습이다.

로.[24] '경계사례 논변', '가장자리 상황 논증', '가장자리 경우 논증'으로 번역하는 경우를 보게 된다.

하지만 여기서의 'cases'는 '특별한 대우와 관심을 요하는 사람들'을 뜻하므로 적절한 번역일 수 없으며, 'marginal cases'는 불가역적 혼수상태의 환자, 지속적 식물 상태의 환자, 중증치매환자, 중증정신질환자, 중증지적 장애인과 같이 능력을 상실했거나 충분히 갖지 못한 사람들, 그리고 영아, 무뇌아, 선천적인 질환으로 곧 숨질 수밖에 없는 신생아, 지적 장애아와 같이 능력을 가져본 적이 없는 사람들을 지칭한다는 점에서, 'cases'를 '사례', '경우', '상황'으로 번역하는 것은 오역으로 보아야 한다.

'marginal'을 '경계'로 번역하는 것도 바람직하지 않을 수 있다. 그와 같이 번역하면 특별한 대우와 관심을 요하는 사람들인 'cases'를 인간 이외의 동물과 경계에 있는 사람들로 간주한다는 오해를 부를 수 있기 때문이다. 필자의 경우 사회의 중심부에서 활약하지 못하고 있는 사람들이라는 의미에서 '주변부'로 번역했음을 밝혀 둔다.

물론 엄격한 채식주의를 주장한 철학자 노비스Nathan Nobis가 유감이라고 말했듯이, 그리고 인간과 동물의 완전한 평등을 주장한 번스타인Mark Bernstein이 혐오스럽다고 표현했듯이, 치매환자 등 불행을 겪어 능력을 상실한 사람들을 'marginal'이라고 표현하는 것이 적절할 수 없다. 하지만 결함이 있다거나 부족하다는 표현 역시 적절하지 않으며, 능력을 갖지 못했거나 잃은 사람이라는 내용을 담을 수 있는 마땅한 단어를 찾지 못해 영어권 철학자들 사이에서 'marginal'이라는 표현이 통용되고 있다.

이제 주변부 사람들 논변argument from marginal cases의 내용, 그리고 이익평등고려원칙의 관계를 알아야 한다. 설명될 바와 같이 여러 버전의 주변부 사람들 논변이 제시되고 있다. 하지만 그들 모두 일관성을 주문한다는 공통분모를 가진다.

주변부 사람들 논변

주변부 사람들의 도덕적 지위를 인정하려면 동물의 도덕적 지위도 인정해야 한다.[25]

주변부 사람들 논변에 따르면 예컨대 주변부 사람들을 식탁에 올리는 것이 그르다면 그들에게 정신능력이 뒤지지 않는 동물을 식탁에 올리는 것도 그르며, 위의 동물을 식탁에 올리는 것이 그르지 않다면 주변부 사람들을 식탁에

바다사자에게 'a=b'와 'b=c'로부터 'a=c'를 연역할 능력이 있다는 것이 밝혀진 바 있다. 중증치매환자가 갖지 못한 능력으로서, 중증치매환자의 권리를 인정하기 위해서는 바다사자의 권리도 인정해야 한다는 것이 신플라톤주의자 포르피리오스Porphyrios, 234?~305?가 주장한 그리고 1700여 년이 지난 지금 동물권옹호론자에게는 손오공의 여의봉과 다름없는 주변부 사람들 논변의 골자이다. '신이 이룩한 일'을 놓고 그림의 포르피리오스가 스승 플로티누스Plotinus, 204~270와 대척점에 선 것을 이해할 수 있는 대목이다. 플로티누스가 존재하는 모든 것은 신을 정점으로 천사, 인간, 동물, 식물, 무생물 순으로 엄격한 위계를 이룬다는 '존재의 거대한 사슬Great Chain of Being'을 주장함으로써 동물을 착취하는 데 대해 면제부를 부여했지만,[26] 포르피리오스는 주변부 사람들 논변으로 스승이 부여한 면죄부에 주홍글씨를 새긴다.

올리는 것도 그르지 않다.

싱어의 입장에서 생각해보자. 이익평등고려원칙에 대한 직접적인 정당화 논거를 제시하는 것이 쉽지만은 않았을 것이다. 따라서 전략을 수정하는 것이 오히려 전략일 수 있었을 것이며, 그가 주변부 사람들에 의존해 종차별주의를 공략하는(길을 빌려 적을 치는) 가도멸괵계假道滅虢計 전략을 구사한 이유일 것이다.

싱어에 따르면 전언어기前言語期의 영아가 고통을 느끼지 못한다고 하지 않고는 언어가 있어야 고통을 느낄 수 있다고 할 수 없으며, 따라서 언어가 없다는 것이 동물실험에 대한 정당화 사유가 된다면 고아인 영아를 실험에 동원하는 것도 정당해야 한다.[27] (가족이 있는 영아를 실험대상으로 삼는다면 동물을 실험대상으로 삼을 경우보다 고통의 총량이 클 것이므로 싱어는 고아인 영아를 예로 든다.)

정신능력과 고통의 유관성도 부정한다. 그에 따르면 정신능력이 열등한 동물은 실험에 대해 알고 있는 인간보다 공포심을 덜 느낄 것이므로 실험대상으로 삼아도 된다면, 정신능력 면에서 동물보다 오히려 열세에 있는 주변부 사람도 실험에 동원할 수 있다.[28]

"어떤 경우에 동물실험이 정당화될 수 있는가? 많은 경우의 동물실험이 어떻게 진행되고 있는지 그 진상을 파악한 사람들 중 일부는 모든 실험을 당장 중지해야 한다고 반응한다. 하지만 우리가 이렇게 단호하게 요구한다면 실험자들은 답변할 준비가 되어 있다. 동물 한 마리를 실험대상으로 삼으면 살릴 수 있는 수천 명을 죽게 내버려둘 준비가 되어 있는가? … [하지만] 위의 답변은 다른 물음을 야기시킨다. 6개월이 안 된 고아 한 명을 실험대상으로 삼아야만 수천 명을 살릴 수 있다면 실험을 할 준비가 되어 있는가? 인간의 영아를 대상으로는 실험을 할 준비가 되어 있지 않다면 동물을 대상으로 실험을 준비가 되어 있다는 것은 종을 근거로 한 정당화될 수 없는 차별이다. 왜냐하면 성체 유인원, 원숭이, 고양이, 쥐 등의 동물들이 영아보다 자신에게 일어나는 일에 대해 더 잘 알고, 더 자기주도적이며, 우리가 알고 있는 한 적어도 영아만큼 고통에 민감하기 때문이다."[29]

싱어가 지적한 바와 같이 "영아는 가졌지만 성체 포유류는 갖지 못한 유의미한 특성이나 영아가 성체 포유류보다 더 많이 가진 유의미한 특성은 없다"고 보아야 한다.[30] 영아의 정신능력이 성체 포유류의 정신능력에 미치지 못함에도 영아는 도덕적 고려 대상인 반면 성체 포유류는 그렇지 못하다는 것이 어떤 의미인가?

불문학시험에서 영구는 80점을 그리고 칠수는 95점을 받았지만 코가 크다는 이유로 영구에게는 A⁺를 그리고 코가 작다는 이유로 칠수에게는 C⁺를 줬다면, 담당교수는 임의적으로 칠수를 차별했다고 보아야 한다. 점수와 무관한 코의 크기로 학점을 줬기 때문이다. 마찬가지로 정신능력이 영아보다 우월함에도 성체 포유류는 도덕적 고려 대상일 수 없다는 것은 임의적인 차별이라는 것이 싱어의 주장이다.

싱어는 성체 포유류를 실험대상으로 삼는 것이 차별인 이유를 다음과 같이

한 쌍의 연인이 삼겹살을 한 입 가득 볼이 터져라 먹고 있었다. 그러던 중 지적 장애아 지원책이 미흡하다는 뉴스에 귀가 꽂혔고, 순간 누가 먼저랄 것도 없이 씹고 있던 고기를 튀기며 합창하듯 비난을 쏟아냈다. 이들 연인이 우리 인간의 전형이며, 이는 우리 절대다수가 종차별주의자라는 뜻이다. 바로 이 종차별주의 아성이 싱어의 공략대상으로, 예컨대 처참하게 사육, 도살당하는 돼지의 고통을 지적 장애아의 고통과 동등하게 고려해야 한다는 것이 주변부 사람들에 의존한 이익평등고려 원칙의 골자이다.

부연 설명함으로써 자신이 옹호하는 주변부 사람들 논변의 색깔을 드러낸다. 즉, 영아를 생체실험 대상으로 삼지 말아야 한다는 데는 모든 인간이 평등하다는 전제가 깔려 있다. 하지만 인간이 평등한 이유가 인간 모두가 보유한 보편적인 특성 때문이라면 그 특성은 별 볼일 없는 것임에 틀림없다. 그것을 갖지 못한 인간은 없기 때문이다.[31] 그와 같은 저차원의 특성이 인간만이 가진 특성일 수 없다는 뜻으로서,[32] 성체 포유류(문어, 거북, 금붕어…)를 차별할 수 있을 만큼 유의미한 특성이 영아(신생아, 지속적 식물 상태의 환자, 중증치매환자 …)에게 없으므로 영아의 이익이 도덕적 고려 대상이라면 성체 포유류의 이익도 마땅히 그래야 한다는 것이다. 그에 따르면,

> "모든 인간이 보유한 특성은 인간만이 보유한 특성일 수 없다는 것이 문제다. 예컨대 모든 인간이 고통을 느끼지만 인간만이 고통을 느끼는 것은 아니다. 인간만이 어려운 수학 문제를 풀 수 있지만 모든 인간이 그럴 수 있는 것은 아니다. 따라서 정확히는 타종 중 일부도 인간과 평등하다고 해야, 즉 일부 인간과 평등하다고 해야 모든 인간이 평등하다고 할 수 있다."[33]

이렇듯 싱어에 따르면 인간만을 도덕적 고려 대상으로 보아야 할 이성적인 근거는 없으며, 따라서 이익평등고려원칙에 따라 쾌고감수능력이 있는 존재로 그 대상영역을 넓혀야 한다. 고통을 느끼지 못하거나 즐거움이나 행복을 경험할 수 없는 존재에게서 그들을 도덕적 고려 대상으로 삼을 만한 어떤 근거도 찾을 수 없으므로,[34] 그와 같은 존재만을 도덕적 고려 대상에서 배제하는 것이 올바른 도덕적 셈법이라는 것이다.

그럼에도 이익평등고려원칙이 차별을 주문한다고는 할 수 없다. 같은 정도의 이익을 취할 수 있는 두 대상을 달리 취급할 것을 주문한다면 인종차별주의나 성차별주의와 다를 바 없다는 비난을 감수해야 한다. 하지만 이익평등고려원칙은 '같은 것은 같게, 다른 것은 다르게'를 주문한다는 점에서, 즉

이익을 취하는 정도가 다른 두 대상을 달리 취급할 것을 주문한다는 점에서 차별일 수 없다.

4.2.2. 싱어 버전의 주변부 사람들 논변

인간중심 평등주의자들은 인간 모두가 보유한 특성에 근거해 인간 사이의 평등을 주장한다. 하지만 그와 같은 저차원의 특성이 인간만이 가진 특성일 수 없으며, 따라서 그렇게 주장해서는 일관성을 유지한 채 동물의 도덕적 지위를 부정할 수 없다는 것이 싱어가 옹호하는 주변부 사람들 논변의 골자였다.

여기까지는 여타 주변부 사람들 논변과의 차이점을 발견할 수 없다. 예컨대 레건이 옹호하는 주변부 사람들 논변 역시 위의 주장에 기초한다. 동물에 대한 우리의 태도에 변화를 주문한다는 점에서도 레건 버전은 싱어 버전과 차이를 보이지 않는다. 하지만 두 버전의 주문 내용은 공리주의와 의무론 사이의 간극만큼이나 큰 차이를 보인다. 따라서 레건 버전과 비교하는 것이 싱어 버전의 주변부 사람들 논변을 이해하는 데 도움이 될 수 있다.

레건에 따르면 "모든 인간이 같은 정도로 생명에 대한 자연권을 가졌다는 것을 보여주기 위해 제시할 수 있는 논변들은 동물에게 위의 권리가 있다는 것도 보여주는 반면, 동물에게 위의 권리가 없다는 것을 보여주기 위해 제시할 수 있는 논변들은 일부 인간에게 위의 권리가 없다는 것도 보여준다."35) 이렇듯 주변부 사람을 포함해 인간 모두가 (학대와 착취, 죽임을 당하지 않을) 기본적인 권리를 가진 반면 어떤 동물도 기본적인 권리를 갖지 못했다는 것을 보여줄 수 있는 설득력 있는 기준은 존재하지 않는다는 것이 레건의 입장으로, 그에 따르면 기본적인 권리를 가진 대상을 가려낼 수 있는 설득력 있는 기준이 존재한다고 했을 때 그 기준에 근거해 내릴 수 있는 해석은 다음의 둘 중 하나이다.

(a) 모든 인간과 일부 동물에게 기본적인 권리가 있다.

(b) 일부 인간과(주변부 사람들과) 모든 동물에게 기본적인 권리가 없다.

어떤 대상에게 기본적인 권리가 있는지의 물음을 놓고 (b)를 정답으로 꼽는다는 것은 싱어가 지적했듯이 "동물에 대한 지금의 태도를 유지하는 한 정신장애를 가진 인간에 대한 태도를 바꿔 동물 취급해야 한다"는 것과 다르지 않다. 이는 정신장애인에게 기본적인 권리가 없다는 의미이며, 따라서 (인육에 맛 들였다면) 식용 목적으로 또는(그리고 그러는 것이 어떤 사람들에게 유용하다면) 실험 목적으로 그들을 이용할 수 있다는 의미이다.[36) 따라서 레건이 (a)를 정답으로 꼽은 것은, 즉 (b)의 가능성을 차단한 것은 당연할 수 있다.

문제는 기본적인 권리를 부여하는 속성이다. 레건은 이 물음을 놓고 주변부 사람들을 포함해 인간은 누구나 가졌지만 어떤 동물도 갖지 못한 능력이 기본적인 권리를 가졌는지를 가늠할 수 있는 기준이 될 수 없다고 단언한다.[37) 싱어와 공통분모를 이루는 대목으로, 설명된 바와 같이 싱어 역시 인간이 평등한 이유를 모든 인간이 보유한 보편적인 특성 때문일 수 없다는 데서 찾는다.

레건과 싱어를 따라 인간은 누구나 가졌지만 어떤 동물도 갖지 못한 능력이 기본적인 권리 또는 도덕적 지위를 가졌는지를 가늠할 수 있는 기준이 될 수 없다고 해보자. 그렇다면 (a), (b) 이외에 레건이 열어 놓지 않은 다음의 가능성도 열어봐야 한다.

(c) 일부 인간에게는 기본적인 권리가 없지만 일부 동물에게는 있다.

일부 동물이 가진 권리를 일부 인간은 갖지 못했다? 누가 들어도 생소한 만큼 레건을 비롯해 대다수의 주변부 사람들 논변 옹호론자들은 그 가능성을 배제한다. 하지만 싱어는 (c)와 유사한 입장을 취하며, 그가 공리주의자라는 점에서 오히려 자연스러울 수 있다. (싱어의 입장과 '(c)'의 차이점은 곧 알게 될 것이다.)

  "정신장애를 가진 인간human과 인간 이외의 동물에 대한 우리의 태도를 바꿔 그들을 대하는 현재의 태도 중간 정도로 그들을 대해야 한다. 이는 그들이 사람person만큼 엄격한 생명권을 갖지 않아 비록 중대한 이유가 있는 경우를 제외하고는 죽이지 말아야 하지만, 그들 모두가 생명에 대한 일종의 진지한 자격claim을 가졌다는—그것을 "권리right"라고 불러야 할지는 중요하지 않다—의미이다. 이와 같은 견해에 따르면 예컨대 다른 먹거리가 있음에도 불구하고 그들을 식용 목적으로 죽이는 것은

계몽시대의 유럽사회는 자유와 평등으로 수직적 계급을 타파했고 인간의 권리를 수면위로 부상시켰다. 라 파이예트 후작Marquis de La Fayette, 1755~1832이 공표한 '인간과 시민에 관한 권리 선언'은 권리에 기반한 자유민주주의가 뿌리를 내리는 토양을 제공했으며, 1948년 UN이 공표한 '세계인권선언Universal Declaration of Human Rights'의 모태가 된다. 그래서인지 레건은 스스로를 급진주의자로 규정했음에도 당혹스러운 모습을 보인다. "나는 인권옹호론자다. 특히 유아와 아이들 그리고 그들 외에도 힘 없고 약한 사람들의 권리를 옹호한다. 그리고 나서 동물권옹호론자이기도 하다."38) 레건이 스스로를 동물권 옹호론자이기에 앞서 인권옹호론자로 규정했으므로 그에게 본문의 (b)는 선택지가 될 수 없다. 사진은 세계인권선언문 작성을 주도한 루즈벨트 대통령의 영부인 엘리너Eleanor Roosevelt 여사가 선언문을 들고 있는 모습이다.

그르지만 굶는 것이 유일한 대안일 경우에는 그르지 않다."39)

동물은 차치하더라도 정신장애인과 같은 주변부 사람들에 대한 태도를 철회한 이유를 밝혀야 하며, 이 물음을 놓고 싱어는 다음의 두 이유를 제시한다.

첫째, 주변부 사람들과 동물은 생명에 대한 일종의 진지한 자격을 가졌다.
둘째, 주변부 사람들과 동물은 사람person만큼 엄격한 도덕적 지위를 갖지 못했다.

이들 두 이유가 담고 있는 의미를 이해하기 위해서는 싱어가 말하는 '사람'과 '진지한 자격'이 어떤 의미인지를 파악해야 하며, 그를 파악할 수 있는 단초는 그가 자의식self-consciousness 포석을 깔았다는 데서 찾을 수 있다.

> "쾌적한 환경에서 행복한 삶을 살고 있는 돼지를 고통 없이 잡아먹는 것이 옳은가."40)
> "어떤 대상을 죽이는 것이 그른지와 그 대상이 어떤 종인지는 무관하지만, 어떤 능력을 가졌는지는, 특히 미래를 가진 독립체로서 자신을 인식할 수 있는 능력을 가졌는지는 유관하다."41)

싱어는 바로 이 자의식 포석을 활용해 호모 사피엔스와 그 이외의 동물을 인간human과 사람person 두 범주로 분류한다. 즉, 인간의 유전자와 쾌고감수능력을 가진, 하지만 자의식을 갖지 못한 주변부 사람들을 인간으로 분류하고 닭 수준의 동물을 인간의 범주에 편입시키며, 인간의 유전자를 가졌는지와 무관하게 쾌고감수능력과 자의식을 가진 대상을 사람으로 분류하고 침팬지, 돼지 수준의 동물을 사람의 범주에 편입시킨다.42)

이제 싱어가 위의 첫째 이유로 주변부 사람들과 동물을 대하는 태도에 변화를 주문한 것의 의미를 파악할 수 있다. 즉, 동물에 대한 지금의 태도를 바꿔 주변부 사람들만큼 도덕적 지위를 가진 대상으로 대해야 한다는 의미로

서, 동물인지 인간인지에 무관하게 자의식은 갖지 못했지만 쾌고감수능력을
가진 대상의 이익을 평등하게 고려해야 한다는 것이다.[43]

　동물에 대한 태도를 바꿔 주변부 사람들만큼 도덕적 지위를 가진 대상으로
대할 것을 주문했지만, 문제는 그래야 하는 이유이다. 그 이유를 알기 위해서
는 위의 둘째 이유로 주변부 사람들과 동물을 대하는 태도에 변화를 주문한
것이 어떤 의미인지를 알아야 하며, 그러기 위해서는 자의식 포석이 선호공
리주의도 염두에 둔 이중 포석이라는 점을 놓치지 말아야 한다.

　싱어의 자의식 포석은 자의식을 가진 존재는 삶을 지속하고 싶은 욕구를
가졌다는 또는 삶이 지속되길 선호한다는 행마로 진행된다. 즉, 그에 따르면
자의식을 가진 주변부 사람들을 죽이지 말아야 하는 이유는 삶을 지속하고

동물권 부정론자들은 자의식 포석에 대해 자충수라는 평가를 내릴 것이다. 그들 대다수가 돼지는
물론 고릴라, 침팬지의 자의식도 부정하기 때문이다. 싱어도 인정했듯이 그들에게 자의식이 있는지
는 어려운 물음임에 틀림없다. 하지만 싱어는 "돼지에게 그 의문의 혜택을 주는 편이 나아 보인다"는
완곡한 입장과 함께,[44] 자의식을 갖기 위해서는 적어도 자신을 독립체로 인식할 수 있어야 한다는,
일정 기간 동안 존재했다는 것과 자신이 과거와 미래를 가졌다는 것을 알 수 있어야 한다는 상식에
가까운 설명을 가한다.[45] (左) 러시아의 화가 카를 브륄로프Karl Briullov가 1836년에 그린 유화에서
스베틀라나Svetlana가 거울을 통해 자신의 모습을 보고 있다.

싶은 욕구를 좌절시키지 말아야 하기 때문이며, 같은 이유로 자의식을 가진 동물의 삶을 지속하고 싶은 욕구도 좌절시키지 말아야 한다.

이제 돼지와 같이 자의식을 가졌고, 미래에 대해 선호하는 것이 있고, 삶이 지속되는 것을 선호할 수 있는 동물을 죽여도 된다는 생각을 바꿔야 하는 이유가 설명된 셈이다. "선호공리주의에 따르면 어떤 존재의 선호에 반하는 행위는 그 행위의 선호도가 반대되는 선호도보다 크지 않다면 그른 행위이다. 따라서 다른 모든 조건이 동일하다면 삶이 지속되길 바라는 사람을 죽이는 것은 옳지 않다."[46] 그런데 돼지를 행복하게 사육한 사람이 돼지를 잡아먹길 선호하는 정도보다 돼지가 삶이 지속되길 선호하는 정도가 크므로, 돼지 수준의 동물도 죽이지 말아야 한다는 것이다.

하지만 한 가지 의문점을 해소해야 한다. 돼지를 죽이는 것이 돼지 수준의

싱어의 자의식 포석은 자의식을 가진 존재는 삶을 지속하고 싶은 욕구를 가졌다(삶이 지속되길 선호한다) 행마로 진행된다. 자의식 포석의 두터움을 확인할 수 있는 대목이다. 하지만 일면 아쉬움이 남는 것이 사실이다. 미래에 대해 선호하는 것이 있다는 것과 삶이 지속되길 선호한다는 것 사이에는 분명 간극이 존재하며, 따라서 자의식 행마가 안정적이라는 평가를 받기 위해서는 (자의식 여부가 적절한 기준일 수 있는지의 물음은 차치하더라도) 위의 간극을 메울 수 있어야 한다. 하지만 필자가 아는 한 싱어로부터 그에 대한 설명을 들을 수 없다. 1910~1920년 사이에 찍은 사진에서 한복 차림의 남녀가 바둑을 두고 있다.

정신능력을 가진 사람을 죽이는 것만큼 그르다고 해보자. 그렇다면 자의식을 갖지 못한 동물에 대한 해법은 무엇인가? 자의식은 갖지 못했지만 행복한 삶을 살고 있는 동물을 죽였을 때의 행복 감소분도 고려해야 하는 것은 아닌가? 그와 같은 동물을 죽이는 것이 공리주의 해법에 부합하는지 묻지 않을 수 없다. 여기가 싱어를 수식하는 '대체 가능성 논변replaceability argument'이 등장하는 대목이다.

> "어떤 동물이 자의식을 가질 수 없는 종에 속했다고 해보자. 그리고 그를 행복하게 사육했다고 해보자. 그렇다면 그를 도축하고 그가 죽지 않았다면 태어나지 못했을 그리고 그처럼 행복한 삶을 살게 될 다른 동물로 그의 자리를 대체하는 것은 그르지 않다."47)

묘수임에 틀림없다. 하지만 '묘수 세 번 두면 바둑 진다'는 격언이 말해주듯이, 묘수는 자칫 자충수로 이어질 수 있다는 것이 문제다.

　닭의 쾌고감수능력을 부정할 수 없다. 자의식은 어떠한가? 닭에게 자의식이 없다고 해보자. 닭 C를 행복하게 키우고 있다고 했을 때, 싱어의 관점에서 굶는 것이 유일한 대안일 경우가 아니라면 C를 고통 없이 죽이는 것도 그르다고 보아야 한다. C의 미래의 행복을 빼앗는 것이며, 따라서 행복의 총량이 줄어들 것이기 때문이다. 하지만 C를 고통 없이 죽이고 대신 닭 D를 태어나게 해서 행복하게 키울 수 있다면, 그리고 C를 죽이지 않으면 (공간이나 자본 등의 문제로) D를 태어나게 할 수 없다면, C를 죽여도 줄어든 행복분이 D가 누릴 행복으로 채워질 것이며, 따라서 C를 고통 없이 죽이는 것을 그르다고 할 수 없다는 것이 싱어의 해법이다.

　다시 말해 닭과 같이 고통과 쾌락은 느끼지만 자의식을 갖지 못한 동물은 미래의 쾌락을 마음에 둘 수 없다는 점에서 그들을 죽여도 그들이 선호하는 것을 앗았다고 볼 수 없고, 따라서 그들을 고통 없이 죽이는 데 연루된 유일한 도덕적 물음은 그들을 죽임으로써 줄어든 행복의 양을 보충할 수 있느냐라는 것이다. 이렇듯 싱어에 따르면 대체 가능성 논변이 쾌적한 환경에서 사육한 자의식이 없는 동물들을 고통 없이 도살하는 데 대한 정당화 논거가 될 수 있으며, 따라서 대체 가능성 논변에 부합하는 방식으로 얻은 고기를 구할 수 있는 사람에게는 채식이 의무는 아니다.[48]

자의식을 가진 동물은 대체 가능성 논변의 적용 대상이 아니다. 싱어에 따르면 "자의식을 가진 존재가 삶을 지속하고 싶은 욕구를 가졌다면 그가 죽음으로써 입게 될 손실을 다른 동물을 태어나게 하는 것으로 보충하기에는 부족하다."[50] 따라서 대체 가능성 논변에 부합하는 방식으로 얻은 고기를 구할 수 있어도 돼지 수준의 동물은 먹지 말아야 한다는 것이다.

하지만 문제는 자의식을 갖지 못한 동물이다. 그와 같은 동물이 대체 가능

대체 가능성 논변을 제시함으로써 동물해방의 아이콘인 싱어가 육류 소비의 길을 터준 것 아니냐고 반문할 수 있다. 하지만 실망하지 않아도 된다. 환경에 끼치는 영향과 비효율적인 영양섭취 문제를 고려할 때 공장식 사육을 옹호하기에는 매우 약한 논거라고 싱어 자신이 정리했기 때문이다.[49] 사진은 낙농업으로 오염된 뉴질랜드 북섬 와이라라파Wairarapa 지역의 하천이다.

성 논변의 적용 대상이라면, 같은 처지의 주변부 사람들은 어떠한가? 싱어도 인정했듯이 자의식을 갖지 못한 주변부 사람들을 고통 없이 죽이고 다른 주변부 사람들로 대체한다면 이론적으로는 그들을 식탁에 올리는 것을 그르다고 할 수 없다. 정말로 그런가?[51] 환경과 영향면에서 문제가 없다면 대체 가능성 논변에 부합하는 방식으로 얻은 주변부 사람들의 인육을 식품점의 포장육 코너에 진열하는 것이 문제가 없는가?

의문은 이어진다. 영향을 받을 대상들의 선호충족이 문제라고 싱어 자신이 밝혔듯이,[52] 그의 이론체계에서 자의식이 관건인 이유는 선호충족이라는 대업에 관련된 능력이기 때문이다. 돼지 P를 고통 없이 죽이고 돼지 Q로 대체할 수 있다고 해보자. 그리고 P가 죽지 않는다면 Q는 태어날 수 없다고 해보자. Q를 P보다 더 행복하게 키운다면 P가 죽어서 입게 될 손실을 Q가 누릴 행복으로 보충할 수 있으며, 따라서 P를 Q로 대체하는 것이 선호충족의 극대화라는 대업에 부합하는 것은 아닌가? 다시 말해 대체 가능성 논변의 적용 대상을 침팬지, 돼지와 같이 자의식을 가진 동물로, 따라서 자의식을 가진 사람들로까지 확장시켜야 하는 것은 아닌가?

물론 싱어 버전의 주변부 사람들 논변이 대체 가능성 논변을 함축하지는 않는다. 따라서 싱어의 입장에서는 대체 가능성 논변보다 덜 자극적인 해법을 고려할 수도 있다. 하지만 다른 해법을 제시하는 것이, 즉 선호공리주의에 부합하는 그리고 보통의 성인 및 어느 수준 이상의 정신능력을 가진 동물을 죽이지 말아야 한다는 결론으로 이어지는 다른 해법을 찾는 것이 용이할지 의문이다.

여하튼 이제 둘째 이유로(주변부 사람들과 동물은 사람만큼 엄격한 도덕적 지위를 갖지 않았다는 이유로) 주변부 사람들과 동물에 대한 우리의 태도에 변화를 주문한 것의 의미를 이해할 수 있다. 즉, 대체 가능성 논변의 적용 대상인 자의식을 갖지 못한 사람은 자의식을 가진 사람이나 침팬지, 돼지와 같이 대체 가능성 논변의 적용 대상이 아닌 존재만큼 엄격한 도덕적 지위를 갖지 못했다는 것이 싱어의 주장이다.

　이제 싱어가 옹호하는 주변부 사람들 논변의 윤곽을 파악할 수 있다.

• 쾌고감수능력은 가졌지만 자의식을 갖지 못한 동물에 대한 지금의 태도를 바꿔야 한다. (그들의 도덕적 지위를 같은 처지에 있는 주변부 사람들의 도덕적 지위만큼 격상해야 한다.)
• 쾌고감수능력과 자의식 모두를 가진 동물에 대한 지금의 태도를 바꿔야 한다. (그들의 도덕적 지위를 쾌고감수능력과 자의식을 가진 사람들의 도덕적 지위만

이 책의 전작으로 출간한 ≪인간, 위대한 기적인가 지상의 악마인가?≫에서의 필자의 주장을 다루며 필자를 싱어의 추종자로 규정한 논문을 접한 적이 있다.53) 필자가 종차별주의와 인간중심주의를 비판하고 주변부 사람들 논변을 옹호했지만, 반종차별주의자, 반인간중심주의자라고 해서 모두가 싱어의 추종자인 것은 아니며 '주변부 사람들 논변 옹호론자 = 싱어 추종자'라는 등식도 성립하지 않는다. 더욱이 싱어 버전의 주변부 사람들 논변을 옹호하지 않았음에도 그리고 동물권 옹호론자로서의 필자의 정체성을 들어냈음에도 싱어의 추종자로 규정한 것은 주변부 사람들 논변과 공리주의에 대한 오해에 기인한 것으로 보인다. (결과 카드를 쥐고 있는 공리주의자가 도덕의 으뜸패인 권리를 옹호한다는 것은 어불성설이다.) 그 이외에도 필자의 주장을 잘못 평가한 데 대한 답변은 생략하고자 한다. 여하튼 필자는 의무론자이며, '3장'에서 논의될 화제의 논문 '박쥐가 된다는 건 어떤 걸까?What is it like to be a bat?'의 주인공 네이글Thomas Nagel과 앞으로 언급될 스캔런Thomas Scanlon 등이 현대의 의무론에 공헌한 철학자에 속한다.

큼 격상해야 한다.)

• 쾌고감수능력은 가졌지만 자의식을 갖지 못한 주변부 사람들에 대한 지금의 태도를 바꿔야 한다. (그들의 도덕적 지위를 쾌고감수능력과 자의식을 가진 사람들의 도덕적 지위 아래로 격하해야 한다.)

싱어 버전의 주변부 사람들 논변에 동의하기 어려운 것이 사실이다. 하지만 필자가 싱어를 높이 사는 이유는 "인간이 느끼는 정도의 고통을 동물이 느낀다면 그들의 고통을 인간의 고통과 평등하게 고려해야 한다"는 언명, 즉 동물해방론을 지탱하는 이익평등고려원칙에 공감하기 때문이다.[54] 더욱이 정당화 논거를 주변부 사람들 논변에서 찾았다는 점에서 (필자의 경우 싱어 버전이 아닌 '2장 2.1.'에서 설명될 레건 버전을 선호하지만) 이익평등고려원칙을 가볍게 부정할 수 있다는 생각은 섣부른 판단임에 틀림없다. 이익평등고려원칙을 부정하고자 한다면 그에 앞서 동물의 지위에 대한 생각을 바꾸지 않고도 인간 사이의 평등을 주장할 수 있는지를 고민해야 한다.

5. 싱어에 묻어가기 어려운 이유

5.1. 공리주의 자체의 문제점을 안고 가야 한다

공리주의는 결과주의의 한 형태로서 최선의 결과를 초래할 것을 주문한다. 외형적으로는 윤리이론에 요구되는 합리성을 갖췄음에 틀림없다. 하지만 그 합리성이 야누스의 모습을 하고 있다는 것이 문제다.

구성원 각자가 10의 효용을 누리는 100명으로 구성된 집단이 있다고 해보자. 또한 100명 각자의 효용을 8로 낮출 경우 구성원 수를 150명으로 늘릴 수 있다고 해보자. 이와 같은 경우 행위공리주의에 따르면 구성원의 수를 늘려야 한다, 그러면 총효용이 1000에서 1200으로 증가하기 때문이다. 하지만 묻지 않을 수 없다. 구성원 모두가 불행해지더라도 총효용을 증가시키는 것이 도덕적 의무일 수 있는가? (행위공리주의는 결과주의의 한 형태로서 개인의 효용 감소분을 고려할 수 있는 구조를 갖추지 못했다.)

　행위공리주의자로서는 자구책을 찾아야 한다. 평균 행위공리주의average act utilitarianism를 따라 다음과 같이 총효용에서 평균효용으로 궤도를 수정하면 어떠한가?

• 평균효용을 극대화시켜야 한다.

구성원 각자가 10만큼의 효용을 누리는 100명으로 구성된 집단을 다시 생각해보자. 구성원의 수를 100명에서 150명으로 늘리면 평균효용은 10에서 8로 감소한다. 따라서 평균효용을 내세우면 구성원 수를 150명으로 늘려야 한다는 엉뚱한 답변을 피할 수 있다. 하지만 이는 무고한 사람들을 늑대굴에서 구출해 호랑이굴로 모는 것과 다를 바 없다는 것이 문제다.

　각자의 효용범위가 1부터 10까지인 10명으로 구성된 집단이 있다고 해보자. 즉, 10명이 각기 1에서 10까지의 효용을 누리는, 따라서 총효용이 55이고 평균효용은 5.5인 집단이 있다고 해보자. 이와 같은 경우 평균효용이 문제라면 재앙적 상황을 맞을 수밖에 없다.

　1의 효용을 누리는 사람을 (고통 없이) 죽이면 총효용은 54로 줄어들지만 평균효용은 6으로 증가한다. 따라서 평균효용이 문제라면 그 사람을 죽여야 한다. 그래서 죽였다고 해보자. 이제 2부터 10까지의 효용을 누리는 9명이 남았다. 하지만 2의 효용을 누리는 사람을 죽이면 총효용은 줄어들지만 평균효용은 증가한다. 따라서 그 역시 죽여야 하며, 결국은 차례로 9의 효용을 누리는 사람까지 죽이고 10의 효용을 누리는 한 명만 살려둬야 한다. 그러면

평균효용이 10으로 증가하기 때문이다.[55]

불행이나 참극을 주문할 수 없다면 규칙공리주의로 눈을 돌리는 것이 대안일 수 있는가? 규칙공리주의에 따르면 주어진 상황에서 따를 수 있는 규칙들을 파악하고, 그들 중 일반적으로 따를 때 가장 큰 효용을 낳는 규칙을 따라야 한다. 예컨대 '무고한 사람의 생명을 해치지 말라'는 규칙을 따르는 것이 장기적으로 가장 큰 효용을 낳는다면 위의 규칙을 따라야 한다. 하지만 규칙공리주의가 행위공리주의의 대안이 될 수 있을지 의문이다.

앞서 소개된 부장님 예를 다시 생각해보자. 기내식기 납품회사 부장님이 퇴직 후 노후를 대비해 견과류 포장사업을 계획하고 있다. 사업 구상 차 홀로 산행에 나서 정상에 다다랐을 무렵이었다. 어디선가 신음소리가 들리는 것 같아 섬뜩한 기분에 발길을 멈췄다. 불길한 기운이 이끄는 대로 걸음을 옮기자 우려했던 예감이 모습을 드러냈다. 중년의 남자가 피를 흘린 채 쓰러져 있었고, 자초지종을 물어보니 괴한에게 강도를 당했다는 것이었다. 구조대원

행위공리주의에 입문하기 위해서는 총효용의 극대화를 추구하거나 아니면 평균효용의 극대화를 추구하거나 양자택일을 해야 한다. 하지만 총효용의 극대화를 추구겠다는 것은 구성원 모두의 불행을 감수하겠다는 것과 다르지 않으며, 평균효용을 추구하겠다는 것은 1명을 제외한 구성원 모두를 죽이는 참극을 주문하겠다는 것과 다르지 않다.

을 기다리는 동안 상태가 급격히 악화된 남자는 움켜쥐고 있던 무언가를 건네며 간신히 입을 열었다. 1등에 당첨된 복권인데 굴지의 모 땅콩회사 부사장님께 전해달라는 것이었다. 그분의 거칠고 거리낌 없는 성품이 좋아서라는 말도 잊지 않는다. 그러겠노라고 약속을 하자 남자는 안도의 표정으로 숨을 거둔다. 시신을 인계하고 하산한 부장님은 무겁지만 흥분된 마음을 안고 동네 어귀의 단골술집으로 향한다. 술집의 벽걸이 TV에선 초등학생들이 심장병 친구들을 위한 모금활동을 펼치고 있었다.

윤리를 제대로 배워본 적이 없었던 부장님으로서는 밤새워 고민해도 정답을 찾을 수 없었다. 혼자 힘으로는 해결할 수 없다는 것을 깨닫고 중학교 동창 철학자에게 도움을 구하기로 한다. 동창을 만나 자초지종을 설명했고, 이야기를 들은 동창은 의문을 해소해준다. "행위를 보지 말고 결과를 보게. 약속을 지키는 것이 옳은지는 결과에 달렸다네. 영향을 받을 모든 사람들의 이익을 극대화한다면 약속을 어겨야 하네."

동창이 공리주의자임을 알아챈 부장님이 행위와 규칙 두 공리주의자 중 어느 쪽이냐고 묻자 동창은 자신을 규칙공리주의자로 규정한다. 현 상황에서는 어떤 규칙을 적용해야 하느냐고 부장님이 물었고, 동창이 다음의 규칙을 제시했다고 해보자.

규칙 1: 약속을 지켜라.

하지만 부장님은 '규칙 1'에 만족할 수 없었다. '규칙 1'과 '500명의 어린이가 고통을 겪는 경우가 아니라면 약속을 지켜라'는 규칙 중 후자를 따를 때 행복의 총량이 증가하기 때문이다. 그래서 부장님이 이의를 제기했다면, 동창은 경솔했음을 인정할 수밖에 없다. 따라서 '규칙 1'에 예외를 둬 다음의 규칙을 내놓았다고 해보자.

규칙 2: 500명의 어린이가 고통을 받는 경우가 아니라면 약속을 지켜라.

부장님으로서는 '규칙 2'에도 만족할 수 없다. 약속을 지키면 465명의 어린이가 고통을 겪는 경우가 있을 수 있으며, 따라서 '규칙 2'와 '465명 또는 그보다 많은 어린이가 고통을 겪는 경우가 아니라면 약속을 지켜라'는 규칙 중 후자를 따를 때 행복의 총량이 늘어나기 때문이다. 부장님이 재차 이의를 제기했다면, 동창은 다시금 경솔했음을 인정할 수밖에 없다. 그래서 '규칙 2'를 다음과 같이 수정했다고 해보자.

규칙 3: 465명 또는 그보다 많은 어린이가 고통을 받는 경우가 아니라면 약속을
　　　　지켜라

'규칙 2'를 따를 때보다 '규칙 3'을 따를 때 행복의 총량이 증가하는 것이

돌쟁이 딸을 둔 이웃이 쓰레기통 속으로 몸을 숨기는 것을 목격했다. 의아해하던 차에 흉기를 든 사람이 나타나 이웃의 행방을 물었다. 보복살인 목적으로 탈옥한 흉악범임을 한 눈에 알 수 있었다. 거짓말을 해서 이웃을 살려야 하는가? 아니면 이웃이 숨질지라도 사실을 말해야 하는가? 이 경우 규칙공리주의자는 사실을 말해야 한다고 조언해야 한다. '거짓말을 하지 말라'는 규칙을 일반적으로 따르는 것이 장기적으로 볼 때 더 큰 효용을 낳을 것이기 때문이다. 하지만 이는 비이성적인 일종의 '규칙 숭배'라는 것이 행위공리주의자 스마트J. J. C. Smart의 주장으로, 위의 예가 규칙공리주의의 또 다른 문제점을 보여주고 있다.

사실이다. 하지만 '규칙 3' 역시 부장님의 눈에 들어올 수 없다. 약속을 지키면 420(388, 245, 192 …)명의 어린이가 고통을 겪는 경우가 있을 수 않기 때문이다. 부장님이 계속해서 이의를 제기했다면, 동창으로서는 결국 다음의 규칙을 정답으로 내놓을 수밖에 없다.

규칙 X: 약속을 지키면 행복의 총량이 줄어드는 경우가 아니라면 약속을 지켜라.

규칙 X가 어떤 의미인가? 선택 가능한 행위 중 약속을 지키는 것이 행복을 극대화한다면 약속을 지켜야 한다는 말과 다르지 않으며, 이는 정확히 행위공리주의 슬로건과 일치한다. 모든 규칙에 대해 동일한 이의를 제기할 수 있으므로, 규칙공리주의는 행위공리주의와 실천적인 면에서 차이가 없다는 것이 철학자 라이언스David Lyons의 주장으로, 라이언스의 반론 이후 (재반론이 없는 것은 아니지만) 규칙공리주의에 대한 관심은 눈에 띄게 줄어든다.

5.2 공리주의가 추구하는 보편성이 객관성을 담보할 수 있는가?

5.2.1. 논의에 앞서

5.2.1.1. 공리주의에 대한 윌리엄스의 반론 및 싱어의 답변

왜소증 장애를 딛고 할리우드 명배우 반열에 오른 딘클리지Peter Dinklage는 채식주의자로서의 삶을 선택한 이유를 이렇게 밝힌 바 있다. "동물이라면 가리지 않고 좋아합니다. 고양이와 개는 물론이고 닭과 소에게도 해를 입히지 않습니다. 대신 해를 입혀달라고 부탁도 안 합니다." 그런 딘클리지가 한국에서 평생 잊지 못할 경험을 했다고 해보자.
　국제영화제에 참석차 부산을 방문한 딘클리지는 '코리안타임즈'를 보고 입을 다물지 못한다. 1만 7천 곳에 달하는 개농장에서 200만 마리의 개가 사육 당하고 있다는 기사 때문이었다. 농장동물의 복지를 위해 평생을 힘써왔던 그로서는 개농장의 사육환경이 궁금해 견딜 수가 없었다. 서둘러 길을 나서 부산 근교의 개농장으로 향했고, 상상도 못할 장면을 목격하고는 경악을 금치 못한다. 농장주가 개 20마리를 기둥에 묶고 이빨을 뽑으려 했기 때문이다. 딘클리지가 황급히 만류하자 농장주는 개들이 서로 물어뜯으면 책임을 질 수 있느냐고 으름장을 놓고는 연쇄적으로 짖지 못하게 고막도 뚫을 거라는 말까지 서슴지 않는다. 분노한 딘클리지가 한국의 개농장을 주제로 영화를 만들겠다고 협박을 하자 농장주는 마지못해 한 가지 제안을 한다. 딘클리지가 1마리를 골라 직접 이빨을 뽑고 고막을 뚫으면 나머지 19마리에게 손을 대지 않겠다는 것이었다. 이빨이 뽑히고 고막이 뚫리는 고통을 개에게 안긴다는 것은 딘클리지로서는 상상조차 할 수 없는 일이었다. 어떤 일이 있어도 동물에게 해를 입히지 않겠다는 것이 자신과의 약속이었기 때문이다. 딘클리지는 거절했고 농장주는 기다렸다는 듯이 20마리의 이빨을 뽑고 고막도 뚫었다.

곧 논의될 영국의 철학자 윌리엄스Bernard Williams의 예를 각색해 보았다. 상황이 이렇다면 19마리의 개가 고통을 당한 데 대한 책임이 누구에게 있는가? 범죄가 성립하기 위해서는 범죄심리상태mens rea뿐 아니라 범죄행위actus reus도 있어야 한다는 영미형사법의 전통이 말해주듯이, 19마리의 개가 이빨이 뽑히고 고막이 뚫리는 고통을 받은 데 대한 책임을 딘클리지에게 묻는다면 가해자가 뒤바뀐 가치전도는 아닌가?

2009년 5월 23일, 영국의 일간신문 '가디언The Guardian'이 싱어와의 인터뷰 내용을 기사화한 바 있다. 인터뷰를 담당했던 경제학자 테일러Christopher Taylor는 싱어에게 윌리엄스가 제기한 공리주의에 대한 반론을 화두로 던진다.

"싱어는 영어권 전통에 깊게 뿌리를 둔 한 형태의 공리주의로 윤리에 접근하지만 공리주의는 논란의 여지를 남긴다. 윌리엄스가 제기한 유명한 반론은 공리주의는 불합리하게도 우리가 막지 못한 것에 대해 마치 우리가 초래한 것인 양 책임을 물린다는 것이다. 윌리엄스의 주장은 매우 전문적이며, 싱어는 그에 대해 논하면서 이내 실천적인 결과 문제로 돌아간다."56)

테일러는 윌리엄스의 공리주의에 대한 반론을 매우 전문적이라고 평가한다. 반면 그에 대한 싱어의 답변을 실천적인 것으로 평가하고는 싱어의 답변을 다음과 같이 정리한다.

　"우리의 책임을 남을 돕는 데 국한시킬 수도 있다. 하지만 우리가 한 일에 대해서만 책임이 있고 하지 않은 일에는 책임이 없다고 말하고 싶지 않다. 둘 사이에 엄격히 선을 그으면 … 품위 있는 사람인지를 평가하는 데 있어 연못에 신발을 적시거나 여윗돈을 국제구제기관 옥스팜Oxfam에 기부함으로써 한 아이의 생명을 구했느냐가

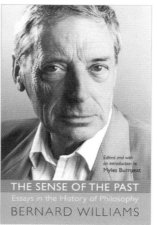

윌리엄스(右)는 공리주의 철학자 스마트와 공동저술한 명저 ≪공리주의 찬·반론Utilitarianism For & Against≫에서 공리주의에 대한 가장 심각한 반론 중 하나로 평가받는 일명 '온전성 반론integrity criticism'을 제기한다.57)

포르노 영화를 보기 위해 정부를 속여서 5파운드를 가로챘느냐 만큼이나 중요하지 않게 된다. 우선순위가 바르지 않아 잘못된 메시지를 전하는 것이라 생각한다."[58]

싱어는 위의 내용을 1972년 논문에서 다음과 같이 표현한 바 있다.

> "도덕적으로 의미심장한 어떤 것도 희생하지 않고 어떤 매우 나쁜 일이 발생하는 것을 막을 능력이 우리에게 있다면, 도덕적으로 볼 때 그것을 막아야 한다. 이 원칙을 다음과 같이 적용할 수 있다. 얕은 연못가를 걷고 있는데 어린아이가 그 연못에 빠진 것을 목격했다면 연못으로 들어가 물을 헤치고 걸어서 아이를 건져야 한다. 그런다는 것은 내 옷에 진흙이 묻는 것이지만 이는 중요하지 않은 반면 아이가 죽는 것은 매우 나쁜 일일 것이다."[59]

신발을 적시거나 여윳돈 일부를 기부하는 정도의 희생 때문에 아이를 살리지 않는 것과 포르노 영화를 볼 목적으로 정부를 속여서 5파운드를 가로챈 것은 비교 대상일 수 없다는 데 동의한다. 하지만 위의 답변이 윌리엄스의 반론에 대한 만족할 만한 답변일 수 없으며, 윌리엄스의 주장을 좀 더 들여다보면 그 이유를 알 수 있다.

　윌리엄스에 따르면 공리주의는 소극적 책임 독트린doctrine of negative responsibility을 필함entail하므로 '누가 했는가?'의 물음을 도외시할 수밖에 없으며, 따라서 온전성integrity이라는 가치를 훼손할 수밖에 없다.

소극적 책임 독트린

"X를 하면 O_1이 초래되고, X를 하지 않으면 O_2가 초래되며, O_2가 O_1보다 나쁘다는 것을 알면서 자발적으로 X를 하지 않는다면, O_2에 대해 책임이 있다."[60]

윌리엄스가 지적한 바와 같이 공리주의는 결과주의의 한 형태로서 소극적 책임 독트린을 필함한다. 따라서 소극적 책임 독트린을 부정함으로써 공리주의를 부정하고자 한다면 부작위inaction와 결과 사이의 인과성을 부정하는 것이 정도正道일 수 있다.

하지만 윌리엄스는 위의 정도를 택하는 대신 소극적 책임 독트린과 삶에 의미를 부여하는 신념(삶의 근간이 되는 프로젝트)의 관계에 주목한다. 즉, 개인의 삶에 의미를 부여하는 신념과 개인의 온전성은 불가분의 관계에 놓여 있지만, 공리주의는 '누가 초래한 것인지를 개의치 않는 결과impartial consequences'를 위해 위의 신념에 입각한 행위와 책임을 이격시키는 소극적 책임 독트린을 수용함으로써 개인의 신념을, 따라서 개인의 온전성을 포기할 것을 강요할 수밖에 없다는 것이다.

싱어와의 인터뷰를 담당했던 테일러가 화두로 던진 온전성 반론을 다음과 같이 정리해보자.

a. 공리주의는 소극적 책임 원칙을 필함한다.

공리주의는 소극적 책임 원칙에 따라 내가 한 것뿐 아니라 막지 못한 것에 대해서도 책임을 물음으로써 삶에 의미를 부여하는 신념 또는 삶의 근간이 되는 프로젝트에 반하는 행위를 할 것을 강요하며, 따라서 비공리주의자가 공리주의 해법을 따르면 행위와 감정 사이에 괴리가 생겨나고 자괴감에 빠져 온전성을 상실하게 된다는 것이, 즉 공리주의는 개인을 파멸로 이끄는 독트린이라는 것이 윌리엄스의 주장이다.

b. 다른 사람의 프로젝트(신념)를 막지 못한 데 대해 책임이 없다.

c. 'b'는 온전성의 가치와 밀접하게 연관되어 있다.

d. 소극적 책임 원칙은 'b'를 부정한다.

e. 소극적 책임 원칙은 온전성의 가치를 훼손한다. ('c'와 'd'로부터)

f. 공리주의는 온전성의 가치를 훼손한다. ('a'와 'e'로부터)

　　그러므로

g. 공리주의는 개인을 파멸로 이끄는 독트린이다. ('f'로부터)

윌리엄스는 'b'에 의존해 'e'를 주장하고, 다시 'e'에 의존해 결론인 'g'를 주장한다. 그럼에도 'g'를 주장하는 데 있어 'b'에 초점을 맞추지 않았다는 데 유의해야 한다. 즉, 'b'가 참임을 보여주는 데(소극적 책임 독트린을 부정하는 데) 지면을 할애하지 않으며, 오히려 다음의 예를 거론하며 'b'에서 한걸음 물러서기까지 한다.

　　남아메리카에서 식물채집을 하던 짐이 어느 부락에 들어서며 당혹감을 감추지 못한다. 군 장교 페드로가 부하들을 거느리고 20명의 원주민을 총살하려는 장면을 목격했기 때문이다. 겁에 질린 짐을 보고 페드로가 처형 이유를 설명한다. 원주민들 사이에서 반정부 폭동이 있었고 그에 대한 보복과 재발방지 차원에서 20명을 무작위로 선출해 처형한다는 것이었다. 짐의 표정을 살피던 페드로가 타지에서 온 방문객에 대한 예우 차원에서 짐에게 한 가지 제안을 한다. 20명 중 한 명을 골라 대신 처형하면 나머지 19명은 풀어주겠다는 것이었다. 하지만 짐은 어떤 경우에도 무고한 사람의 생명을 해치지 않겠다고 스스로에게 무수히 다짐을 했던 터였다. 처형 위기에 처한 20명뿐 아니라 부락민들 모두 수락해 주길 애원하는 눈빛이다. 짐은 어떤 선택을 내려야 하는가?[61]

　　'b'에 의존해 공리주의를 부정하고자 한다면 페드로의 제안을 거절한 짐의 행위와 페드로가 처형할 19명의 죽음 사이의 인과성을 부정해야 한다. 하지만 윌리엄스는 'b'에 의존해 공리주의를 부정하지 않으며, 오히려 "공리주의 해법이 아마도 옳을 것이다"고 진단함으로써 'b'에서 한걸음 물러서기까지 한다.[62] 즉, 19명의 죽음이 짐의 온전성보다 더 큰 도덕적 손실일 수 있지만, 공리주의를 수용할 수 없는 이유는 개인의 온전성을 포기하라는 지나친 요구 때문이라는 것이 윌리엄스의 주장이다.

이제 싱어의 답변이 윌리엄스의 반론에 대한 직접적인 답변이 될 수 없는 이유를 알 수 있다. 싱어의 답변은 'b'에 초점을 맞췄지만, 윌리엄스는 'e'에 의존해 공리주의를 부정했기 때문이다. 싱어가 인터뷰 도중 'e'에 대해 언급했었을 수 있다. 하지만 인터뷰 진행자가 따로 언급하지 않았으므로, 싱어에 대한 반론에 앞서 (필자가 공리주의자는 아니지만) 싱어를 대신해 인터뷰 진행자의 물음에 답변하고자 한다.

5.2.1.2. 윌리엄스가 말하는 온전성

공리주의 해법을 따르기 위해서는 온전성의 가치를 포기해야 한다는 것이 윌리엄스의 주장이었다. 따라서 그렇게 보아야 하는 구체적인 이유가 있어야 하며, 윌리엄스는 그 이유를 설명하기 위해 도덕 감정을 내세운다.

> "우리는 일면 공리주의자가 아니며, 우리의 도덕 감정을 단지 공리적 가치의 대상으로 간주하지는 않는다. 세상과의 도덕적 관계가 부분적으로 이와 같은 감정에 의해 그리고 이와 같은 감정을 가질 수 있는지의 여부에 의해 형성되므로, 그러한 감정을 순전히 공리주의 관점으로, 즉 개인의 도덕적 자아 외적인 것으로 본다는 것은 개인의 정체성을 잃는다는 것을, 따라서 넓게 보아 개인의 온전성을 상실한다는 것을 의미한다."[63]

공리주의자가 되는 것과 온전성의 가치를 보존하는 것이 양립 가능하지 않은 이유는 한마디로 공리주의가 삶에 의미를 부여하는 신념을 포기할 것을 강요함으로써 감정으로부터 이격시키기 때문이라는 것이다. 하지만 위의 주장이 다음의 세 입장에 근거한다는 점을 상기하면 윌리엄스의 설명에 큰 허점이 존재한다는 것을 알 수 있다.

(a) 삶에 의미를 부여하는 신념을 수정하거나 양보하면 감정과의 괴리가 생겨나고 따라서 온전성을 상실한다.
(b) 온전성을 상실하는 것은 크나큰 도덕적 손실이다.
(c) 부작위가 해악의 원인일 수 있는 상황에서도 곤경에 처한 사람들의 간청을 외면하고도 온전성을 유지할 수 있다.

(a)에 따르면 삶에 의미를 부여하는 신념을 포기하면 행위와 감정 사이에 괴리가 생겨나는 반면, 신념에 충실하면 감정과의 괴리로부터 자유로울 수 있고, 따라서 온전성을 온전히 보존할 수 있다. 하지만 가장 먼저 드는 의문은 그것이 도덕 행위자에게 해당하는 해석일 수 있느냐는 것이다. 짐이 공감능력이 떨어지는 싸이코패스가 아님에도 페드로의 제안을 거절하고도 감정과의 괴리로부터 자유로울 수 있겠는가?

 (a)가 안고 있는 보다 근본적인 문제는 하나의 기본 프로젝트를 가진 경우에만 적용 가능하다는 데 있다. 짐의 예에 다음의 에피소드를 보태자. 짐은 어려서부터 어떤 상황에서건 가능한 한 무고한 사람들의 목숨을 적극적으로 구하겠다고 스스로에게 다짐해 왔으며, 그래서 기아로 죽어가는 제3세계인들을 위해 매달 수입의 10분의 1을 기부를 하는 데서 삶의 의미를 찾아왔다고 해보자. 즉 짐은 '어떤 상황에서건 무고한 사람을 죽이지 않겠다'는 그리고 '어떤 상황에서도 가능한 한 무고한 사람들의 죽음을 막겠다'는 두 기본 프로젝트를 갖고 살아왔다고 해보자. 따라서 페드로의 제안을 받은 지금 짐은 이들 두 프로젝트가 충돌하는 상황에 놓였다고 해보자.

지금의 상황에서는 기본 프로젝트에 충실하라는 조언은 짐에게 도움이 되지 않는다. 즉, 윌리엄스의 조언을 따르면 짐은 페드로가 초래한 상황을 외면해야 하지만, 그런다는 것은 두 프로젝트 중 하나를 포기한다는 것을, 따라서 온전성을 포기한다는 것을 의미하기 때문이다.

말하자면 둘 이상의 기본 프로젝트를 가진 경우 윌리엄스의 해법은 자가당착에 빠질 수밖에 없다는 얘기다. 그 이유는 (기본 프로젝트가 소중이 간직한 신념에 부합하지 않는다는 것을 깨달았을 경우) 기본 프로젝트를 수정해도 도덕적 상실감에 시달리지 않을 가능성을, 따라서 온전성을 유지할 수 있을 가능성을 간과한데에 기인한다. 다시 말해 기본 프로젝트를 양보하는 것과 수정하는 것의 차이를 간과한 것은 패착이 아닐 수 없다.

(b)는 어떠한가? 온전성의 가치를 상실하는 것은 도덕적 손실임에 틀림없다. 하지만 그렇게 보아야하는 이유가 문제다. 삶의 의미를 잃기 때문이라는 것이 윌리엄스의 설명이다. 하지만 그가 말하는 온전성의 정체가 문제다. 혹시 그가 중시하는 온전성이 도덕적 온전성moral integrity이 아닌 개인적 온전성personal integrity은 아닌가? 곤경에 처한 사람들의 요구를 외면해도 온전성을 유지할 수 있지만 그것이 문제의 관건인 도덕적 온전성일 수 있을지 의문이다.

(c) 역시 심각한 의문점을 남긴다. 윌리엄스는 (a)와 (b)에 의존해 (c)를 주장한다. 하지만 (b)에서의 온전성이 도덕적 온전성이라고 해도 그에 의존해 (c)를 주장하기 위해서는 값비싼 대가를 치러야 한다. 온전성을 유지하기 위해 자신의 프로젝트를 이기적으로 추구하라는 것과 다르지 않다고 영국의 철학자 해리스John Harris가 꼬집었듯이,[64] 윌리엄스가 윤리적 이기주의에 몸담았다는 착각을 불러일으키기 때문이다. ≪공리주의 찬·반론≫의 공저자 스마트가 이기적으로 온전성을 보존하라는 것처럼 들린다고 지적한 것도 같은 맥락으로 이해할 수 있다.

윌리엄스로서는 어떤 답변이 가능한가? 그로부터 직접적인 답변을 들을 수는 없지만, 공리주의는 타인의 프로젝트를 과도하게 고려할 것을 요구한다는 주장으로부터 하나의 답변을 유추할 수 있다. 즉, 도덕 행위자인 짐은 자신의 프로젝트와 페드로의 프로젝트가 충돌하는 상황에 놓여 있으며, 더욱이 이 상황은 페드로가 초래한 상황이다. 따라서 윌리엄스로서는 페드로의 프로젝트를 위해 깊이 간직한 가치를 희생해야 하는 이유가 무엇인지, 이와 같은 상황에서 페드로의 프로젝트에 동참하지 않는 것이 어떻게 이기적인 처사일 수 있는지 반문할 수 있을 것이다.

윌리엄스의 전반적인 입장을 놓고 볼 때 위의 반문 이외에 다른 마땅한 답변을 찾기 어렵다고 보아야 한다. 하지만 짐과 페드로의 프로젝트가 충돌하는 상황으로 단순화할 수 없다는 것이 문제다. 처형 위기에 처한 20명뿐 아니라 부락민들도 페드로의 제안을 수락하길 간절히 바라고 있다. 짐이 도덕 행위자라면 20명의 무고한 사람들의 죽음도 고려해야 하는 것은 아닌가? 타자가 초래한 상황이라는 것이 무고한 사람의 도덕적 요구를 외면한 채 자신의 프로젝트를 고수하고도 감정과 괴리가 생기지 않는다고 보아야 하는 이유가 될 수 없으며, 만일 그 가능성을 고집한다면 윌리엄스가 말하는 프로젝트는 도덕적적 관점에서 공허한 프로젝트임에 틀림없다.[65]

이상에서 알아본 바와 같이 윌리엄스의 온전성 반론은 수많은 의문점을 남기며, 이는 윌리엄스가 온전성을 '자신이 한 것'과 '막지 못한 것'을 구별하는 의미로 잘못 해석한 데에 기인한다. 그렇다면 온전성을 어떤 의미로 이해해야 하는가?

5.2.1.3. 도덕적 최적화로서의 온전성

공리주의 해법을 따르면 삶에 의미를 부여하는 신념 또는 삶의 근간이 되는 프로젝트에 반하는 행위를 할 수밖에 없으며, 따라서 감정과의 괴리가 생겨나고 자괴감에 빠져 온전성의 상실로 이어진다는 것이 윌리엄스의 주장이었다. 하지만 이는 근시안적인 해석임에 틀림없다.

짐은 어떠한 경우에도 무고한 사람을 죽이지 않겠다는 프로젝트를 가졌다. 하지만 그것이 삶의 근간이 되는 프로젝트이기 위해서는 그것을 갖게 된 이유가 있어야 한다. 그렇지 않다면 그것이 삶의 근간이 되는 프로젝트일 수 없으며, 따라서 그에 반하는 행위를 해도 감정과의 괴리가 생겨난다고도 온전성을 상실한다고도 할 수 없기 때문이다.

이제 프로젝트에 반하는 행위를 해도 그것을 갖게 된 이유에 위배되지 않을 수 있는지가 문제다. 그것이 가능하지 않다면 온전성 문제를 자신이 했느냐 막지 못했느냐의 문제로 본 윌리엄스의 해석에 나름 설득력을 부여할 수 있다. 하지만 설명될 바와 같이 삶의 근간이 되는 프로젝트에 반하는 행위라도 그 프로젝트를 갖게 된 이유에 위배되지 않을 수 있으며, 따라서 공리주의가 온전성의 가치를 훼손하는지를 파악하기 위해서는 단순히 위의 프로젝트를 포기할 것을 강요하는지가 아닌 위의 프로젝트를 갖게 된 이유에 반하는 선택을 강요하는지를 파악해야 한다.

짐이 어떤 경우에도 무고한 사람의 생명을 해치지 않겠다는 프로젝트를 갖게 된 이유는 무고한 사람을 죽이는 것이 도덕적으로 용납될 수 없기 때문이었다. 짐이 페드로의 제안을 수용했다고 해보자. 그래서 1명의 인디언을 죽였다고 해도 그 이유가 무고한 사람을 죽이는 것을 용인해서가 아니라면, 즉 페드로가 나머지 19명을 죽이는 것을 용인하지 못해서라면 감정과의 괴리가 생겨난다고 할 수 없다. 딘클리지를 놓고도 동일한 해석이 가능하다. 그가 농장주의 제안을 수용한다고 해도 그 이유가 19마리의 고통을 용인해서가 아니라면 감정과의 괴리가 생겨난다고 할 수 없으며, 따라서 온전성을 상실한다고 할 수 없다.

윌리엄스가 제시한 다음의 예는 어떠한가? 조지가 어렵게 화학박사 학위를 취득했지만 심각한 구직난으로 생계에 어려움을 겪고 있다. 아이들의 양육비 때문에 아내가 생업전선에 뛰어들어야 할 처지에 놓이자 조지의 딱한 사정을 잘 알고 있는 노화학자가 한 가지 제안을 한다. 생화학무기 연구소에

취직하는 것이 어떻겠냐는 것이었다. 보수가 나쁘지 않을 거라는 귀띔도 잊지 않는다. 가장 역할을 등한시한 아버지 밑에서 성장한 조지는 가정을 이루게 되면 가족을 위해 최선을 다할 것이라 무수히 다짐해 왔다. 하지만 한편으로는 화생방전에 심한 거부감을 보여 왔으며, 생화학무기는 남김없이 폐기해야 한다는 것이 평소의 소신이었다. 소신에 따라 거절을 했고, 노화학자는 조지의 동료가 그 자리에 들어가 생화학무기 개발에 매진할 것이라는 정보를 흘린다. 아내는 노화학자의 제안을 수락하길 간절히 바라고 있다.[66]

월리엄스에 따르면 노화학자의 제한을 거절하면 공리주의는 동료가 열정적으로 생화학무기를 개발한 데 대해 조지에게 책임을 물을 수밖에 없다. 따라서 공리주의의 해법을 따라 노화학자의 제안을 수용해야 하지만, 그럴 경우 감정과의 괴리가 생겨나고 자괴감에 빠져 온전성을 상실하게 된다는 것이다. 하지만 조지가 어떠한 경우에도 생화학무기를 개발하지 않겠다는 프로젝트를 가진 이유는 생화학무기를 개발하는 것은 도덕적으로 옳지 않다는 신념 때문이었다. 다시 말해 조지가 공리주의 해법을 따라 노화학자의 제안을 수용해도 동료의 열정을 저지하기 위해서라면 행위와 감정 사이에 괴리가 생겨난다고도 온전성을 상실한다고도 할 수 없다.

이렇듯 주어진 상황에서 모든 것을 고려해 삶의 근간이 되는 프로젝트를 가진 이유에 가장 부합하는 선택을 내리는 것을 온전성을 유지하는 방법으로 보아야 한다. 즉, 온전성은 자신이 했느냐 막지 못했느냐의 문제가 아닌 도덕적 최적화moral optimizing의 문제로 보아야 하며, 따라서 공리주의에 대한 월리엄스의 온전성 반론은 성공적이라 할 수 없다.

이상에서 알아본 바와 같이 비공리주의자임에도 온전성을 포기하지 않고 공리주의 해법을 따를 수 있으며, 이는 공리주의에 합류하면 온전성을 포기하지 않고도 보편성을 추구할 수 있다는 뜻으로서 오히려 공리주의의 강점이 아닐 수 없다. 하지만 공리주의가 추구하는 보편성이 객관성을 담보할 수 있느냐가 문제다.

5.2.2. 공리주의 그리고 보편성과 객관성

1692년 1월, 새뮤얼 패리스의 9살 난 딸 베티와 11살 난 조카 아비게일이 목과 등에 바늘로 찌르는 듯한 고통을 호소하며 극도의 비명을 질렀고, 혀를 길게 늘어뜨린 채 기이한 소리를 내기도 했으며, 괴이한 자세로 몸을 뒤트는 등 발작 증세를 보인다. 매사추세츠주 청교도 촌락 세일럼의 담임목사였던 패리스가 기도에 매달려 몇 날을 보내도 병세에 차도를 보이지 않았으며, 다른 교구의 목회자를 모셔와 기도회를 열어도 소용이 없었다. 어쩔 수 없이 마을 의사에게 보였고, 그것이 화근의 발단이었다. 병명을 찾을 수 없었던 의사가 악령에 쓰였다는 진단을 내렸기 때문이다. 그러는 사이 마을의 다른 소녀들에게 유사한 증세가 나타나며 미국 역사에 크나큰 오점을 남긴 피바람의 서막이 올려진다. 온갖 흉흉한 소문이 나돌던 그 해 3월 1일, 베티와 아비게일에게 점치는 놀이를 가르쳤던 패리스의 노예 티투바와 거리생활을 하던 새라 굿 그리고 교회에 나가지 않았던 가난한 노인 새라 오스본이 체포된다. 굿과 오스본은 마녀 혐의를 부인했지만, 티투바는 교수형을 면하고자 악마에게 사주를 받았다고 거짓 증언을 한다. "어떤 때는 돼지의 모습이었고 어떤 때는 엄청 큰 개의 모습이었어요. 마녀가 되라고 해서 그러겠다고 했고, 우리 셋 말고도 악마를 숭배하는 마녀들이 또 있어요." 티투바가 마녀로 지목한 여성들에게 줄줄이 체포영장이 발부됐고, 교수형이 두려워 빗자루를 타고 다녔다거나 악마와 관계를 가졌다는 등 입에서 나오는 대로 증언을 하는 사람들이 늘며 매사추세츠 전역이 집단 히스테리에 빠진다. 같은 해 5월 중순 뉴잉글랜드 총독으로 부임한 윌리엄 핍스_{William Phips}가 부지사 윌리엄 스타우턴 _{William Stoughton}을 재판장으로 7인의 특별재판부를 구성할 것을 명령하며, 6월 2일 구성된 특별재판부에 의해 공식적인 처형이 시작된다. 6월 10일, 마녀 혐의로 체포된 전력이 있었던 60세 브리짓 비숍을 시작으로, 7월과 8월에 각기 5명을 그리고 9월에 8명을 교수형에 처한다. 200명에 가까운 사람들이 마녀로 고발당해 대부분 투옥됐으며, 아내의 혐의를 부인하다 무거운 돌에 짓눌려 죽는 등 감옥에서도 7명이 목숨을 잃는다.

7명의 특별재판관 중 유일하게 참회하지 않았던 존 호손John Hathorne의 후손인 소설가 너새니얼 호손Nathaniel Hawthorne이 존 호손의 자손임을 숨기고자 성Hathorne에 'w'자를 끼워 넣은 것을 보아도 알 수 있듯이Hawthorne, 세일럼 마녀사냥에 대해 혹독한 평가가 불가피하다. 그 이유에 대해 싱어로서는 어떤 설명이 가능한가?

싱어에 따르면 "윤리원칙은 특정 분파적 집단에 의해 정당화될 수 없고, 보편성을 갖춰야 한다"는 것이 고대로부터 철학자와 도덕주의자들의 공통된 생각이었다.[67]

1876년에 그려진 세일럼 마녀재판에서 한 아이가 발작증세를 보이고 있다. 하지만 사건의 열쇠는 엉뚱하게도 악령이 아닌 맥각균麥角菌이 쥐고 있었다. 습하고 따뜻한 날씨에 호밀 등의 맥류麥類에 기생하는 맥각균은 환각과 발작증세를 일으키는데, 기록에 따르면 1691년 세일럼 인근은 유난히 습하고 따뜻했던 반면 이듬해인 1692년에는 유래 없이 건조했다고 한다. 세일럼 주민들이 발작증세를 보인 이유는 1691년에 생산된 감염된 호밀로 빵을 만들어 먹었기 때문이라는 것이(당시에는 주로 호밀로 빵을 만들었다고 한다) 그리고 1692년도 가을부터 발작증세가 사라진 이유는 그해 생산된 깨끗한 호밀을 먹었기 때문이라는 것이 정설로 여겨지고 있다.

"윤리는 '나'와 '너'에 매몰되지 않고 보편적인 법칙, 보편화할 수 있는 판단, 공평한 관망자impartial spectator 또는 이상적인 관찰자ideal observer 관점으로 나아갈 것을 요구한다."68)

싱어가 보편성을 강조한 것은 당연하다 할 수 있다. 설명된 바와 같이 선호공리주의자로서 영향을 받을 모든 사람들의 선호충족을 극대화하는 행위를 옳은 행위로 규정했으며, 따라서 윤리가 보편성을 요구한다는 것이 공리주의 해법에 설득력을 부여할 수 있다고 여겼을 것이기 때문이다.

　　"윤리적 판단은 보편적인 관점에서 내려져야 한다는 것을 받아들이는 데 있어서 단지 내 이익이라는 이유로 다른 사람의 이익보다 중시하지 않는다는 것을 받아들인다. … 내 이익 대신 내 결정에 영향을 받을 모든 사람들의 이익을 고려해야 한다는 것이다. 여기에서 요구되는 것은 그 모든 이익을 저울질하고, 영향을 받을 모든 사람들의 이익을 극대화시킬 만한 행위를 선택하는 것이다."69)

윤리가 보편성을 요구한다는 데 대해 비공리주의자로서도 불만을 가질 이유가 없다. 또한 공리주의가 보편성을 반영하고 있다는 것도 부정할 수 없다. 하지만 보편성을 반영했다는 것이 객관성을 담보하지 못한다는 것이 문제다.
　　나와 너의 이익(선호충족, 욕구충족, 쾌락)에 매몰되지 말고 이익의 총량을 봐야 한다는 것이 무슨 말인가? 이는 나와 너의 믿음과 욕구에 매몰되지 말고 모든 사람들의 믿음과 욕구를 보아야 한다는 뜻으로서, 욕구의 내용에 무관하게(설령 그것이 남을 해하고자 하는 욕구일지라도) 얼마나 많은 사람들의 욕구를 충족시키는지가 관건이라는 말과 다르지 않다. 결과주의에 더해 주관주의subjectivism로서의 공리주의의 면모가 드러나는 대목으로, 공리주의 이면에

드리운 그림자가 아닐 수 없다.

세일럼 마녀사냥으로 돌아가 보자. 멀쩡한 사람들을 마녀로 낙인찍고 처형에 나선 것은 집단광기가 부른 참극임에 틀림없다. 당시 세일럼 주민 중 발작의 원인이 악령 때문이 아니라고 확신했던 사람이 있었다고 해보자. 또한 싱어가 타임머신을 타고 당시 세일럼을 여행 중이었다고 해보자. 싱어 역시 악령이 원인이 아님을 알고 있었다고 해도 당신의 믿음에 매몰되지 말고 다수의 믿음과 욕구를 보라고 조언해야 한다. 무지와 편견이 유발한 욕구를 걸러낼 여과장치가 없음에도 인종차별주의와 성차별주의를 비판할 수 있는

누가 쾌락을 얻는지(누구의 욕구가 충족되는지) 누가 고통을 당하는지(누구의 욕구가 충족되지 않는지)는 공리주의자의 관심사가 될 수 없다. 그들에게는 관중들의 쾌락이 검투사의 고통을 압도했던 고대 로마의 검투경기가 정당했으며, 검투경기를 개최한 로마의 정치가들은 도덕적 의무를 이행한 것이다. 심지어 '종차별주의'라는 용어를 만든 심리학자 라이더가 지적한 바와 같이 강간범들의 쾌락이 피해자의 고통보다 크다면 집단강간범들이 도덕적 의무를 이행한 것으로 보아야 한다. 전쟁의 신 쿠Ku에게 인간을 바치면 전투에서 승리한다고 믿었던 하와이인들은 헤이아우Heiau라 불렸던 신전에서 인간제물의식을 거행했다. 바위에 걸쳐 놓은 나무 형벌대에 포로를 묶는 것으로 시작된 의식은 제물의 뼈가 으스러지고 살이 물러질 때까지 매질을 한 후 내장을 제거한 시신을 종교집행관과 부족장이 나눠 먹는 것으로 끝이 났다. 공리주의자로서는 세일럼 마녀재판에 대해서와 같이 하와이언의 인간제물의식에 대해서도 얼마나 많은 사람들의 욕구를 충족시켰는지의 여부로 그들의 행위가 옳았는지를 평가해야 한다. 공리주의 동물해방론자가 동물원을 반대하기 어려운 이유이기도 하다. 사진은 프랑스의 예술가이자 탐험가였던 아라고Jacques Arago가 세계 여행 중 스케치한 것을 바탕으로 아라고가 실명한 후에 모린N. Maurin이 새로 그린 그림이다.

것인가?[70] 종차별주의를 인종차별주의, 성차별주의와 동일선상에서 이해해야 한다는 싱어의 주장이 무색해지는 대목이다.

5.3. 꽃은 화려하지만 열매가 없는 화이부실華而不實이다

"인간 이외의 동물들이 폭군의 손에 의해서가 아니 이상 그 누구에게도 빼앗기지 않을 권리를 획득하게 될 날이 올지도 모른다."[71] 벤담이 '권리'라고 표현해서인지 후계자 싱어를 동물권옹호론자로 잘못 이해하는 경우를 보게 된다. "동물 생명권 주창자들은 고통을 느낄 수 있다면 인간이든 동물이든 차별 없이 보호받아야 한다고 합니다. 이런 논리의 철학적 기초는 벤담의 공리주의입니다. 동물의 권리를 깨닫는 것 그것이 동물 해방의 시작입니다."[72] 물론 싱어에 대한 오해가(넓게는 공리주의에 대한 오해가) 기자에 국한된 일은 아니다. "과연 싱어의 이러한 동물권 옹호 주장은 받아들일 만한 것일까?"[73]

하지만 싱어가 지적했듯이 벤담은 권리를 '평등'의 의미로 사용했을 뿐 아니라, '자연권natural right'에 대해 터무니없다고 일침을 놓는다.[74] 공리주의가 총량이론aggregative theory임을 상기하면 그리고 도덕에서의 권리의 위상을 상기하면 싱어가 동물의 권리뿐 아니라 인간의 권리도 옹호할리 없다는 것을 알 수 있다. 권리는 정부나 사회가 어떤 특정 것을 못하도록 저지할 수 있는 (설령 그것이 사회 전반의 이익을 증진시키더라도) 카드로 치면 으뜸패에 해당한다는 법철학자 드워킨Ronald Dworkin의 비유가 말해주듯이,[75] 그리고 사회학자 재스퍼James Jasper와 넬킨Dorothy Nelkin이 권리를 "패할 수 없는 도덕의 으뜸패"로 규정했듯이,[76] 결과 카드로는 도덕과 법의 으뜸패인 권리에 대적할 수 없기 때문이다. 싱어가 그의 저서 여러 곳에서 권리를 부정하거나 부차적인 것으로 규정한 이유이다.

권리는 실질적인 쟁점이 아니며 권리에 대한 논의는 용어에 대한 논의로 끝나는 경우가 다반사라는 것이 싱어의 생각이다. 하지만 싱어가 하나의 권리에 대해서는 너그러운 입장을 취했다는 점에 유의해야 한다. 즉, 이익평등 고려원칙이 '이익을 평등하게 고려 받을 권리'의 근간이 된다고 주장함으로써 고통을 당하지 않을 권리의 영역에 동물을 편입시킨다. 동물뿐 아니라 영아의 권리도 보장할 수 없는 계약론적 권리가 아닌 동물에게 위의 권리가 없다면 인간의 영아에게도 위의 권리가 없다고 보아야 한다는 것이 싱어의 입장이나,77) 이로 인해 (필요할 때는 권리라는 개념을 도입하고 불리해지면 한 발 물러서는) 치고 빠지기식 전략이라는 평가를 받게 된다.

여하튼 생명권이 절대권absolute right이라고 해보자. 그렇다면 그것을 박탈하지 말아야 할 타인의 의무가 면제되는 상황은 있을 수 없다는 것이 절대권에 대한 해석이다.78) 이렇듯 생명권이 절대권이라면 사회적 효용 증대가 생명권을 박탈하지 말아야 의무를 면제하지 못하므로 싱어로서는 절대권의 존재를 부정할 수밖에 없다.

어떤 권리가, 예컨대 자유를 누릴 권리가 절대권이 아니라고 해도 달라지지 않는다. 인간이나 동물에게 그와 같은 권리가 있다는 것은 중대한 이유 없이 그것을 제한하거나 박탈할 수 없다는 뜻이다. 안전벨트를 착용하도록 강제하는 이유는 당사자의 안전이라는 중대한 이유가 있어서이다. 하지만 추정적 해악을 이유로 범죄성향이 있는 사람을 감금할 수 없듯이, 사회적 효용 증대가 자유를 누릴 권리를 박탈하지 말아야 할 의무를 면제하지 못한다는 것이 권리에 대한 해석이다.

동물권 옹호론자 레건이 동물을 착취하는 일체의 행위를 일관되게 비난하듯이, 동물에게 권리가 있다면 동물을 실험과 교육용으로 이용하는, 공장식으로 사육하는, 동물원에 가두는, 공연에 동원하는, 사냥감으로 삼는 등의 행위 일체를 금지해야 한다. 공리주의자로서는 위의 행위들에 대해 어떤 평가를 내릴 수 있는가?

싱어가 꺼낸 이익평등고려원칙은 초강수 카드임에 틀림없다. 그 정도의 카드를 꺼낸 이상 동물에게 고통을 안기는 일체의 행위를 뿌리 뽑겠다고 해야 마땅할 것이다. 하지만 공리주의 동물해방론자가 그 카드를 꺼냈다는 것이 문제다.

> "인간의 목적을 위해 동물을 이용하는 것이 정당할 수 있다는 것을 부정하지 않는다. 왜냐하면 결과주의자로서 적절한 상황에서 인간의 목적을 위해 (또는 동물을 보호할 목적으로) 인간을 이용할 수 있다는 것을 인정해야 하기 때문이다. … 인간을 위한 어떤 동물실험도 금지해야 한다는 주장을 나는 부정한다."[79]

동물을 보호할 목적으로 인간을 이용할 수 있다는 것이 무슨 말인가? 공리주의자로서는 당연한 셈법이다. 하지만 정말로 동의 없이 동물을 위해 인간을 이용할 수 있다고 생각하는지, 공리주의의 끈을 놓지 않으려는 고육지책은 아닌지 묻지 않을 수 없다.

인간의 목적을 위해 동물을 이용할 수 있다는 것은 또 무슨 말인가? 공리주의 셈법에 따라 비용을 상쇄할 만큼의 큰 효용을 낳는 경우는 허용해야 하지만, 동물실험과 공장식 축산과 같이 그렇지 못한 경우는 금지해야 한다는 것이다. 하지만 현 시점에 필요한 것은 사고능력이 아닌 계량능력이라는 게 문제다. 토끼의 눈 점막을 이용해 화학물질의 자극성을 평가하는 드레이즈 테스트_{Draize Test}의 경우는 효용(미적 욕구의 충족)이 비용(눈이 타들어가는 고통)을 상쇄하지 못한다는 데는 동의할 수 있다. 하지만 간접적이고 장기적인 효용까지 고려할 때 과연 드레이즈 테스트 이외의 동물실험과 공장식 축산의 효용이 동물의 고통을 상쇄하지 못할지 의문이다.

공장식 축산을 생각해보자. 선호공리주의자이지만 동물실험을 옹호한 프레이가 지적한 바와 같이 공장식 축산의 효용을 따지기 위해서는 농장관계자와 도축관계자 등 직접적으로 연루된 사람들과 그 가족의 이익뿐 아니라, 패스트푸드산업, 유통산업, 반려동물사료산업, 가죽산업, 제약산업, 출판산업, 광고산업 관계자 등 간접적으로 연루된 사람들과 그 가족의 이익도 고려 대상에 포함시켜야 한다.[80] 그럼에도 동물의 고통을 상쇄시키지 못하는가? 프레이가 공리주의자임에도 싱어에 반기를 든 이유이자, 필자가 싱어의 계량능력을 신뢰하지 않는 이유이다.

물론 싱어의 계량능력을 신뢰할 수 없다는 것이 프레이의 계량능력을 신뢰해야 한다는 말은 아니다. 프레이가 공장식 축산을 옹호하는 이유 역시 공리주의 셈법 때문이다. 즉, 관련산업이 몰락함으로써 겪게 될 고통과 육류단백질 섭취가 줄어듦으로써 겪게 될 고통의 총량이 공장식 농장에서 매년 사육되는 700억 동물들이 겪는 고통의 총량보다 크다는 것이다. 정말로 그런가? 공장식 축산이 유발한 환경오염으로 인한 인간의 고통과 항생제, 농약, 호르몬제로 범벅된 육류 섭취로 인한 인간의 고통을 합산한다면 고통 전망치를 바꿔야 하는 것은 아닌가?

동물실험에 대해서도 동일한 의문을 제기할 수 있다. 동물실험이 의학 발

2006년, 뉴욕주 알바니 근처의 동굴에서 코 주위에 흰곰팡이가 핀 박쥐의 모습이 관광객의 사진기에 담기며 방역당국에 비상이 걸린다. 흰코신드롬이라 불리는 치명적인 질병이 미국과 캐나다의 박쥐들을 엄습했다는 증거였기 때문이다. 이후 6백만 마리의 박쥐가 고통스럽게 죽음을 맞았고, 사진의 북부긴귀박쥐northern long-eared bat는 99%가 희생되는 비운을 겪는다. 몇 명의 인간을 피험자로 생체실험을 했다면 흰코신드롬을 퇴치할 수 있는 길이 열렸었다고 해보자. 그리고 그 이외에 다른 방법이 없었다면 동의 없이 적당한 사람을 골라서 생체실험 대상으로 삼았어도 문제될게 없었다는 것이 싱어의 해법이다.

전에 기여했다는 것을 부정하기 어렵다. 하지만 전 세계를 충격에 빠뜨린 탈리도마이드thalidomide 사건을 생각해보자. 1957년 독일의 그뤼넨탈 제약사가 콘테르간Contergan이란 이름으로 수면제이자 입덧에 효과가 있는 탈리도마이드를 출시한다. 개와 고양이, 쥐를 대상으로 한 실험에서는 부작용이 발견되지 않았고, 기적의 약으로 홍보되며 의사의 처방 없이도 구매가 가능한 약으로 분류된다. 하지만 이 약을 복용한 임신부들은 참혹한 현실과 마주해야 했다.

기니피그를 대상으로 페니실린 독성실험을 했다면 폐렴, 뇌막염, 매독 등의 질병으로 무수한 사람이 목숨을 잃었을 것이다. 인간에게는 안전한 페니실린이 기니피그에게는 독성을 보이기 때문이다. 아스피린 역시 인간에게는 안전하지만 고양이에게는 독성을 보이며, 비만치료제 펜펜fen-phen은 반대로 동물에게는 안전하지만 인간의 심장 판막에 부작용을 일으킨다. 이 외에도 동물과 인간에게 상반된 반응을 보인 의약품이 적지 않으며, 에이즈 백신만 해도 동물실험에 성공한 85 종류의 백신을 인간을 대상으로 197회에 걸쳐 임상실험을 했으나 예방과 치료 효과를 보이지 않았다.[81] 그림은 '보일의 법칙'을 내놓았고 조나단 스위프트의 ≪걸리버 여행기≫에 영감을 제공한 보일Robert Boyle이 공기펌프에 새를 넣고 실험을 하는 장면을 영국의 화가 라이트Joseph Wright of Derby가 1768년에 재구성해 그린 유화이다.

특히 임신 3개월 이전에 이 약을 복용한 여성에게서 청각장애와 시각장애를 가진 아이들과 팔, 다리의 뼈가 없거나 발과 손이 몸에 붙은 아이들이 태어났으며, 탈리도마이드가 시장에서 퇴출되기까지 만 명이 넘는 아이들이 참극을 겪는다.

탈리도마이드 사건이 프레이에게 주는 시사점이 적지 않다. 동물실험을 생략하고 곧바로 임상실험으로 들어갔다면 몇 명의 불행으로 끝났을 일이었다. (공리주의자로서는 비용 대비 효용이 크다면 싱어가 그랬듯이 인간을 대상으로 한 실험을 반대할 수 없다.) 탈리노마이드 이외에도 인간에게만 독성을 보인 의약품이 적지 않으며, 반대로 인간에게는 독성을 보이지 않았지만 동물에게는 독성을 보인 의약품도 적지 않다. 사정이 이렇다면 그리고 효용이 문제라면 동물실험을 생략하고 곧바로 임상실험으로 들어가는 것이 공리주의 셈법에 부합하는 것은 아닌가?

계량 자체가 가능한 건지, 이 논쟁에 종착역이 있기나 한 건지 묻지 않을 수 없다. 분명한 것은 프레이의 계량결과를 신뢰할 수 없듯이 싱어의 계량결과도 신뢰할 수 없다는 점이다. 이익평등고려원칙을 내세우고도 계량이 가능하지 않다면 꽃은 화려하지만 열매가 없는 화이부실華而不實 아닌가. 철학적 독트린으로서의 공리주의의 흠결은 차치하더라도 싱어에 묻어가기 어려운 이유이자, 그가 깔아 놓은 꽃길을 사양하는 이유이다.

각주

1) 동물의 지위문제에 대한 해결책으로서의 덕윤리가 가진 한계는 앞으로 언급될 것이다.

2) 결과주의라는 용어는 독일의 철학자 칸트Immanuel Kant, 1724~1804 이래 가장 중요한 철학자로 꼽히는 비트겐슈타인Ludwig Wittgenstein, 1889~1951의 제자이자 윤리학, 심리철학, 논리학, 언어철학 분야에 지울 수 없는 족적을 남긴 여류철학자 앤스콤Elizabeth Anscombe에 의해 탄생한다.

3) Regan, 1983, p. 191.

4) Regan, 2001b, p. 45.

5) Singer 1985a.

6) Regan, 2001b, p. 43.

7) Bentham, Chapter 1, Section 1.

8) Mill, Chapter II.

9) Bentham, chapter 17, section 1.

10) 본문의 예는 덕윤리의 현대적 부활에 기여한 여류철학자 풋Philippa Foot이 제시한 일명 트롤리 문제trolly problem이다.

11) 본문의 예는 철학자 캄Francis Kamm의 예를 각색한 것임을 밝혀 둔다. 철학자 할먼Gilbert Harman의 예를 각색한 다음의 예를 놓고도 공리주의자는 도덕적 의무를 이행했다는 답변을 내놓아야 한다. MkMk 혈액형을 가진 다섯 노벨상수상자 형제가 장기 제공자를 찾지 못해 목숨이 경각에 달렸다. 이식수술을 받으면 다섯 모두 건강을 회복해 인류에 공헌할 것이다. 하지만 수일 내에 MkMk 혈액형을 가진 사람을 찾는 것은 사실상 가능하지 않다. 그러던 중 우연히 감기로 내원한 평범한 환자의 혈액형이 MkMk인 것을 알았다. 노벨상수상자들을 위해 희생할 의향이 없느냐고 물었지만 부정적인 답변이 돌아왔다. 마취제를 비타민C주사로 속이고 장기를 적출해 다섯 형제에게 이식했다.

12) Singer 1993, p. 94.

13) Singer 2009, p. 3.

14) Singer 2009, p. 3.

15) Singer 2009, pp. 4~5. 본문의 강조는 싱어에 의한 것임.

16) Singer 2009, pp. 7~8. Singer 1993, p. 57. 본문의 강조는 싱어에 의한 것임.

17) 테일러에 따르면 어떤 생명체가 내재적 가치intrinsic value를 지녔다고 했을 때 그렇게 보아야 하는 이유는 그 생명체가 "스스로 취득한 능력들 때문이 아닌, 그와 같은 능력들이 특정 방식으로 체계화되었다는 사실 때문이다. 그 능력들이 기능적으로 상호 연관되어 유기체 전체로서의 자신만의 추구하는 선을 갖게 된다고 할 수 있다. 이익이 되게 한다거나 해가 되게 한다는, 좋거나 나쁘다는, 공정하다거나 부당하다는 등의 개념을 그 생명체에게 적용해야 한다. 그

생명체의 선은 도덕적 고려 대상이자 배려 대상이고, 그 존재를 위해 선을 실현하도록 장려하고 후원해야 한다고 심각하게 말할 수 있다. 그 이유는 그 존재가 자신만의 선을 갖고 있기 때문이다. 모든 생명체에게 어떤 내재적 가치가 있다고 하는 한 당연히 개개의 생명체에게 그와 같은 가치가 있다고 여기기에 충분한 근거인 자신만의 선이 있다고 보아야 한다. 이것이 바로 그들이 내재적 가치를 지녔다는 의미이다"(Taylor, p. 156). 테일러의 생명체 평등주의는 위의 주장에 기초하며, 그에 따르면 어떤 존재가 내재적 가치를 지녔다는 것은 그 존재가 나름의 추구하는 선을 실현할 수 있도록 도덕적으로 배려해야 한다는 의미로 이해해야 한다.

18) Singer 1993, p. 279.

19) Singer 1993, p. 279.

20) Singer 2009, p. 15.

21) Regan 1979a, pp. 189~219.

22) Boethius, *Liber de Persona et Duabus Naturis* Ch 3; PL 64, 1343.

23) 로크는 사람을 "이성과 반성능력을 가진, 자신을 자신으로 고찰할 수 있는, 생각하는 지성적 존재자"로 정의하고, 활동능력에 초점을 맞춰 사람이란 "지각이 있거나 고통과 쾌락을 자각하는, 행복하게 되거나 비참해질 수 있는, 따라서 의식이 있는 한 자신에 대해 관심을 가지는 의식을 가진 생각하는 존재"라는 설명을 가하며(Locke, p. 62), 독일의 철학자 칸트Immanuel Kant, 1724~1804는 명저 ≪도덕형이상학 원론≫에서 보편적 도덕률을 이해할 수 있고 격률maxims 에 따라 행위 할 수 있는 이성적인 존재라야 사람일 수 있다는 입장을 취한다.

24) Narveson 1977, p. 164.

25) 주변부 사람들에 대한 반론과 재반론은 필자의 ≪인간, 위대한 기적인가 지상의 악마인가?≫ 4장을 참조하기 바란다.

26) 존재의 거대한 사슬에 대한 필자의 반론은 ≪인간, 위대한 기적인가 지상의 악마인가?≫ 2장을 참조하기 바란다.

27) Singer 2009, pp. 14~15.

28) Singer 2009, p. 16.

29) Singer 2009, pp. 81~82.

30) Singer 2001, p. 78.

31) Singer 2001, p. 37.

32) Singer 2001, p. 37.

33) Singer 2009, p. 265.

34) Singer 2001, p. 36.

35) Regan 1975, p. 205.

36) Singer 1980, p. 240.

37) Regan 1983, p. 247.

38) Regan 2003, p. 89.

39) Singer 1980, p. 240.

40) Singer 1980, p. 247.

41) Singer 1979a, p. 145.

42) 사람person과 인간human의 용법에 대한 보다 상세한 설명은 필자의 ≪낙태 논쟁, 보수주의를 낙태하다≫ 3장을 참고하기 바란다.

43) 물론 그들의 이익을 평등하게 고려해야 한다는 것은 그들을 죽이지 말아야 한다는 의미가 아닌, 그들을 죽이는 것이 옳은지는 결과에 달렸다는 의미이다.

44) Singer 1980, p. 252.

45) Singer 1980, p. 236.

46) Singer 1993, p. 94.

47) Singer 1979a, p. 153.

48) Singer 1979a, p. 153.

49) Singer 1993, p. 106.

50) Singer 1993.

51) 싱어의 답변이 안고 있는 문제점은 케이건(Kagan, p. 147부터)을 참고하기 바란다.

52) Singer 1993, pp. 12~13.

53) 문성학 2016, "동물해방과 인간에 대한 존중(I): 피터 싱어의 이익평등고려 원칙 비판", 새한철학회논문집, ≪철학논총≫ 제4집, 2016, 제2권, 155쪽.

54) 이익평등고려원칙이 동물해방론의 핵심을 이루는 만큼 그에 대한 종차별주의자들의 시선이 곱지 않은 것이 사실이다. 그에 대한 정확한 이해 없이 섣불리 비판을 가하는 경우를 보게 되며, 심지어 인간 존엄성 독트린에 기대어 부정을 하는 경우도 보게 된다. 하지만 동물권 운동에 중대한 영향을 끼친 레이첼스James Rachels가 "전통적인 인간 존엄성 독트린은 속속들이 종차별주의로 채워진 조악한 형이상학의 도덕적 악취"라고 일갈했듯이, 인간 존엄성 독트린에 의존해 이익평등고려원칙을 부정하기 위해서는 싱어의 공략 대상인 종차별주의의 손을 들어줘야 한다.

55) 본문의 문제점은 동물의 생명권과 착취당하지 않을 권리를 옹호한 프랭크린Julian Franklin이 지적한 것임을 밝혀 둔다(Franklin, p. 6).

56) The Guardian, 2009. 05. 23.

57) 사진출처: Amazon Books.

58) The Guardian, 2009. 05. 23.

59) Singer 1972, p. 231.

60) Smart and Williams, p. 108.

61) Smart and Williams, pp. 99~100.

62) Smart and Williams, p. 117.

63) Smart and Williams, pp. 103~104.

64) Harris, p. 272.

65) 철학자 셰플러Samuel Scheffler는 우리 모두 자신의 프로젝트와 신념에 전념할 수 있는 '행위자 중심적 특권agent-centered prerogative'을 가졌다고 주장함으로써 윌리엄스와 마찬가지로 개인의 온전성을 위한 방어선을 구축한다(Scheffler, p. 22 등). 하지만 그는 스마트를 따라 윌리엄스의 행위자 중심 특권은 개인의 신념이나 프로젝트에 아무런 제한도 가하지 않음으로써 이기주의로 빠질 수밖에 없다고 지적하고, 다른 사람의 이익이 내 이익보다 클 경우에는 행위자 중심 특권에 제약을 가해야 한다는 해법을 내놓는다. 이렇듯 셰플러는 이기주의 편에 섰다는 오해를 불식시키며, 기꺼이 자신의 프로젝트를 희생하겠다는 취지에서 가장 좋은 결과를 초래하길 원하는 사람은 행위와 감정과의 괴리가 생겨나지 않는다고 주장함으로써 '다른 사람의 이익이 내 이익보다 클 경우에는 행위자 중심 특권에 제약을 가해야 한다'는 주장과 '공리주의가 온전성의 가치를 훼손하지 않는다'는 입장이 양립 가능한 이유를 설명한다. 비공리주의자인 필자의 눈에도 윌리엄스와 셰플러 중 후자의 손을 들어주어야 한다는 것은 명백해 보인다. (셰플러는 우리 모두에게 행위자 중심 특권이 있다고 주장함으로써 결과주의와 의무론 모두를 부정한다. 의무론의 경우 '행위자 중심적 제약agent-centered restrictions'을 수용함으로써 '행위자 중심 특권'을 부정하고, 결과주의는 '행위자 중심 특권'과 '행위자 중심 제약' 모두를 부정한다는 이유로 결과주의와 의무론 모두를 부정한다.)

66) Smart and Williams, pp. 97~98.

67) Singer 1993, p. 11.

68) Singer 1993, pp. 11~12.

69) Singer 1993, pp. 12~13.

70) 무지와 편견이 유발한 욕구를 걸러낼 여과장치를 마련할 수 없다는 것이 공리주의자가 세일럼 마녀재판을 두둔할 수밖에 없다는 것을 의미하지는 않는다. 공리주의에 따르면 그 자체로 선하거나 악한 행위는 없고, 어떤 행위가 옳고 그른지는 전적으로 개인의 욕구(선호, 쾌락, 고통)에 달렸다. 따라서 마녀를 처형하라고 외친 사람들의 욕구충족 대비 처형당한 사람들과 친지들의 욕구 불충족을 계량하면 마녀 재판이 옳지 않았다는 결론에 도달할 수도 있다.

71) Bentham, chapter 17, section 1.

72) 한겨레, 2013. 08. 05.

73) 추정환·최경석·권복규, "동물권옹호론과 영장류 실험에 대한 윤리적 검토", ≪생명윤리≫ 제8권 제1호(통권 제15호), 2007년 6월.

74) Singer 2009, p. 8.

75) Dworkin, Ronald 1977, pp. 91~98, pp. 189~191, p. 269. Dworkin, Ronald 1985, pp. 2~3.

76) Jasper, James and Nelkin, Dorothy, p. 5.

77) Singer 1979b, p. 197.

78) 철학자 파인버그Joel Feinberg에 따르면, "X에 대한 내 권리가 절대권의 성격을 띠고 있다면, X에 제한을 가할 수 있는 또는 X에 상응하는 타인의 나에 대한 의무가 면제되는 경우는 없다"(Feinberg 1980a, p. 225). 철학자 맥코넬Terrence McConnell 역시 절대권을 다음과 같이 정의한다. "절대권이란 (그러한 권리가 실제로 있다면) 어떠한 상황에서도 타인에게 그에 대한 의무를 지운 채 소유자에게 전적으로 남아 있는 권리를 말한다. X에 대한 내 권리가 절대권이라면,

합리적으로 X에 제한을 가할 수 있는 상황 또는 X에 대한 타인의 의무를 면제할 수 있는 상황은 있을 수 없다"(McConnell, p. 6, p. 13).

79) Singer 1990, p. 46.

80) Frey 1983, pp. 197~203.

81) Jarrod, pp. 381~428.

제2장 탐 레건의 동물권옹호론

1. 논의에 앞서

중국 북서부의 한 농장에서 발생한 사건이다.

> "사건이 일어난 날에는 농장 일꾼이 한 새끼곰을 쇠사슬로 묶어 놓은 채 쓸개즙을 뽑아내고 있었다. 이날 새끼곰의 절규에, 어미곰은 더 이상 견디지 못했다. 곰은 상상을 초월하는 힘을 발휘해 철창을 부수고 탈출했고 새끼곰에게 뛰어갔다. 농장 일꾼은 이를 보고 혼비백산해 도망쳐버렸다고 한다. 한 목격자에 따르면 달려온 어미곰은 새끼곰의 쇠사슬을 끊으려 했다. 하지만 쇠사슬을 끊을 수 없었던 어미곰은 새끼곰을 끌어안고, 질식시켜 죽였다. 자신의 새끼곰을 죽인 뒤, 이 어미곰은 스스로 벽으로 돌진했고 머리를 부딪쳐 죽은 것으로 알려졌다."[1]

이제 대한민국의 백두대간에서 발생한 사건으로 눈을 돌려보자.

"사진작가 장국현 씨가 사진을 찍기 위해 한국 최고의 금강송 군락지인 경상북도 울진군 서면 소광리 산 11번지 국유림에 무단으로 들어가 불법으로 금강송 12그루 등 모두 26그루의 나무를 베어낸 사실이 … 알려진 뒤 새로운 사실이 또 드러났다. 장국현 씨는 대왕송을 찍기 위해 주변의 신하송 등을 베어낸 것뿐만 아니라 막상 찍고자 했던 대왕송의 가지도 잘라낸 것으로 밝혀졌다"(한겨레, 2014. 07. 15). "울진 소광리 금강송은 조선시대에 궁궐을 짓거나 임금의 관을 짤 때만 사용하는 등 엄격하게 관리돼 왔다"(한겨레, 2014. 07. 15). "멋지게 찍은 금강송 사진으로 당장의 부와 명예를 얻기 위해 다른 금강송을 마구 베어낸 장국현 씨. 그런 주제에 금강송 사진으로 금강송을 널리 알리기 위해 금강송을 베어냈다는 궤변을 펼치니 그저 가소로울 따름이다."[2]

"조선시대에는 소나무 무단벌목을 엄히 다스린 실록기록이 있다. 한두 그루 베면 곤장 100대(斫 一二株者杖一百), 서너 그루 베면 곤장 100대+군대징집(三四株者杖一百 充軍), 열 그루 이상이면 곤장 100대+전가족 변방이주(十株以上者杖百 全家徙邊). 우리 땅 소나무는 이렇게 해서 보존된 것들이다."[3] 그런데 장국현 씨는 벌금 500만원으로 퉁치고 보란 듯이 전시회를 열고 있다.

그의 변명은 더욱 경악스럽다. 지름 60cm, 높이 13m의 최소 220년 된 금강송까지도 무단 벌채한 이유가 금강송의 소중함을 널리 알리기 위해서였다는 것이다. 왠지 낯설지 않다. 사랑했기에 숨질 때까지 구타했다는 데이트 폭력 가해자의 해괴한 변명과 너무도 닮은꼴 아닌가.

한 가지 차이점은 있다. 금강송에게는 베이지 않을 권리가 있다고 보기 어렵다. 따라서 장국현 씨에게 문제가 있다면 그 이유는 금강송에게 피해를 입혀서가 아닌 우리 국민에게 피해를 입혔기 때문이다. 반면 데이트 폭력 피해자에게는 고통과 죽임을 당하지 않을 권리가 있으며, 따라서 가해자가 악인인 이유는 피해 당사자에게 피해를 입혔기 때문이다.

바꿔 말하면 금강송을 대상으로는 간접적인 의무indirect duty만이 있다고 보아야 하는 반면, 인간을 대상으로는 직접적인 의무direct duty도 있다고 보아야 한다. 장국현 씨가 문제가 있는 이유는 금강송에 대한 간접적인 의무를 이행하지 않았기 때문인 반면, 데이트 폭력 가해자가 악인인 이유는 인간에 대한 직접적인 의무를 이행하지 않았기 때문으로 보아야 한다는 뜻이다.

　문제는 곰 농장 관계자다. 곰을 대상으로는 간접적인 의무만이 있다고 해 보자. 그렇다면 곰 농장 관계자를 비난할 수 없다. 오히려 님도 보고(돈도 벌고) 뽕도 따는(인간의 정력과 간건강도 챙기는) 일석이조의 건전한 직업군에 종사하는 사람들로 보아야 한다. 정말로 동물을 상대로는 직접적인 의무가 없는가?

동물권 부정론자인 사진의 커러더스Peter Carruthers는 동물을 계약 당사자의 범주에 넣는 것이 가능해 보이지 않는다는 철학자 롤즈John Rawls에 동조함으로써 계약론contractarianism을 이성적 행위자 간의 합의 원칙에 근거한 도덕체계로 이해하고 그에 기초해 동물의 도덕적 지위를 부정한다.[4] 커러더스가 말하는 계약론을 수용하면 계약을 이해하지 못하는 개는 권리의 주체일 수 없다. 따라서 이웃의 개를 이유 없이 걷어차지 말아야 하는 이유를 당사자인 개에게 해를 입히지 말아야 하기 때문이 아닌 이웃의 감정상의 이익을 침해하지 말아야 하기 때문으로 또는 이웃에게 재산상의 피해를 입히지 말아야 하기 때문으로 보아야 한다. 레건은 커러더스가 말하는 계약론분 아니라 칸트의 정언명령 categorical imperative, 나비슨Jan Narveson의 합리적 이기주의rational egoism 등 인간을 대상으로만 직접적인 의무를 부과할 수 있고 동물을 대상으로는 간접적인 의무만을 부과할 수 있는 이론체계 일체를 거부한다.

이 물음을 통해 레건의 전반적인 입장을 파악할 수 있다. 레건은 동물을 대상으로는 간접적인 의무만을 부과할 수 있는 이론체계 일체를 거부한다.[5] 동물은 고통을 당하거나 선호 자율성을 박탈당하면서도 해를 입지 않는다는 그들 이론체계는 윤리에 대한 가장 강한 신념 하나를 부정하고 있다는 것이 그 이유로서, 인간 일변도 윤리학의 진일보를 위해 총대를 멘다.[6]

2. 레건호의 항로

2.1. 삶의 주체(출항지) → 내재적 가치(기항지) → 기본적인 권리(목적항)

전형적인 미국의 중산층 가정에서 성장한 레건은 또래의 아이들과 다를 바 없었다. 거리낌 없이 동물을 해부했고, 사냥을 가자고 조르기도 했으며, 식탁에 오르는 고기는 가리지 않고 먹었다. 대학시절에는 정육점에서 칼과 톱으로 고기를 다루는 아르바이트를 했고, 약혼녀에게 모피 모자를 선물하는 등 성장한 후에도 동물의 권리와는 무관한 삶을 이어간다. 하지만 그의 삶은 월남전으로 인해 일대 전환점을 맞는다. 강제 징집된 청년들이 싸늘한 주검으로 돌아오자 마하트마 간디의 저술에 빠져들었고, 그러던 중 동물권옹호론자로서의 삶을 예고하는 의문을 가졌기 때문이다. "월남전에 참전한 청년들에게 살 권리가 있다면 소에게는 그럴 권리가 왜 없는가?"

레건이 소의 권리에 의문을 가졌던 당시는 흑인을 생체실험에 이용한 '터스키기 매독연구'와 지적 장애아를 생체실험에 이용한 '윌로우부룩 간염연구'가 미국사회를 뒤흔든 때였다. 레건은 이들 두 사건에서 동물의 권리 문제를 해결할 단초를 찾으며, 이를 계기로 동물권 논쟁에 출사표를 던져 동물권 논쟁의 지형에 지대한 영향을 끼친다.

피부색이 다르다거나 지적 장애를 가졌다는 이유로 인간을 실험용 몰모트로 이용하는 것이 그르다면, 그 이유가 무엇인가? 레건은 이 물음을 놓고 지적 장애아를 염두에 둔 도덕 수동자moral patient, 도덕적 행위 무능력자, 책임 무능력자 포석을 깐다.[7]

도덕 수동자

도덕 수동자는 도덕 행위자moral agent, 도덕적 행위 능력자, 책임 능력자가 가진 고차원의 능력은 갖지 못했지만, 믿음·욕구·기억·자의식 등의 인지능력을 가진 의도적으로 행동할 수 있는, 감정적 생활을 할 수 있는 능력을 가진, 심리적 연속성, 경험으로 얻은 복지experiential welfare, 선호 자율성preference autonomy을 가진 존재이다.[8]

1932년 미국 공중보건국 산하 질병예방센터는 앨러배마주 터스키기의 흑인 매독환자들을 실험용 몰모트로 이용해 매독의 진행과정을 규명하는 연구에 착수한다. 연구에 참여한 의료진들은 실험대상으로 선정한 399명의 환자에게 매독을 치료해준다고 속이고 병의 진행상황만을 관찰한다. 자신이 함정에 빠졌다는 사실을 알지 못한 채 환자들은 하나 둘씩 죽어 갔고, 연구가 진행되던 중 페니실린이 출시되었음에도 처방하지 않고 오히려 다른 질병은 적극 치료해주는 일까지 발생한다. 다른 질병으로 사망하면 매독의 진행과정을 밝혀낸다는 목적을 이룰 수 없었기 때문이었다. 의사들이 정기적으로 환자들을 방문하기도 했으며 연구소를 찾아오는 환자에게는 교통비와 점심이 제공됐다. 사망하면 무료로 장례를 치러줬으나 거기에는 사체를 부검용으로 제공해야 하는 대가가 따랐다. 1972년 공중보건국 성병조사관 벅스턴Peter Buxton의 폭로 내용이 뉴욕타임스 1면 머리기사로 실리면서 40년에 걸쳐 자행된 터스키기 매독연구는 대단원의 막을 내린다. 사진은 생체실험에 동원된 매독환자들이며, 터스키기 매독연구와 윌로우부룩 간염연구에 대한 반성적 성찰을 시작으로 레건은 동물권 확보를 위한 대장정에 돌입한다.

문제는 도덕 수동자인 지적 장애아를 생체실험에 이용하지 말아야 하는 이유다. 동물의 사활도 걸린 물음인 만큼 레건은 도덕 수동자 포석에 누구도 시도한 적이 없었던 회심의 첫 수를 얻는다.

- 도덕 수동자는 내재적 가치inherent value를 지녔고, 내재적 가치를 지녔다는 것이 기본적인 권리basic rights를 지녔다는 것의 필요충분조건이다.9)

지적 장애아를 생체실험에 이용하지 말아야 하는 이유가 설명된 셈이다. 즉, 그들은 'inherent value 내재적 가치'를 지녔고 따라서 학대와 착취, 죽임을 당하지 않을 기본적인 권리를 지녔기 때문이라는 것이 레건의 설명이다.

레건이 말하는 기본적인 권리는 공리주의와 양립 가능한 비기본적인 권리와 구별되는 권리로서 의무의 근간이 되는 권리이다.10) 다시 말해 지적 장애아에게 착취당하지 않을 기본적인 권리가 있다는 것이 그들을 착취하지 말아야 할 의무를 상대에게 부과하는 반면, 착취당하지 않을 권리가 비기본적인 권리라면 총효용의 증대로 이어질 경우 그것을 박탈할 수 있다는 것이다.

공리주의를 겨냥해 기본적인 권리 카드를 꺼냈다면 'inherent value 내재적 가치' 카드는 어떤 의미를 담고 있는가? 영희의 동창들은 이상하리만큼 쌍꺼풀눈을 선호한다. 그래서 모임 때마다 영희에게 수술을 권했지만 고집을 꺾을 수 없었다. 더 이상 상처를 받을 수 없었던 동창들은 총동문회를 소집해 의견을 구했고, 예상대로 영희가 수술을 하지 않아 불행하다는 것이 중론이었다. 뿐만 아니라 영희의 지인 절대다수가 영희의 수술을 원하고 있다. 상황이 이렇다면 강제로라도 수술을 시켜야 한다는 것이 공리주의 해법인 반면, 윤리는 개인의 독자적인 가치에 기초한다는 것이 레건의 입장이다.

"가장 깊은 단계에서 인간의 윤리는 개인의 독자적인 가치에 기초한다. 한 개인의 도덕적 가치가 다른 사람들에게 얼마나 가치가 있는지에 달렸다고 할 수 없다.

개인의 독자적인 가치를 존중하지 않는 것은 가장 기본적인 인간의 권리를 유린하는 것이다."11)

행복의 총량을 늘리기 위해 영희에게 강제로 쌍꺼풀 수술을 시키는 것은 분명 반성적 직관에 위배된다. 레건이 행위공리주의를 타깃으로 삼은 이유로서,12) 윤리 이론은 직관에 위배되는 판단을 내릴 수 있는 구조가 아니라야 한다는 것이다.

여기가 레건의 적토마 inherent value 내재적 가치가 빛을 발하는 대목이다. 즉, 레건의 이론체계에서 공리주의 해법의 근간이 되는 'intrinsic value 내재적 가치'와 별개의 가치인 'inherent value 내재적 가치'가 부각되는 대목으로, 레건은 영희와

레건이 말하는 'inherent value'를 '본래적 가치'로 해석하는 경우를 보게 된다. 하지만 '내재적 가치'로 해석하는 것이 자연스럽다. 1989년 10월 27일 '동물의 권리, 인간의 잘못Animal Rights, Human Wrongs'이란 제목으로 위스콘신대학교에서 가진 강연에서 "구명정이 전복되어 아이와 개 중 하나만을 구할 수 있다면 누구를 구하겠느냐"는 청중의 질문에 "아이는 지적 장애아고 개는 영리한 개라면 개를 구하겠다"고 답변했듯이, 고통스럽게 죽어가거나 뇌를 심하게 다친 사람과 영리한 개 중 한 쪽 만을 구할 수 있다면 개를 구하겠다는 것이 레건의 입장이며, 설명될 바와 같이 일년 이상 자란 포유류를 'inherent value'를 가진 삶을 주체로 규정한다. 따라서 'inherent value'를 처음부터 가진 가치인 '본래적 가치'로 해석하는 것은 레건의 이론체계에 부합한다고 보기 어렵다. 사진은 1912년 4월 15일 타이타닉 호에서 마지막으로 진수된 구명정의 모습이다.

같은 무고한 사람들의 'inherent value 내재적 가치'를 전면에 내세움으로써 그들에게 해를 가할 수 있다는 반직관적 판단의 여지를 차단한다. (앞으로 필요한 부분을 제외하고는 주석과 인용문에서도 'inherent value'는 '내재적 가치'로, 그리고 'intrinsic valuie'는 'intrinsic value 내재적 가치'로 표기하고자 한다.)

2.2. 내재적 가치 그리고 평등

레건이 내재적 카드를 꺼낸 이유는 공리주의가 추구하는 '경험'에 적용할 수 있는 가치인 'intrinsic value 내재적 가치'와 차별을 꾀하기 위해서다. 하지만 혼선을 피하기 위해서는 레건이 위의 두 내재적 가치에 대한 전통적인 해석과 상반된 해석을 내렸다는 데 유의해야 한다.

전통적으로 'X가 내재적 가치를 지녔다'는 것을 'X를 경험하는 것 그 자체가 선이다'는 의미로 해석해 왔다. 예컨대 윤동주의 '별 헤는 밤'을 읽는 것이 그 자체가 선이라면 '별 헤는 밤'은 내재적 가치를 지녔으며, 윤용하, 박화목의 '보리밭'을 듣는 것이 그리고 이중섭의 '황소'를 보는 것이 그 자체가 선이라면 '보리밭'과 '황소'는 내재적 가치를 지녔다는 것이 전통적인 해석이다.13)

하지만 레건은 내재적 가치를 경험이 아닌 생명체나 삶에 적용해 개별적 삶의 주체를 내재적 가치가 있는 것으로 규정하며,14) 쾌락이나 선호충족과 같은 경험을 'intrinsic value 내재적 가치'가 있는 것으로 규정한다.15)

> "개별 도덕 행위자의 내재적 가치는 그들이 갖는 경험(즉, 선호충족의 즐거움)에 연관된 intrinsic value 내재적 가치와 개념적으로 별개인 가치로서, intrinsic value 내재적 가치로 환원될 수 없는 그리고 intrinsic value 내재적 가치와 비교할 수 없는 가치로 이해해야 한다. intrinsic value 내재적 가치가 개체가 경험하는 intrinsic value 내재적 가치로 환원될 수 없다는 것은 개별 도덕 행위자가 경험하는 intrinsic value 내재적 가치를 합계해서 그들의 intrinsic value 내재적 가치를 결정할 수 없다는 뜻이다. 그렇기

에 더 즐겁고 더 행복한 삶을 사는 대상이 덜 즐겁고 덜 행복한 삶을 사는 대상보다 더 큰 intrinsic value 내재적 가치를 지닌 것이 아니다."16)

이렇듯 레건은 내재적으로 가치 있는intrinsically valuable 경험이 풍부한 개체라고 해서 그렇지 못한 개체보다 내재적으로inherently 더 가치가 있는 것은 아니라고 단언하며, 이에 기초해 싱어를 겨냥한 포문을 연다. 그에 따르면 공리주의자인 싱어에게 가치 있는 것은 컵이 아닌, 즉 내재적 가치가 아닌 컵에 담긴 내용물, 즉 'intrinsic value 내재적 가치'이다. 하지만 개체마다 경험, 즉 쾌락을 포함한 'intrinsic value 내재적 가치'가 현저히 다르므로 그래서는 평등을 추구할 수 없다고 꼬집으며, 내재적 가치의 특징을 다음과 같이 정리함으로써 공리주의를 겨냥한 행보를 이어간다.17)

- X가 내재적 가치를 지녔다는 것은 타자가 X를 가치 있는 대상으로 여기는 지와 논리적으로 무관한 가치를 지녔다는 뜻이다.
- X가 내재적 가치를 지녔다는 것은 X가 수단으로 취급당하지 않고 목적으로 대우받을 가치를 지녔다는 뜻이다.
- X가 같은 부류 중에서 우월한지는 내재적 가치를 지녔는지에 논리적으로 무관하다.18)

레건은 앞으로 논의될 '존중 원칙respect principle, 내재적 가치를 지닌 존재는 그들의 내재적 가치를 존중하는 방식으로 대해야 한다'을 내세워 위의 세 특징 중 둘째 특징을 특정한다. (나머지 두 특징은 앞으로 설명될 것이다.) 즉, 존중 원칙에 따라 내재적 가치를 지닌 대상을 수단으로 취급하지 말 것을 주문하며, 그럼으로써 독일의 철학자 칸트Immanuel Kant, 1724~1804 계승자로서의 정체성을 확보한다.

하지만 칸트와 달리 목적 그 자체로 대우해야 할 대상을 도덕 행위자에 국한시키지 않고 그 외연을 지적 장애아와 같은 도덕 수동자로 확장시켰다는 점에서, 이 대목만을 놓고 보면 청출어람_{靑出於藍}이라는 평가가 가능하다. 칸트는 이성과 자율성으로 외연을 설정했으므로 도덕 수동자 문제를 해결해야 하지만, 레건은 내재적 가치로 외연을 설정했다는 점에서 칸트가 안은 부담으로부터 벗어날 수 있기 때문이다.

지적 장애아도 내재적 가치를 지녔다는 데 대해 종차별주의자로서도 불만을 가질 이유가 없다. 하지만 권리가 내재적 가치에 기반한다는 주장에는 긴장해야 한다. 행위나 경험능력에 의해 획득되거나 상실되는 가치가 아닌 그냥 갖게 되는 가치라는 것이 내재적 가치에 대한 레건의 해석이며, 따라서 권리가 내재적 가치에 기반한다면 권리주체를 구성원으로 하는 도덕공동체의 외연이 인간을 넘어 타종으로 확장될 가능성이 열려지기 때문이다.

지적 장애아에게 기본적인 권리가 있는 이유가 내재적 가치 때문이라면, 그들에게 내재적 가치가 있다고 보아야 하는 이유가 무엇인가? 동물의 운명

레건은 내재적 가치를 지닌 대상을 가려내는 데 있어 칸트의 이성과 자율성 기준을 차용하지 않음으로써 합리성도 갖춘다. 즉, 위의 기준을 차용했다면 칸트가 인간에 대한 잔혹 행위로 이어질 수 있다는 이유로 동물에 대한 잔혹성에 경종을 울렸듯이, 지적 장애아를 대상으로 잔혹한 실험을 하지 말아야 하는 이유를 이성과 자율성을 갖춘 사람들에 대한 잔혹한 실험으로 이어질 수 있기 때문이라는 데서 찾아야 한다. 작가 미상의 초상화 속 인물은 레건이 몸담은 의무론의 맹주 칸트이다.

도 달린 이 물음을 놓고 레건은 '삶의 주체subject of a life'이기 때문이라는 답변을 내놓으며, 바로 이 삶의 주체항을 출항지로 레건호의 본격적인 항해가 시작된다.

• 삶의 주체는 동등한 내재적 가치를 지녔다.

'삶의 주체는 동등한 내재적 가치를 지녔다'는 주장에서 기술적descriptive 행보를 규범적prescriptive 행보로 이어가겠다는 레건의 의도를 읽을 수 있다. 또한 삶의 주체 카드를 꺼낸 것은 동물권 확보를 위한 교두보를 마련한다는 그리고

레건이 '삶의 주체가 아니라면 내재적 가치를 지니지 못했다(삶의 주체라는 것이 내재적 가치를 지녔다는 것의 필요조건이다)'는 강한 입장을 취하지 않았다는 데 유의해야 한다. 레건은 삶의 주체와 삶의 주체가 아닌 대상 사이에 가림마를 타는 것이 쉽지 않음을 인정하고 전자를 후자의 충분조건으로 제시함으로써(어떤 존재가 삶의 주체라면 그 존재는 내재적 가치를 지녔다는 입장을 취함으로써) 삶의 주체는 아니지만 내재적 가치를 지닌 대상이 존재할 가능성을 열어 놓는다. 혼수상태의 환자가 그 대표적인 예이며, 나무, 강, 바위, 빙하와 같이 명백히 삶의 주체일 수 없는 자연물의 내재적 가치도 굳이 부정하지 않는다.[19] 다시 말해 내재적 가치와의 관계만을 놓고 보면 삶의 주체는 내재적 가치를 지닌 특정 대상을 찾아내는 도구 정도의 의미만을 지닌다고 이해할 수 있다.

공리주의와 (능력이나 덕을 지닌 정도에 따라 차별적으로 대우해야 한다는) 완전주의적 정의관을 견제한다는 양수겸장의 노림수로 이해해야 한다. 즉, 레건에 따르면 모든 삶의 주체가 동등한 내재적 가치를 지녔다고 상정하는 것이 "완전주의적 정의관에 함축된 걷잡을 수 없는 불평등과 모든 형태의 행위공리주가 가진 반직관적 함의를 피할 수 있는 이론적 기틀을 제공한다."20)

모든 인간을 정신능력과 무관하게 하나의 개체로 존중해야 하는 이유가 삶의 주체이기 때문이라고 했으므로, 레건으로서는 동물권 확보를 위한 교두보를 마련한 셈이다. "동물이건 인간이건 간에 삶의 주체는 동등한 내재적 가치를 지녔고, 그 내재적 가치를 존중받을 동등한 권리를 지녔다"고 주장했으므로,21) 삶의 주체의 외연을 동물로까지 넓힐 수만 있다면 동물에게도 동일한 처우를 해야 한다는 주장이 가능해지기 때문이다.

2.3. 삶의 주체 그리고 동물

레건은 단순히 생명체라거나 의식이 있다는 이유로 인증서를 수여하지 않는다. 그로부터 삶의 주체로 인증받기 위해서는 살아있고 의식을 가진 데 더해 자신의 삶에 대해 주관적인 경험을 할 수 있는 능력을 가졌어야 한다.

> "[삶의 주체는 살아 있고 의식이 있을 뿐 아니라] 믿음과 욕구, 지각, 기억, 자신의 미래를 포함한 미래에 대한 의식, 쾌락과 고통을 느낄 수 있는 등의 감정생활, 선호이익preference interests과 복지이익welfare interests, 욕구와 목표를 위해 행위 할 수 있는 능력, 시간을 넘어선 심리적 정체성, 타자에게 이익이 되는지에 그리고 타자에게 효용 가치가 있는지에 논리적으로 무관하게 자신의 경험적인 삶이 자신에게 좋을 수도 나쁠 수도 있다는 의미에서의 자신의 복지를 가진 존재다."22)

선호이익은 복지이익을 제외한 나머지 조건들과 관련된 이익으로, 레건이 다음과 같이 부연하듯이 욕구와 관련된 이익이다. 선호이익은 "관심이 있는 것, 좋아하는 것, 욕구하는 것과 관련된, 한마디로 선호하는 것과 관련된, 또는 반대로 좋아하지 않는 것, 피하고 싶은 것과 관련된, 한마디로 선호하지 않는 것과 관련된" 이익이다.[23]

이제 사육장이나 실험실 환경을 개선해야 한다는 주장은 가능해졌다. 하지만 동물을 고통 없이 죽이는 것도 금지해야 하는 이유가 문제다. 동물에게 죽음에 대한 인식이 있는지가, 따라서 그들에게 죽고 싶지 않은 욕구가 있는

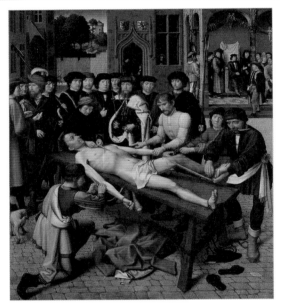

선호이익과 복지이익이 언제나 함께 가는 것은 아니다. 예컨대 판사 출신 변호사가 후배 판사에게 압력을 행사해주는 대가로 거액을 챙겼을 경우, 압력을 행사하는 것이 선호이익에는 부합하지만 그로 인해 콩밥을 먹게 된다면 복지이익에는 위배된다. 이른바 '회장님 갑질'로 물의를 일으킨 대기업 회장이 여론에 밀려 운전기사에게 더 이상 갑질을 못하게 됐다면 그것이 선호이익에는 위배되지만 복지이익에는 부합할 수 있다. 네덜란드의 화가 헤라르트 다비트Gerard David가 1489년에 그린 '캄비세스 황제의 재판'에서 페르시아 황제 캄비세스Cambyses II of Persia가 부패한 재판관과 관리들에게 경종을 울리기 위해 뇌물을 받고 불공정한 판결을 내린 시삼네스Sisamnes에게 산 채로 살가죽을 벗기는 형벌을 내려 형이 집행되고 있다. 벗겨낸 가죽을 시삼네스가 사용하던 판관 의자에 씌우고 그의 아들을 후임 재판관으로 임명해 경각심을 일깨워주기 위해 그 의자에 앉혔다고 한다.

지가 불분명 하므로 선호이익 조건에 의존해서는 그들을 고통 없이 죽이는 데 대해 부정적인 평가를 내릴 수 없다. 레건이 그의 이론체계에 복지이익을 개입시킨 이유가 바로 여기에 있다.

레건에 따르면 복지이익은 객관적인 복지와 관련된, "X를 갖거나 X를 하는 것이 A에게 이익이라고 여겨지는(또는 우리가 그렇게 여기는), X를 갖거나 X를 하는 것이 A의 복지에 기여한다고 여겨지는" 의미의 이익이다.24) 따라서 X를 갖거나 X를 하는 것이 이익이라는 것을 A가 알지 못해도 그러는 것이 A의 복지이익에 부합할 수 있다.

내재적 가치를 지닌 동물을 고통 없이 죽이는 것도 금지해야 하는 이유가 설명된 셈이다. 내재적 가치를 지닌 존재의 권리를 존중해야 한다는 것은 선호이익에 더해 복지이익도 고려해야 한다는 것을 의미하며, 고통 없이 죽이는 것이 주관적인 선호이익을 침해하는 것이 아닐 수 있지만 객관적인 복지이익을 침해하는 것이기 때문이다. 쾌적한 환경에서 사육하고 고통 없이 죽인 동물의 고기를 소비하는 것은 문제가 되지 않는다는 싱어의 주장에 반발해 "더 넓은 공간을 할애하거나, 자연에 가까운 환경을 조성해주거나, 더 많은 친구를 만들어주는 것이 근본적으로 악한 것을 옳게 만들지 못한다" 고 주장함으로써 공장식 축산의 완전 퇴출을 주문한 이유이기도 하다.25)

'삶의 주체(출항지) → 내재적 가치(기항지) → 기본적인 권리(목적항)'라는 레건호의 항로를 파악할 수 있었다. 하지만 항로표지 없는 미답의 항로를 택한 만큼 목적항으로의 무사 입항을 위해서는 출항지와 기항지, 기항지와 목적항 사이의 암초를 헤쳐 나갈 수 있는 숙련된 항해술이 요구되는 상황이다. 즉, 레건으로서는 다음의 두 물음에 대한 납득할 만한 답변을 내놓아야 한다.

• 삶의 주체에게 내재적 가치가 있는 이유가 무엇인가?
• 내재적 가치가 있는 존재에게 기본적인 권리가 있는 이유가 무엇인가?

레건호 앞에 놓인 암초가 이들 두 물음에 그치지 않는다. 내재적 가치에 차등을 둘 수 없는, 따라서 권리에도 차등을 둘 수 없는 이유를 설명할 수 없다면 공장식 축산과 동물실험 폐지론자로서의 정체성을 확보할 수 없다.

• 내재적 가치에 차등을 둘 수 없는, 따라서 권리에 차등을 둘 수 없는 이유가 무엇인가?

위의 세 승부처를 무사히 넘길 수만 있다면 레건호의 항해는 적어도 외형적으

어떤 동물이 삶의 주체일 수 있는지의 물음을 놓고 레건은 ≪동물권옹호론≫ 2004년판 서문에서 자신의 입장을 이렇게 요약한다. "[동물도] 우리와 같이 다양한 감각, 인식, 의욕, 의지능력을 가졌다. 그들도 보고 들으며, 믿음과 욕구를 가졌고, 기억과 기대를 하며, 계획을 세우고 몰두도 한다. 더욱이 주변에서 일어나는 일에 영향을 받을 뿐 아니라, 육체적인 쾌락과 고통을 느끼고, 그 쾌락과 고통을 우리와 공유한다. 거기에 더해 두려움을 느끼고 자족하기도 하며, 분노, 외로움, 좌절감, 만족감을 느끼고, 교활하거나 경솔하기까지 하다. 이들 이외에도 무수히 많은 심리상태와 성향들이 너구리와 토끼, 비버와 들소, 얼룩다람쥐와 침팬지, 너와 나로 불리는 '삶의 주체들'의 정신생활과 상대적인 복지를 규정하는 데 도움이 된다."[26] 구체적으로 생후 1년 이상된 정신이 온전한 포유류는 삶의 주체라는 것이 ≪동물권옹호론≫ 초판을 발행할 당시 레건의 입장이었다.[27] 하지만 후속서 ≪빈 우리≫에서는 조류나 어류와 같은 척추동물도 삶의 주체일 가능성을 열어 놓는다.[28] 멸종위기종으로 지정된 사진의 갈라파고스상어도 레건이 말하는 삶의 주체일 수 있다.

로는 성공적이라 할 수 있다. ('외형적'이라고 표현한 이유는 논의될 바와 같이 레건이 인간과 동물의 이익이 극단적으로 충돌하는 경우에 대해 뜻밖의 해법을 제시했기 때문이다.) 이제 위의 물음에 대한 레건의 답변을 들어보기로 하자.

3. 레건의 항해술

3.1. 삶의 주체에게 내재적 가치가 있는 이유는?

3.1.1. 삶의 주체와 주변부 사람들 논변

레건호의 항로는 정해졌다. 하지만 기항지인 내재적 가치항으로의 무사입항을 위해서는 삶의 주체에게 내재적 가치가 있는 이유를 밝혀야 한다. 내재적 가치와 삶의 주체 사이의 연결고리를 찾으려는 시도가 없었던 만큼 레건의 설명이 기다려지는 대목이다. 하지만 레건은 그를 입증할 직접적인 논변을 제시하지 못했음을 인정하고,[29] 싱어가 주변부 사람들에 의존해 이익평등고려원칙을 옹호했듯이 주변부 사람에 의존해 동물권 부정론을 공략하는(길을 빌려 적을 치는) 가도멸괵계假道滅虢計의 전략을 구사한다.[30]

> "동물의 내재적 가치를 부정하는 사람들이 있다. 그들은 "인간만이 내재적 가치를 지녔다"고 공언하지만, 그렇게 편협한 견해를 어떻게 옹호할 수 있는가? 인간만이 지적 능력이나 자율성 또는 이성을 가졌기 때문이라고 말할 수 있는가? 그런 능력을 갖지 못했음에도 내재적 가치를 지녔다고 보아야 하는 사람들이 무수히 많다. 설령 그들이 다른 사람들에게 도움이 되지 않더라도 말이다. 인간, 즉 호모 사피엔스 종만이 권리를 가진 종이라고 주장하겠는가? 그렇다는 것은 노골적인 종차별이다."[31]

바꿔 말하면 내재적 가치가 고등수학을 풀거나 책꽂이를 만들 수 있는 능력 또는 바바 가누쉬baba ghanoush를 조리할 수 있는 능력에 기반할 수 없고,[32] 믿음과 욕구, 지각, 기억과 같은 우리 모두가 공유한 기본적인 인지적 유사성에 기반한다고 보는 것이 타인을 해하지 말아야 한다는 도덕직관, 특히 주변부 사람들을 해하지 말아야 한다는 반성적 직관을 가장 잘 설명해준다는 것이다.[33]

"모든 인간이 같은 정도로 생명에 대한 자연권을 가졌다는 것을 보여주기 위해 제시할 수 있는 논변들은 동물에게 위의 권리가 있다는 것도 보여주는 반면, 동물에

장시간의 비행에 출출했던 대기업 상무님이 라면을 폭풍흡입하고 국물을 들이켜고 있었다. 그런데 맙소사, 승무원이 땅콩라면을 들고 일등석으로 향하는 것이 아닌가. 화가 치민 상무님이 당장 땅콩라면을 대령하라고 호통을 쳤다. 규정상 일등석 승객에게만 땅콩라면을 제공할 수 있다고 승무원이 양해를 구했지만, 상무님은 분을 삭이지 못해 기어이 일을 내고 만다. 흘린 라면국수를 집어서 승무원의 얼굴을 때린 것이다. 비즈니스석 승객에게 땅콩라면을 제공하지 않은 것이 잘못인가? 물론 아니다. 땅콩라면을 놓고 고가의 항공권을 구입한 승객과 그러지 않은 승객을 차별해도 문제될 것이 없다. 하지만 착륙하던 여객기의 날개가 지면에 닿아 엔진에 불이 붙었다면 일등석 승객을 차별해 구출해서는 안 된다. 그 이유에 대해 여러 설명이 가능할 것이나, 모든 사람은 경제력, 피부색, 성별, 정신능력에 무관하게 내재적인 가치를 지녔기 때문이라는 것이, 따라서 기본적인 권리를 지녔기 때문이라는 것이 레건의 입장으로, 내재적 가치를 지닌 동물에게 땅콩라면을 제공받을 권리와 같은 적극적인 권리는 없지만 학대와 착취, 죽임을 당하지 않을 소극적인 권리인 기본적인 권리는 있다는 것이다.

게 위의 권리가 없다는 것을 보여주기 위해 제시할 수 있는 논변들은 일부 인간에게 위의 권리가 없다는 것도 보여준다."34)

이렇듯 지적능력이나 자율성 또는 이성이 없다는 이유로 동물의 권리를 부정하고자 한다면 이성 면에서 동물보다 오히려 열세에 있는 주변부 사람들의 권리도 부정해야 하며, 주변부 사람들의 권리를 인정하고자 한다면 동물의 권리도 인정해야 한다는 것이, 즉 주변부 사람들과 동물은 한 배를 탄 운명공동체로서 주변부 사람들을 사지로 내몰지 않기 위해서는 동물의 권리를 인정해야 한다는 것이 레건의 설명이다.

3.1.2. 레건 버전의 주변부 사람들 논변

어떤 대상에게 기본적인 권리가 있는지의 물음을 놓고 전체 대 전체로 인간과 동물을 차별할 수 없다는 것이 레건의 주장이었다. 따라서 인간과 동물을 통틀어 어디에 가림마를 타야 할지를 정해야 하며, 레건은 그 후보로 다음의 두 곳을 지목한다.

(1) 일부 인간과(주변부 사람들과) 모든 동물에게 기본적인 권리가 없다.
(2) 모든 인간과 일부 동물에게 기본적인 권리가 있다.

(1)에 가림마를 탄다는 것이 어떤 의미인가? 창살 감옥에 사체 은닉용 소각시설을 갖춘 아지트를 마련하고 무고한 사람들을 살해한 후 인육을 먹는 만행까지 저지른 지존파를 생각해보자. (1)에 가림마를 탄다는 것은 지존파가 지적 장애아를 제물로 삼았다면 그들을 처벌할 수 없었다고 말하는 것과 다르지 않다. 다시 말해 레건이 다음과 같이 스스로를 동물권 옹호론자이기에 앞서 인권 옹호론자로 규정했다는 점에서 그에게 (1)은 선택지가 될 수 없다. "나는

인권 옹호론자다. 특히 유아와 아이들 그리고 그들 외에도 힘없고 약한 사람들의 권리를 옹호한다. 그리고 나서 동물권옹호론자이기도 하다."[35]

스스로를 인권 옹호론자로 규정한 이상 레건으로서는 마땅히 (2)에 가림마를 타야 한다. 하지만 레건 버전의 주변부 사람들 논변을 이해하기 위해서는 그의 행적을 짚어봐야 한다.

싱어가 《동물해방》을 통해 주변부 사람들 논변을 옹호했던 1975년, 레건도 주변부 사람들 논변에 발을 들여 놓는다.[36] 초창기의 레건은 아래의 '약한 버전'과 '강한 버전' 중 어느 편에 서야 할지를 놓고 유보적인 입장을 취한다. 하지만 1979년 논문(1979a)에서 자신의 입장을 약한 버전 옹호론자로 국한시키며, 이후 《동물권 옹호론》에서는 약한 버전과 무관하게 강한 버전을 옹호한다.

2차 세계대전 중 사진의 이시이 시로 石井四郎 육군 군위중장이 세균부대의 창설을 강력 건의한다. 이에 일제는 1936년 히로히토 일왕의 칙령으로 하얼빈 남쪽 20km 지점에 세균전 비밀연구소를 설립하고 방역급수부대로 위장 운영하며, 1941년 만주 731부대로 명칭을 바꾼 일명 '이시이 부대'는 조선인과 몽골인, 중국인, 러시아인을 대상으로 극악무도한 마루타 생체실험을 자행한다. 본문의 (1)에 가림마를 타야 한다는 것은 731부대가 지적 장애아를 생체실험 대상으로 삼았더라면 만행을 저지른 것이 아니었다고 보아야 한다는 것과 다르지 않다.

약한 버전: 주변부 사람들에게 기본적인 권리가 있다면, 동물에게도 기본적인
　　　　　권리가 있다.

강한 버전: 주변부 사람들에게 기본적인 권리가 있으므로, 동물에게도 기본적인
　　　　　권리가 있다.37)

약한 버전은 '주변부 사람들이 X를 가졌다면'이라고 가정함으로써 X가 어떤 속성인지를 규명해야 할 의무를 동물권 부정론자들에게 떠넘기고 있다. 동물을 염두에 둔 노림수라는 점에서 동물권 부정론자에게는 적지 않은 부담일 수밖에 없다. 그럼에도 그들로서는 그 부담을 떠안아야 한다. 그들 절대다수가 인간중심 평등주의자로서 주변부 사람들에게 기본적인 권리가 있다는 것을 인정하기 때문이다.

　동물권 부정론자로서는 주변부 사람들을 끌어안고 동물을 내칠 수 있는 속성을 지목해야 한다. 그것이 어떤 속성일 수 있는가? 이성능력, 도덕능력, 언어능력 등의 정신능력을 지목할 수는 없다. 약한 버전에 따르면 어떤 동물도 X를 갖지 못했다면 주변부 사람들도 X를 갖지 못했으므로, 동물이 갖지 못한 정신능력을 X로 꼽는다는 것은 주변부 사람들을 사지로 내모는 것과 다르지 않기 때문이다.

　동물권 부정론자에게 대안이 없는 것은 아니다. 정신능력을 포기하고 유전적인 속성으로 눈을 돌리면 적어도 외형적으로는 주변부 사람들을 끌어안고 동물을 내칠 수 있다. 그들로서는 유전적인 속성을 꼽는 것이 유일한 대안일 것이다. 하지만 그 대안이 생각만큼 실하지 않다는 것이 문제다.38)

　약한 버전은 이름과 달리 외유내강의 면모를 갖췄다고 보아야 한다. 주변부 사람들의 권리를 포기하든지 아니면 동물의 권리를 인정하든지 양자택일을 하라고 최후 통첩성 압박을 가함으로써 동물권 부정론자들을 딜레마 상황으로 내몰고 있기 때문이다. 싱어가 레건 버전의 주변부 사람들 논변을 다음과 같이 정리한 이유이기도 하다. "정신장애를 가진 인간에 대한 지금의 우리

의 태도를 유지하는 한 동물에 대한 태도를 바꿔 정신장애인을 대하는 것처럼 대해야 한다. 이는 동물에게 생명권이 있다는 의미이며, 따라서 식용 또는 실험 목적으로 그들을 죽이지 말아야 한다."[39]

약한 버전이 이름만큼 약하지 않다면 강한 버전은 어떠한가? 입증부담 면에서는 오히려 강한 버전이 이름만큼 강하지만은 않다고 보아야 한다. 주변부 사람들에게, 따라서 일부 동물에게도 기본적인 권리가 있다는 주장을 위해서는 기본적인 권리를 부여하는 속성을 규명해야 할 부담을 떠안아야 하기 때문이다. 레건은 《동물권 옹호론》에서 내재적 가치 카드로 그 부담을 해소하고, 주변부 사람들을 포함해 인간은 누구나가 가졌지만 어떤 동물도 갖지 못한 능력이 기본적인 권리를 가졌는지를 가늠할 수 있는 기준이 될 수 없다는 설명을 가한다.[43] 여기가 싱어와의 공통분모를 이루는 대목으로,

레건은 주변부 사람들과 동물을 통틀어 그들 사이에서도 서로 다른 능력을 가졌을 수 있다는 것을 인정한다. 따라서 고통을 경험할 수 있는 능력을 가진 주변부 사람들과 동물을 대상으로는 사소하지 않은 고통non-trivial pain을 당하지 않을 기본적인 권리가 있다고 주장하며,[40] 의도적인 신체 동작을 취할 수 있는 주변부 사람들과 동물을 대상으로는 자유롭게 움직일 수 있는 권리가 있다고 주장한다.[41] 그에 따르면 "[사소하지 않은 고통을 경험할 수 있는 능력을 가졌다는 것을] 사소하지 않은 고통을 당하지 않을 권리를 가졌다는 것의 필요충분조건으로 보아야 한다. 그래야 위의 능력을 가진 영아나 중증의 정신박약자, 정신질환자와 같은 사람들에게 위의 권리가 있다고 할 수 있다."[42] 사진은 200년 전 유럽에서 성행한, 오소리와 개를 좁은 공간에서 싸움을 붙이는 일명 '오소리 괴롭히기badger baiting' 장면이다.

설명된 바와 같이 싱어 역시 인간이 평등한 이유가 모든 인간이 보유한 보편적인 특성 때문일 수 없다고 지적하며, 그 이유를 그것을 갖지 못한 인간이 없기 때문이라는 데서 찾아 그와 같은 저차원의 특성이 인간만이 가진 특성일 수 없다고 주장한다.

이상에서 알아본 바와 같이 약한 버전과 강한 버전 모두 주변부 사람들에 대한 지금의 태도에 변화를 주문하지 않는다는 점에서 싱어 버전과 차이를 보이는 반면, 동물에 대한 지금의 태도에 변화를 주문한다는 점에서는 공통점을 가진다.

싱어 버전

- 쾌고감수능력은 가졌지만 자의식을 갖지 못한 동물에 대한 지금의 태도를 바꿔야 한다. (그들의 도덕적 지위를 같은 처지에 있는 주변부 사람들의 도덕적 지위만큼 격상해야 한다.)
- 쾌고감수능력은 가졌지만 자의식을 갖지 못한 주변부 사람들에 대한 지금의 태도를 바꿔야 한다. (그들의 도덕적 지위를 쾌고감수능력과 자의식을 가진 사람들의 도덕적 지위 아래로 격하해야 한다.)
- 쾌고감수능력과 자의식 모두를 가진 동물에 대한 지금의 태도를 바꿔야 한다. (그들의 도덕적 지위를 쾌고감수능력과 자의식을 가진 사람들의 도덕적 지위만큼 격상해야 한다.)

레건 버전

- 주변부 사람들에 대한 지금의 태도를 유지해야 한다. (주변부 사람들의 도덕적 지위를 보통 성인의 도덕적 지위 아래로 격하하지 말아야 한다.)
- 1년 이상 자란 포유류에 대한 지금의 태도를 바꿔야 한다. (그들의 도덕적

지위를 주변부 사람들의 도덕적 지위만큼 격상해야 한다.)

주변부 사람들에 대한 레건 버전과 싱어 버전의 차이는 공리주의와 의무론의 차이에 기인한다. 의무론자이자 주변부 사람들 논변의 옹호론자인 필자로서는 레건 쪽으로 기울 수밖에 없으며, 공리주의와 의무론의 차이를 차치하더라도 싱어 버전을 수용할 수 없는 이유는 무엇보다도 대체 가능성 논변에 대한 의문 때문이다.

　주변부 사람들 논변 항해술로 내재적 가치항에 입항했으므로 이제 목적항인 동물권항으로의 항해술을 검증할 차례다. 내재적 가치를 지닌 대상에게 기본적인 권리가 있는 이유가 무엇인가?

기독교 채식주의 운동을 이끌고 있는 영국의 신학자 린제이Andrew Linzey가 기독교인들을 겨냥해 "동물은 하나님의 피조물이다. 인간의 소유물도, 효용도, 자원도, 물자도 아닌 하나님 보시기에 소중한 존재다"라고 일침을 가한 바 있다. 그는 동물권 옹호론자로서 주변부 사람들 논변을 이렇게 정리한다. "이성을 가졌는지에 근거해 도덕적 권리를 부여한다면 낮은 정신능력의 수동자, 지적무능력자인 신생아의 지위는 어떻게 되는가? 위의 기준을 수용하면 논리적으로 신생아에게 도덕적 권리가 없다거나 그들은 축소된 권리만을 가졌다고 보아야 한다."44) 싱어, 레건, 린제가 옹호하는 주변부 사람들 논변뿐 아니라 모든 버전의 주변부 사람들 논변이 '일관성'을 주문한다는 공통분모를 가진다.

3.2. 권리가 내재적 가치에 기반하는 이유는?

싱어가 인간이 평등한 이유를 인간 모두가 보유한 보편적인 특성에서 찾지 않았듯이, 레건도 어떤 존재의 권리가 그가 속한 종의 보편적인 특성에 기반할 수 없다는 입장을 취한다. 따라서 기본적인 권리를 갖기 위한 필요충분조건이 무엇인지의 물음을 놓고 비판적 논변critical argument이라 이름 붙인 다음의 논변에 근거해 인간이 가진 능력들 중 필요조건이 될 수 없는 능력에 대한 색출 작업에 들어간다.

비판적 논변

> 주변부 사람들을 비롯해 인간 모두를 기본적인 권리의 주체로 보아야 하므로, 일부 주변부 사람과 모든 동물을 권리 주체의 범주에서 제외시키는 판단 기준은 받아들일 수 없다.45)

레건의 입장에서 생각해보자. 그로서는 기본적인 권리가 내재적 가치에 기반한다는 주장에 앞서 여러 대안을 고려했을 것이나, 그 어떤 것도 눈에 들어오지 않았을 것이다. 예컨대 생명체인지의 여부에 기반한다는 입장을 취한다면 권리주체의 외연을 식물로까지 확장시켜야 하며, 따라서 가장 엄격한 채식주의자인 비건vegan도 비난해야 한다.

이성이나 도덕능력에 기반한다는 것도 레건에게 고려 대상일 수 없다. 이들 능력면에서 지적 장애아가 동물보다 오히려 열세에 있으며, 따라서 위의 능력들에 기반한다고 하는 것은 지적 장애아의 권리를 부정하는 것과 다르지 않기 때문이다.

제2의 윌로우부룩 사건을 막기 위해서는 이들 능력과 달리 비판적 논변에 의해 걸러지지 않는 기준을 마련해야 한다. 레건이 내재적 가치에 눈독을 들인 이유로서, 지적 장애아 등의 주변부 사람들을 사지로 내몰지 않기 위해서라도 내재적 가치에 기반한다고 보아야 한다는 것이 그의 주장이다. 즉, 레건에 따르면 내재적 가치를 권리의 근간으로 보는 것이 서로에게 의무를 가지는 이유를 가장 잘 설명해 주며, 따라서 내재적 가치에 중점을 두지 않는 윤리이론은 윤리이론으로서의 최선의 면모를 갖출 수 없다.[46]

레건으로서는 마지막 퍼즐을 맞춘 셈이다. 지적 장애아 등의 주변부 사람들은 삼각함수를 이해하지 못해도 내재적 가치를 지녔고, 따라서 내재적 가치를 지녔다는 이유로 그들의 권리를 보장해야 한다면 같은 이유로 동물의 권리도 보장해야 한다는 주장이 가능해졌기 때문이다.[47] 여기가 레건이 건설적 논변constructive argument이라 칭한 다음의 주변부 사람들 논변으로 동물에게 기본적인 권리를 수여하는 대목이다.

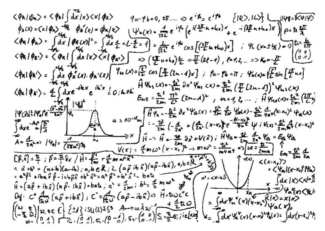

물리학자로부터 양자역학에 대해 설명을 듣는다면 모르긴 몰라도 히브리어를 듣는 기분일 것이다. 이성능력이 없다는 이유로 동물의 권리를 부정하고자 한다면, 양자역학을 이해하지 못하는 사람들의 권리도 부정해야 하는 것은 아닌가? 그래도 일차방정식은 이해하지 않느냐는 것이, 한 개체의 권리는 그 개체의 능력이 아닌 그가 속한 유형의 능력에 달렸다는 것이 주변부 사람들 논변 부정론자들의 주장이다. 그래서 인간은 예외 없이 권리를 가졌다는 것이나 근시안적인 발상임에 틀림없다. 우리보다 정신능력이 뛰어난 외계종이 지구를 접수해 위의 전략을 그대로 써먹기라도 한다면 기꺼이 그들의 손에 사육 당하고 그들의 식탁뿐 아니라 해부대에도 올라가야 하기 때문이다.

건설적 논변

주변부 사람들을 비롯해 인간 모두를 권리 주체로 보아야 하므로, 권리를 가졌는지를 판단하는 어떤 기준이 주변부 사람들 모두를 권리 주체 범주에 포함시킨다면 그 판단 기준을 동물에게도 적용해 일부 동물을 권리 주체 범주에 포함시켜야 한다.[48]

내재적 가치를 지녔다는 것을 기본적인 권리를 지녔다는 것의 필요충분조건으로 제시한 이유를 알 수 있었다. 이제 레건의 이론체계에서 식물이 기본적인 권리를 갖지 못한 이유를 알아야 한다.

삶의 주체와 기본적인 권리의 상관관계를 생각해보자. 설명된 바와 같이 레건에 따르면 삶의 주체는 내재적 가치를 지녔고, 내재적 가치를 지닌 존재는 기본적인 권리를 지녔다. 즉, 레건은 삶의 주체라는 것을 기본적인 권리를

레건은 터스키기 매독연구와 월로우부룩 간염연구의 피험자들과 같이 내재적으로 가치가 있는 존재는 자신의 권리를 인식하지 못하거나 자신의 권리가 유린당하고 있다는 사실을 인식하지 못해도 기본적인 권리를 가졌다고 말한다.[49] 하지만 불가역적 혼수상태의 환자와 같이 주변부 사람들 중 가장 주변부에 있는 사람들을 지적 장애아와 같은 주변부 사람들과 같은 범주에 넣는 것이 적절한지에 대해 부정적인 입장을 취한다. 심지어 그들을 사람(인간)의 범주에 넣는 것이 적절한지에 대해서도 의문을 제기하며,[50] 그들에게 기본적인 권리가 있는지는 미결상태로 남겨 놓는다.[51] 사진은 지적 장애아들을 의도적으로 간염바이러스에 노출시킨 '월로우브룩 간염연구'가 자행된 월로우부룩 주립학교Willobrook state school의 전경이다.

지녔다는 것의 필요충분조건으로 제시한다. 이제 식물에게 기본적인 권리가 없는 이유를 알 수 있다. 즉, 중추신경계가 없는 식물은 삶의 주체일 수 없고, 따라서 기본적인 권리를 가졌다는 것의 필요조건을 충족시키지 못하기 때문이다.

주변부 사람들 논변에 의존해 내재적 가치를 지닌 존재의 기본적인 권리를 주장했으므로 레건호는 나름 안전한 항로를 택했다고 보아야 한다. 하지만 목적항인 동물권항에 동물들을 하선시키기 위해서는 내재적 가치에, 따라서 기본적인 권리에 차등을 둘 수 없는 이유를 밝혀야 한다.

3.3. 내재적 가치에 차등을 둘 수 없는 이유는?

레건으로서는 승부처 두 곳을 무사히 넘긴 셈이다. 이제 마지막 승부처인 인간과 동물의 권리에 차등을 둘 수 없는 이유를 밝혀야 한다. 레건은 그 이유를 내재적 가치에 차등을 둘 수 없기 때문이라는 데서 찾으며, 그렇게 보아야 하는 이유에 대해 내재적 가치는 '가졌거나, 갖지 못했다'는 식의 단정적인 가치이기 때문이라는 설명을 가한다.

> "내재적 가치는 범주 개념categorical concept이다. 가졌거나 갖지 못했거나 둘 중 하나다. 중간치는 없다. 더욱이 그것을 가진 대상은 동등하게 가졌다. 그것을 가진 정도에 차이가 있을 수 없다."[52]

> "천재와 지적 장애아, 왕자와 거지, 뇌 외과의사, 과일노점상, 테레사 수녀와 약아빠진 중고차 판매원, 누구를 막론하고 내재적 가진 정도에 차이가 없다. 그들 모두 예우 받을 그리고 타자를 위해 존재하는 자원인양 취급당하지 않을 동등한 권리를 지녔다. 한 개체로서의 내 가치는 상대에게 얼마나 유용한지와 무관한 것이며, 한 개체로서의 상대의 가치 역시 내게 얼마나 유용한지와 무관한 것이다. 너 나 할

것 없이 상대의 독자적인 가치를 존중하지 않는 것은 부도덕한 행위를 하는 것이며, 상대의 권리를 유린하는 것이다.⁵³⁾

내재적 가치를 범주 속성으로 규정했으므로, 그와 같이 규정한 이유를, 즉 인간과 동물의 내재적 가치에 차등을 둘 수 없는 이유를 설명할 차례다. 흥미롭게도 레건은 이 물음을 놓고 다시금 주변부 사람들에 의존하는 일타삼피의 전략을 구사한다.

> "우리의 내재적 가치가 동물의 그것보다 크다고 보아야 하는 이유가 무엇인가? 동물에게는 이성이나 자율성, 또는 지적능력이 없어서 그렇다는 것인가? 하지만 당신이나 내 내재적 가치가 지적 장애나 정신장애인의 그것보다 크지 않음은 명백하다. 그들과 마찬가지로 경험적인 삶의 주체인 동물의 내재적 가치보다 당신이나 내 내재적 가치가 크다고 할 수 있는 이성적인 근거는 없다. 내재적 가치를 지닌 존재는 인간 동물 할 것 없이 같은 정도의 내재적 가치를 지녔다."⁵⁴⁾

지적 장애아는 "고등수학을 풀거나 책꽂이를 만들 수 있는 능력 또는 바바가누쉬를 조리할 수 있는 능력이 없으며",⁵⁵⁾ 동물의 이성능력, 자율성 또는 지적능력이 지적 장애아의 그것에 뒤지지 않는다. 따라서 보통의 성인과 동물의 내재적 가치에 차등을 두어야 한다면 보통의 성인과 지적 장애아의 내재적 가치에도 차등을 두어야 한다. 하지만 그럴 수 없으므로 보통의 성인과 동물의 내재적 가치에 차등을 둘 수 없다는 것이, 다시 말해 지적 장애아를 생체실험에 이용하는 것을 막기 위해서라도 보통의 성인과 동물의 내재적 가치에 차등을 둘 수 없다는 것이 레건의 입장으로, 그에 따르면 내재적 가치에 차등을 두어야 한다는 사람들은 내재적 가치를 'intrinsic value 내재적 가치'로 혼동한 데에 기인한다.⁵⁶⁾

주변부 사람들 논변을 방패로 삼았으므로 그것으로 족하다고 해도 무방할 것이다. 하지만 레건은 거기에 더해 완전주의적 정의관을 부정하기 위해서라도 내재적 가치에 대해 단정적인 해석이 불가피하다는 설명도 가한다. 다시 말해 사회적, 정치적, 법적 차별의 근거를 제공한다는 점에서 완전주의적 정의관을 부정해야 하지만,[57] 내재적 가치에 차등을 두는 것은 완전주의적 정의관으로 이어지는 길을 닦는 것과 다르지 않다는 것이,[58] 즉, 노예제도나 성차별의 전철을 밟지 않기 위해서라도 내재적 가치에 차등을 둘 수 없다는 것이 레건의 또 다른 설명이다.[59] 그에 따르면,

> "지적 또는 예술적 재능 없이 태어난 사람들이 그들의 복지에 필수적인 혜택을 거부당할 만한 어떤 것도 하지 않은 것처럼 그와 같은 재능을 갖고 태어난 사람들도 더 나은 대우를 받을 만한 어떤 것도 하지 않았다."[60]

레건은 내재적 가치를 범주 개념으로 이해한다. 즉, 도덕 수동자와 도덕 행위자 사이에 그를 가진 정도에 차이가 있다는 것을 인정하지 않는다. 그럼에도 도덕 행위자가 더 큰 가치를 지녔다고 보았다는 데 대해 놀라움을 금치 않을 수 없다. 레건은 도덕 행위자를 죽이는 것이 도덕 수동자를 죽이는 것보다 더 그르다고(도덕 행위자가 죽는 것이 도덕 수동자가 죽는 것보다 더 큰 손실이라고) 말하며, 그렇게 보아야 하는 이유에 대해 도덕 행위자가 더 만족한 삶을 살 수 있기 때문이라고 설명한다. 그가 곧 논의될 구명정 예에서 구명정에 탄 사람을 살리기 위해 100만 리라도 개를 보트 밖으로 던지겠다고 말한 이유이다. 1989년 위스콘신 대학교에서 가진 공개강연에서 "구명정이 전복되어 아이와 개 중 한쪽만을 구할 수 있다면 누구를 구하겠느냐"는 청중의 질문에 "아이는 지적 장애아고 개는 영리한 개라면 개를 구하겠다"고 답변한 것도 같은 맥락으로 이해할 수 있다.

내재적 가치를 범주 개념으로 규정했으므로 공장식 축산, 동물실험 등 동물을 착취하는 일체의 행위에 대한 무조건적인 반대 입장을 취할 수 있는 여건이 마련된 셈이다. 나비슨이 현재의 상황에 비추어 볼 때 '별처럼 초롱한 눈빛의(비현실적인) 급진주의자a starry-eyed radical'에 가깝다고 표현했듯이,[61] 레건은 소를 행복하게 키워야 한다거나 서커스 동물에게 큰 우리를 제공해야 한다는 식의 개선을 거부한다. 즉 동물의 쾌락을 증진시키고 고통을 감소시켜야 한다는 식의 공리주의 해법을 거부하고,[62] 《빈 우리》를 비롯한 언론과의 인터뷰 곳곳에서 동물의 권리를 유린하는 일체의 관행을 멈출 것을 촉구한다.

> "완전한 불의에는 완벽한 대처가 답이다. 정의가 요구하는 것은 개선된 노예제도가 아니다. 개선된 아동노동도, 개선된 여성의 예속도 아니다. 유일한 도덕적 해결책은 폐기다. 불의를 개선하겠다는 것은 불의를 지속하겠다는 것과 다르지 않다. 동물을 부당하게 착취하는 데 대해 동물의 권리 철학이 요구하는 것도 마찬가지다. 완전한 폐기다. 더 큰 공간을 내준다거나 보다 자연적인 환경을 조성해주는 것이 또는 동료들과 함께 지내게 해주는 것이 근본적인 악을 옳게 만들지 못한다. 도덕이 요구하는 것은 상업적 유축농업의 완전 폐기다."[63]

동물에게 살 권리, 감금당하지 않을 권리, 고통 받지 않을 권리가 있다고 해보자. 그리고 그들의 권리와 인간의 권리에 차등을 둘 수 없다고 해보자. 그렇다면 레건이 주장하는 바와 같이 육류 소비 금지법을 제정해서라도 동물에게 고통을 안기고 동물의 생명을 빼앗는 일체의 관행을 멈춰야 한다.

하지만 그 방법이 문제다. "상업적 유축농업을 완전 폐기하고 모피농장과 동물실험실을 당장 폐쇄하라"는 것이 레건의 구호다. 같은 동물권 옹호론자로서 속은 후련하다. 하지만 지나치게 이상적이라는 생각을 지울 수 없는 것이 사실이다.

지난 2000년 종암경찰서장이 성매매와의 전쟁을 선포하고 미아리 집창촌에 대해 대대적인 단속을 벌인 바 있다. 기만이나 착취가 없는 성인간의 성행위까지 정부가 간섭하겠다는 것은 위험한 발상이 아닐 수 없다. 하지만 분위기에 눌려 감히 누구도 나서지 못했고, 서장은 '미아리 포청천'이라는 별칭을 얻으며 전국적인 지지세를 과시했다. 하지만 집창촌 폐쇄를 놓고는 지지층 내부에서 신중론이 만만치 않았다. 홍등이 꺼지며 집창촌과 주택가의 경계가 무너졌듯이 성매매 근절에 실효성이 있겠느냐는 회의 때문이었다. 동물권 캠프에서도 이와 유사한 일이 벌어져, 공장식 축산을 폐기하라거나 육류 소비를 아예 금지하라는 주문은 실천적 의의를 가질 수 없다는 공감대가 확산된다.

권리론은 규범적인 동력을 상실했다는 반성이 동물권 캠프에서도 일었던

"동물실험으로만 배울 수 있는 것이 있다면, 모르는 상태로 내버려 둬야 한다. 우리가 물려받은 자연적인 질병으로 인해 해를 입지 않을 기본적인 권리가 우리에게 없다."[64] 레건의 언명이 그의 이론체계가 지향하는 바를 극명하게 보여준다. 물론 극단적인 입장을 취하는 동물권 옹호론자가 레건뿐은 아니다. 예컨대 환경보호론자이기도 한 시드니 싱어Sydney Singer에 따르면 "자연적인 치유가 가능하지 않다면 환경 에너지를 고려할 때 형태를 바꾸는 것이 옳을 수 있다. 어떤 사람들은 그것을 죽음이라 부른다."

이유이며, 때마침 동물권옹호론을 겨냥한 싱어의 언명이 동물권 캠프에 새로운 형태의 동물 복지론이 뿌리를 내릴 수 있는 토양을 제공한다. "이론적으로는 고상하나 실천적으로는 쓸모없는 이상적인 체계는 윤리가 아니다."[65]

"공장식 축산과 동물실험을 당장 폐기하라는 것은 '전부 아니면 전무' 식의 게임을 시작한 것과 다름없다." 동물권 운동가 스피라Henry Spira는 그런 식의 선전포고로 얻을 수 있는 것은 '전무'라고 꼬집는다. 동물권옹호론자 롤린Bernard Rollin 역시 동물의 고통을 점차적으로 줄여나가는 것이 동물을 보호할 수 있는 유일한 방안이자 진정한 동물복지 혁명이라고 단언하며,[66] 우보천리牛步千里식 점차적 동물복지 운동에 동물권옹호론자들이 하나둘씩 동참하며 동물권 캠프는 내홍을 겪는다.

4. 인간과 동물의 이익이 충돌하는 경우

내재적 가치와 권리에 차등을 둘 수 없다고 했으므로 레건으로서는 생후 1년 이상 된 포유류와 일부 조류 및 어류를 목적항인 동물권항에 무사히 하선시킨 셈이다. 하지만 동물권항을 진정한 동물 해방구로 선포하기 위해서는 인간과 동물의 권리가 극단적으로 충돌하는 경우에도 동물의 권리를 보장할 수 있는 안전장치를 마련해야 한다. ≪동물권옹호론≫의 전 내용을 통틀어 가장 뜨거운 감자로 회자되는 다음의 사고실험을 통해 레건의 입장을 확인해 보기로 하자.

> "보통의 성인 네 명과 개 한 마리를 태운 구명정이 무게를 이기지 못해 가라앉고 있다. 네 명 중 누군가가 자진해서 물로 뛰어 들어 희생하거나, 넷 중 한 명을, 또는 개를 보트 밖으로 던지지 않으면 다섯 모두 죽을 수밖에 없다. 개를 던지는 것이 옳지 못한가?"[67]

'비현실적인 급진주의자'라는 별칭까지 얻은 레건이다. 더욱이 인간과 동물의 내재적 가치에 차등을 둘 수 없다고 했으므로 위와 같은 상황이 발생했다면 제비뽑기를 제안해야 마땅할 것이다. 하지만 그는 놀랍게도 개를 던져야 한다는 답변을 내놓으며, 2003년 논문에서는 한 술 더 떠 자신의 입장을 이렇게 정리한다.

> "나는 인권옹호론자다. 특히 유아와 아이들 그리고 그들 외에도 힘 없고 약한 사람들의 권리를 옹호한다. 그리고 나서 동물권옹호론자이기도 하다."[68]

인간중심 평등주의자로부터나 들을 수 있을 법한 말 아닌가. 하지만 이후에도 동물보다 인간을 우선시하는 듯한 발언은 계속된다. "일부 예외는 있겠으나 동물의 권리를 옹호하는 사람들은 가족과 나라를 사랑하고, 인간의 권리와 정의, 자유와 평등에 민감한 사람들이다. 또한 자비와 동정심을 가졌고, 평온하고 인내심이 있으며, (어린이, 병약자, 노인 등과 같이) 보살핌이 요구되는 사람들을 배려하고, 환경과 후손의 권리를 생각하는 사람들이다."[69]

개를 던지겠다는 것은 레건의 위상에 걸맞지 않은 행보임에 틀림없다. 하지만 실은 이미 예고된 일이었다. 설명된 바와 같이 도덕 행위자가 도덕 수동자보다 더 만족한 삶을 살고, 따라서 더 큰 가치와 도덕적 권리를 지녔다는 것이 ≪동물권 옹호론≫에서의 그의 입장이기 때문이다.

그가 의무론자임에도 절대권을 부정한 것도 같은 맥락으로 이해할 수 있다. 개의 생명권이 절대권이라고 해보자. 그렇다면 그것을 박탈하지 말아야 할 타자의 의무가 면제되는 경우는 있을 수 없으며, 따라서 인간의 목숨이 걸렸어도 개의 생명권을 박탈하지 말아야 한다는 답변을 내놓아야 한다.

맹목적이라는 비난을 잠재울 수 있다는 점에서 개를 던지겠다는 것이 레건으로서는 회심의 한 수 일수 있다. 하지만 문제는 그의 이론체계에 부합하느냐이다. 다시 말해 "모든 삶의 주체는 동등한 내재적 가치를 지녔다는 주장과 개를 희생시켜야 한다는 주장은 조화를 이룰 수 없다"[70]는 싱어의 질문이 시사하듯이 대마를 곤경에 빠뜨린 악수가 아니냐는 의문을 갖지 않을 수 없다.

레건으로서는 위의 두 주장이 양립 가능한 이유에 대한 설명이 될 수 있을 뿐 아니라 종차별의 벽을 넘지 못했다는 비난으로부터도 자유롭게 해줄 양수겸장의 수를 내놓아야 한다. 묘수가 기다려지는 대목이다. 하지만 레건은 동물권 캠프의 수장답게 묘수 대신 몇 수 앞을 내다본 유연한 행마로 안정적인 운영을 꾀한다.

존중 원칙

내재적 가치를 지닌 존재는 그들의 내재적 가치를 존중하는 방식으로 대해야 한다.

위의 원칙이 어떻게 구명정 예와 같이 인간과 동물의 이익이 충돌하는 경우에 대한 해법이 될 수 있다는 건지 쉽게 이해가 가지 않는 것이 사실이다. 위의 원칙이 갖는 실천적 함의를 설명해야 하며, 이 물음을 놓고 레건은 목적 그 자체로 대우해야 할 대상을 내재적 가치를 지닌 존재로 확장시켜야 한다는, 따라서 내재적 가치를 지닌 존재는 욕구충족(선호충족, 이익, 쾌락)을 위한 수단으로 이용당하지 않게끔 적극 보호해야 한다는 설명을 가한다.[71]

위의 설명만을 놓고 보면 공리주의를 겨냥했다는 것 이외에 별다른 의의를 찾기 어렵다. 하지만 위의 설명에 주목해야 하는 이유는 그로부터 2차 원칙인 해악 원칙harm principle을 이끌어냈기 때문이다.

해악 원칙

삶의 주체의 이익을 해치는 것은 조건부적 의미에서 내재적 가치를 지닌 존재의 내재적 가치를 존중하지 않는 것이다.

해악 원칙이 존중 원칙으로부터 파생되는 이유도 쉽게 눈에 들어오지 않는다. 하지만 그를 이해할 수 있는 단초는 삶의 주체는 이익을 경험할 수 있는 존재이고, 이익을 경험할 수 있다는 것이 삶의 주체를 도덕적으로 가치 있는 존재로 만든다는 데서 찾을 수 있다. 즉, 이익을 경험할 수 있다는 점에서 삶의 주체는 도덕적으로 가치 있는 존재이고, 따라서 존중 원칙에 따라 삶의 주체의 이익을 존중해야 한다는 것이다.

이제 이들 원칙과 권리와의 관계를 파악할 수 있다. 삶의 주체에게 해를 입히지 말아야 할(삶의 주체의 이익을 해치지 말아야 할) 조건부 의무prima facie duty가 우리에게 있으며, 삶의 주체는 그 의무에 상응하는 해를 입지 않을 조건부 권리prima facie right를 지녔다는 것이 레건의 주장이다.

구명정 예로 돌아가 보자. 구명정에 오른 다섯 모두 삶의 주체로서 "동등한 내재적 가치를 그리고 동등한 해를 입지 않을 조건부 권리를 지녔다."[72] 하지만 레건은 개를 보트 밖으로 던져야 하는 이유를 인간의 권리와 충돌할 경우에는 개의 권리를 박탈할 수 있기 때문이라는 데서, 즉 개에게 해를 입히지 말아야 할 의무는 인간에게 해를 입히지 말아야 할 의무와 충돌할 경우 구속력을 상실하기 때문이라는 데서 찾지 않는다. 즉, 레건에 따르면 그 이유는 인간의 죽음과 개의 죽음을 비교할 때 인간의 죽음이 더 큰 조건부적 손실이기 때문이다.[73]

레건이 말하는 '조건부적'이라는 것이 어떤 의미인가? ≪동물권 옹호론≫과 논문 어디에서도 그에 대한 설명을 들을 수 없지만 동물권 옹호론자 핀센Susan Finsen이 레건에게 직접 확인했듯이 '추가정보가 없으면'의 의미로 이해해야 한다. 다시 말해 고통스럽게 죽어가는 사람이나 뇌를 심하게 다친 환자가 죽게 됨으로써 잃게 되는 손실과 건강하고 영리한 개가 죽게 됨으로써 잃게 되는 손실을 비교할 때 후자의 손실이 더 크므로, 구명정에 올라탄 네 명 중 한 명이 그와 같은 환자라면 그 환자를 희생시켜야 하는 반면, 넷 모두 보통의 성인이라면 개를 희생시켜야 한다는 것이다.[74]

1989년 10월 27일 위스콘신대학교에서 열린 공개강연에서 "구명정이 전복되어 아이와 개 중 하나만을 구할 수 있다면 누구를 구하겠느냐"는 청중의 질문에 "아이는 지적 장애아고 개는 영리한 개라면 개를 구하겠다"고 답변한 것도 같은 맥락으로 이해할 수 있다.

인간의 죽음이 무조건적으로 개의 죽음보다 더 큰 손실일 수 없고, 보통의 성인의 죽음이 개의 죽음보다 더 큰 손실이라는 것이 무슨 말인가? 공리주의 해법을 차용한 것 아니냐는 의문을 갖지 않을 수 없다. 하지만 레건은 사람 네 명과 개 100만 마리가 구명정에 올라탔고 구명정은 넷의 무게만을 감당할 수 있다고 해도 100만 마리의 개를 보트 밖으로 던져야 한다고 말함으로써 위의 의문을 불식시킨다.75)

그간의 행보로 비추어볼 때 100만 마리라도 개를 던져야 하는 이유를 설명하는 것이 어떻게 가능하다는 건지 갈수록 태산이다. 레건은 그 이유를 설명하기 위해 동류해악comparable harm 개념을 도입하고 그에 의존해 동등한 내재적 가치를 지닌 삶의 주체에게 해를 가할 수 있는 경우를 특정한다. 즉, 레건은 해악을 '가함'으로써 입히는 해악과 '박탈함'으로써 입히는 해악으로 분류하고, 이들 두 범주에서 모두 동류해악과 비동류해악non-comparable harm을 구분함으로써, 이익이 충돌하는 경우에 대한 해결책으로 다음의 두 원칙을 내놓는다.76)

가해 대상 최소화 원칙mini-ride principle
누군가를 비슷한 정도의 나쁜 상황에 빠뜨릴 수밖에 없는 상황이라면(누군가에게 비슷한 정도의 해를 입힐 수밖에 없는 상황이라면), 그 대상을 최소화해야 한다(권리를 무시할 대상을 최소화해야 한다).

가해 정도 최소화 원칙worse-off principle
다수를 나쁜 상황에 빠뜨리거나 소수를 더욱 나쁜 상황에 빠뜨릴 수밖에 없는 상황이라면(다수에게 해를 입히거나 소수에게 더욱 심한 해를 입힐 수밖에 없는 상황이라면), **다수 쪽을 택해야 한다**(다수의 권리를 무시해야 한다).[77)]

동류의 해악을 입힐 수밖에 없는 경우에 대한 해결책인 '가해 대상 최소화 원칙'에는 문제가 없어 보인다. 하지만 비동류해악을 입힐 수밖에 없는 경우에 대한 해법으로 '가해 정도 최소화 원칙'을 제시한 것은 초읽기에 몰려 악수를 둔 아니냐는 의문을 자아내기에 충분하다.

같은 의무론자로서 레건의 업적을 높게 평가한다. 그의 해법이 설득력을 가진다면 그의 전도사로 만족했을 것이며, 이 책도 쓰지 않았을 것이다. 하지만 레건호가 항로표지 없는 미답의 항로를 택한 만큼 안심하고 동물을 승선시킬 수 있을지가 문제다. 1912년 4월 2일, 예인선에 이끌려(2대만 보이지만 5대가 예인했다고 한다) 타이타닉호가 벨파스트에서 출항하고 있다.

5. 레건호에 승선할 수 없는 이유

5.1. 어려움을 넘겨보려는 견강부회牽强附會한 해법이다

5.1.1. 홍두깨로 소를 모는 격이다

구명정에 오른 지적 장애아와 영리한 개 중 한쪽만을 구할 수 있다면 개를 구하겠다는 것이 레건의 입장이었다. 급진적 동물권옹호론자로서의 위상에 걸맞은 해법일 수 있다. 하지만 보통의 성인과 영리한 개 중 한쪽만을 구할 수 있다면 개를 던지겠다는 것이 그의 해법이며, 더욱 놀라운 건 100만 마리라도 개를 던지겠다고 단언했다는 점이다.

보통의 성인 네 명과 개 한 마리를 태운 구명정이 가라앉고 있다. 누군가를 보트 밖으로 던지지 않으면 다섯 모두 죽을 수밖에 없으며, 성인 네 명 중 한 명이 혈세로 부를 축적한 자라고 해보자. 다섯 모두 삶의 주체이고 동등한 내재적 가치를 지녔으며, 따라서 해를 입지 않을 기본적인 권리를 지녔다. 그렇다면 마땅히 혈세로 부를 축적한 자를 던져야 하는 것은 아닌가?

물론 가해 정도 최소화 원칙이 설득력을 가진다면 100만 마리라도 개를 던져야 한다. 하지만 위의 원칙에 예기치 못한 함정이 도사리고 있다는 것이 문제다. 위의 원칙을 동물원 폐지론자로도 유명한 철학자 제이미슨Dale Jamieson의 예에 적용해보자.

> "메리의 한 쪽 다리를 불구로 만들든지, 존에게 가벼운 두통을 안기든지, 양자택일을 해야만 하는 상황에 처했다. 존은 한 쪽 다리를 저는 반면 메리는 다리를 절지 않는다."[78]

가해 정도 최소화 원칙이 주문하는 것은 단순히 가장 가벼운 해악을 선택하라는 것이 아니다. 가벼운 두통을 유발하는 선택지와 한 쪽 다리를 불구로 만드는 선택지 중 정도가 약한 전자를 택해야 한다는 것이 아닌, 피해대상을 가장 덜 나쁜 상황에 처하게 해야 한다는 것이다.

이제 한편의 '막장 드라마'를 감상할 차례다. 존은 이미 다리를 저는 상태다. 따라서 그에게 두통을 안긴다면 다리를 저는 데 더해 두통까지 느끼게 된다. 하지만 메리의 경우 다리를 불구로 만들어도 두통은 느끼지 않는다. 즉, 존보다는 덜 나쁜 상황에 처하게 된다. 이렇듯 가해 정도 최소화 원칙을 따른다면 존에게 가벼운 두통만을 안길 수 있는데도 메리의 한 쪽 다리를 불구로 만들어야 한다.

레건이 가해 정도 최소화 원칙을 내놓은 이유는 최소한의 대상에게 가장

마피아 두목이 부 두목을 불러 조직을 이탈한 존스와 스미스 중 한 명을 손봐주라고 명령했다. 그러고는 존스의 뺨을 한 대 때리든지 아니면 스미스를 마취하고 한 쪽 손목을 절단하든지 양자택일을 해야 한다고 단서를 붙였다. 존스는 교통사고로 한 쪽 손을 이미 잃은 상태이고 스미스는 양 손 모두 멀쩡하다. 이와 같은 경우 기해정도 최소화 원칙을 따른다면 스미스의 손목을 절단해야 한다.

가벼운 해를 가해야 한다는 취지에서다. 하지만 위의 예들에서 보았듯이 심하게 해를 가할 것을 주문해야 하는 경우가 있을 수밖에 없으며, 다음과 같은 경우에는 더욱 가학적인 주문을 해야 한다.

"다리를 절지 않는 100만 명의 다리를 불구로 만들든지, 다리를 저는 1명에게 가벼운 두통을 안기든지, 양자택일을 해야만 하는 상황에 처했다."[79]

다리를 저는 한 명에게 두통을 안긴다면 다리도 저는 상태에서 두통까지 느껴야 하는 반면, 100만 명을 다리를 불구로 만들어도 다리는 절지만 두통은 느끼지 않을 것이다. 따라서 가해 정도 최소화 원칙을 따른다면 100만 명의 다리를 불구로 만들어야 한다.

가해 정도 최소화 원칙의 난맥상은 가히 전방위적이라 할 수 있다. 다음의 경우를 생각해보자.

마약 밀매조직 두목이 내부기강을 다잡기 위해 부 두목을 호출했다. 조직원을 손봐주라고 명령하고는 행동대장 로드리게스의 뺨을 한 대 때리든지, 나머지 조직원 100명을 마취하고 한 쪽 손목을 절단하든지, 양자택일을 해야 한다는 단서를 붙였다. 로드리게스는 교통사고로 한 쪽 손을 잃은 상태이고 나머지 조직원 100명은 양손 모두 멀쩡하다. 이와 같은 경우 가해 정도 최소화 원칙을 따른다면 100명의 손목을 절단해야 한다.

"6명을 앞을 못 보게 만들든지, 1명을 앞을 못 보게 만들든지, 양자택일을 해야만 하는 상황에 처했다."[80]

이 경우는 동류의 해를 가해야 하는 상황이다. 따라서 가해 대상 최소화 원칙을 적용해 1명을 앞을 못 보게 만들어야 한다는 상식적인 답변을 얻을 수 있다. 다음의 경우는 어떠한가?

"6명을 앞을 못 보게 만들든지, 아니면 한 명의 청각장애인을 앞을 못 보게 만들든지, 양자택일을 해야만 하는 상황에 처했다."[81]

이 경우 역시 동류의 해악을 가해야 하는 상황이다. 따라서 가해 대상 최소화 원칙을 적용하면 한 명을 앞을 못 보게 만들어야 한다. 하지만 가해 정도 최소화 원칙을 적용하면 6명을 앞을 못 보게 만들어야 한다. 한 명을 앞을 못 보게 만들면 듣지도 보지도 못하게 되는 반면, 앞을 못 보게 만든 6명은 들을 수 있기 때문이다. 이렇듯 가해 정도 최소화 원칙은 가해 대상 최소화 원칙과 조화를 이룰 수도 없다.

이상에서 알아본 바와 같이 비동류해악을 입힐 수밖에 없는 경우에 대한 해결책으로 가해 정도 최소화 원칙을 내세운 것은 견강부회牽强附會, 또는 홍두깨로 소를 모는 격임에 틀림없다.

5.1.2. 쇠뿔을 바로 잡으려다 소를 죽이는矯角殺牛 격이다

구명정에 오른 4명을 살리기 위해 100만 마리라도 개를 희생시켜야 한다면 동물실험도 허용해야 하는 것은 아닌가? 이들 두 경우를 달리 취급해야 한다면 그 이유가 무엇인지, 그에 대한 설명이 따라야 한다.

동물실험을 무조건적으로 폐기할 것을 주문했으므로 레건에게는 또 다른 승부처인 셈이다. 하지만 강수를 두기에는 부담스러운 자리임에 틀림없다. 따라서 레건은 강수 대신 묘수에 가까운 수를 내놓는다. 즉, 실험동물은 인간이 처한 위험을 대신 무릅쓰라고 강요당하고 마치 인간을 위해 존재하는 자원인 양 취급당한 결과 위험에 처한 반면, 구명정에 오른 개는 강압 때문이 아닌 모선이 침몰한 결과 위험에 처했다는 답변을 내놓는다. 한마디로 실험동물은 기본적인 권리를 박탈당해 지금의 위험에 처했으므로 구명정에 오른 개와는 다르다는 것이다.82)

위의 해법으로 급진적 동물권 옹호론자로서의 품위는 유지된 셈이다. 2016년 러시아에서 발생한 사건을 생각해보자.

> "살아있는 개를 북극곰에게 던진 男 '여자 친구 구하려다 …'. 살아있는 개를 북극곰에게 던지는 남성이 포착돼 충격을 주고 있습니다. 공개된 영상에서 한 남성은 강하게 저항하던 개의 목덜미를 잡더니 그대로 북극곰에게 던집니다. 영상에는 개의 상태가 나오진 않지만 심하게 다친 것으로 보입니다. 러시아 시베리아 북동부에서 촬영된 이 영상은 사람들에게 큰 충격을 주고 있습니다. 영상 속 남성은 자신의 여자 친구가 북극곰으로부터 위협을 당할 위기에 처하자 개를 북극곰에게 던져 시선을 돌리려 했다고 해명했습니다. 최근 지구 온난화로 설자리를 잃은 북극곰이 사람이 사는 마을까지 내려오는 모습이 목격되고 있습니다. 인간의 욕심이 북극곰은 물론 개에게도 씻을 수 없는 상처를 남겼습니다."83)

"살아있는 개 북극곰에게 던진 男 … 누리꾼 분노, 개를 북극곰에게 던진 남성의 영상이 공개돼 네티즌들의 공분을 사고 있다."(톱스타 뉴스, 2016. 03. 04) 네트즌들이 분개했다? 여성의 희생을 감수했어야 했다는 말 아닌가. 우리 사회에 인간중심주의를 부정하는 사람들이 그렇게 많은지 궁금하지 않을 수 없었다. 곧바로 댓글을 확인했고, 예상은 빗나가지 않았다. 잔인하다는 비난은 넘쳤으나, 정작 개를 던지지 말아야 했다는 댓글은 찾을 수 없었기 때문이다.

물론 레건은 그의 위상에 걸맞은 답변을 내릴 수 있다. 즉, 곰에게 던져진 개는 인간이 처한 위험을 대신 무릅쓰라고 강요당하고 마치 인간을 위해 존재하는 자원인양 취급당한 결과 위험에 처했으므로, 즉 기본적인 권리를 박탈당해 위험에 처했으므로 개를 던지지 말았어야 했다는 답변을 내릴 수 있다.

이렇듯 위의 해법으로 급진적 동물권 옹호론자로서의 품위는 유지할 수 있다. 하지만 위의 해법이 쇠뿔을 바로 잡으려다 소를 죽이는 교각살우矯角殺牛 격 해법이라는 것이 문제다. 싱어가 제안한 사고실험을 생각해보자. 인간과 개에게 치명적인 신종 바이러스가 창궐하고 있다. 감염된 사람이나 개들 중 한 명(마리)을 대상으로 생체실험을 하는 것이 바이러스에 감염된 인간과 개를 살릴 수 있는 유일한 방법이며, 실험대상은 목숨을 잃을 수밖에 없다.[85]

구명정에 오른 4명과 개가 강제로 위험에 처해지지 않은 것처럼, 위의 예에서 바이러스에 감염된 사람들과 개들 역시 강제로 위험에 처해지지 않았다. 따라서 4명을 위해 개를 희생시키는 것이(구명정 밖으로 던지는 것이) 정당하다면 바이러스에 감염된 사람들을 위해 실험동물을 희생시키는 것 역시 정당하다고 해야 한다. 다시 말해 4명을 살리기 위해 100만 마리라도 개를 희생시켜

시베리아 북동부 추코트카 해안의 한 마을에서 러시아 남성이 여자 친구로부터 북극곰의 시건을 돌리려 개를 던져주고 있다.[84]

야 한다는 입장을 고수하기 위해서는 동물실험 폐지론자로서의 정체성을 포기해야 한다.

5.1.3. 동물을 바늘방석에 앉히는如坐針席 격이다

종차별 문제는 해결된 건지도 묻지 않을 수 없다. 개와 사람이 동등한 내재적 가치를 지녔고, 따라서 동등한 해를 입지 않을 기본적인 권리를 지녔다는 것이 레건의 주장이다. 그럼에도 보통의 성인과 영리한 개 중 한쪽을 구명정 밖으로 던져야 할 경우 100만 마리라도 개를 던지겠다는 것은 누가 봐도 종차별 아닌가.

내재적 가치를 내세워 반종차별주의 전선을 구축했다는 점에서 레건에게는 심각한 물음이 아닐 수 없다. 하지만 레건은 인간종이 아니라는 이유로 개를 던진다면 종차별 맞지만 인간과 개가 입을 피해를 공평하게 평가해 내린 결론이기에 종차별일 수 없다는 선뜻 납득하기 어려운 설명을 가한다.[86]

"구명정 밖으로 던져질 때 입게 될 피해를 비교할 때 인간이 입게 될 피해가 개가 입게 될 피해보다 크다"는 것이나,[87] 왠지 낯설지 않다. 동물권 부정론자들로부터 늘상 듣는 얘기 아닌가. 예컨대 계약론 관점에서 동물의 도덕적 지위를 부정한 커러더스는 우리에게는 "인간의 삶을 동물의 삶에 비견할 수 없다"는 너무도 확고한 상식이 있다고 단언한다.[88] 다시 말해 보통의 성인은 질적으로 동물과 다른 차원의 경험을 할 수 있고, 따라서 살 기회를 박탈당했을 경우 동물보다 더 큰 피해를 입게 되므로, 보통의 성인과 동물의 삶의 가치가 같을 수 없다는 것이다.

물론 레건으로서는 커러더스의 주장에 동참하는 것이 손쉬운 전략일 수 있다. 보통의 성인과 개가 살 기회를 박탈당할 경우 보통의 성인이 더 큰 피해를 입어야 '가해 정도 최소화 원칙'에 따라 개를 희생시켜야 한다는 주장이 가능해지며, 살 기회를 박탈당할 경우 보통의 성인이 개보다 더 큰 피해를 입는다는 주장이 가능하기 위해서는 인간의 삶이 개의 삶보다 가치가 있어야 하기 때문이다. 하지만 커러더스에 동참한 것이 옳은 전략인지는 두고 볼 일이다.

동물이 경험할 수 없는 것을 인간은 경험할 수 있다는 데 이견이 있을 수 없다. 동물과 달리 인간은 쇼핑에 빠져드는 경험과 봉지의 땅콩을 미워하는 경험을 할 수 있으며, 심지어 성 접대를 하는 경험뿐 아니라 자신의 성행위 장면을 공유하는 이상한 경험까지도 할 수 있다. 그렇기에 인간의 삶이 동물의 삶보다 가치가 있다거나 살 기회를 박탈당했을 경우 인간이 동물보다 더 큰 피해를 입는다고 할 수 있는가?

커러더스가 인간의 삶이 개의 삶보다 가치가 있다고 주장한 것은 동물권 부정론자로서 당연할 수 있다. 인간과 동물의 차등적 권리를 주장한 파인버그Joel Feinberg와 워런Mary Warren이 인간의 삶이 동물의 삶보다 가치가 있다고 말한 것 역시 자연스러울 수 있다.[89] 싱어가 공리주의자로서 인간과 동물의 삶의 가치를 동등하게 취급할 수는 없다는 견해를 보인 것도 자연스럽다.[90] 하지만 레건이 이들의 주장에 동참했다는 것이 동물권 옹호론자로서의 정체성을 포기했다는 의미는 아니다. 설명된 바와 같이 고통스럽게 죽어가는 사람이나 뇌를 심하게 다친 환자가 죽게 됨으로써 입게 될 피해와 건강하고 영리한 개가 죽게 됨으로써 입게 될 피해를 비교할 때 후자의 피해가 더 크다는 입장을 취했기 때문이다.[91]

밥 딜런, 레너드 코헨, 마이클 잭슨, 존 덴버와 철학자 싱어를 태운 구명정이 무게를 이기지 못해 가라앉고 있다고 해보자. 또한 한 명을 보트 밖으로 던지지 않으면 다섯 모두 죽을 수밖에 없었다고 해보자. 밥 딜런 등은 싱어가 경험하지 못한 것을 경험했을 것이다. 그럼에도 그들의 삶이 싱어의 삶보다 가치 있다는 데 대해 레건도 동의하지 않을 것이며, 따라서 싱어를 보트 밖으로 던졌어야 한다는 데 대해서도 동의하지 않을 것이다.

싱어의 삶의 가치가 밥 딜런 등의 그것에 뒤지지 않는 이유가 무엇인가? 싱어는 밥 딜런 등이 경험하지 못한 것을 경험했기 때문이라는 것이 레건이 내릴 수 있는 유일한 답변일 것이다. 그렇다면 개는 어떠한가? 동물권 옹호론자 사폰티즈Steve Sapontzis가 지적했듯이 개 역시 인간이 경험하지 못하는 것을 경험할 수 있을 뿐 아니라 오히려 인간보다 더 크게 만족할 수도 있다.

반려견을 키워본 경험이 있다면 귀가했을 때 반려견이 반기는 모습을 떠올려보기 바란다. 그러면 동물이 인간보다 더 크게 만족할 수 있다는 것이 전혀 생소하지 않을 것이다. 물론 그런 경험이 없는 사람이라면 제2의 레건이라 할 수 있는 철학자 플루하Evelyn Pluhar의 조언이 도움이 될 수 있다. "개 B가 인간 A보다 지적으로 매우 열등할 수 있다. 하지만 삶의 환희 면에서는 열등해 보이지 않는다. A와 B 중 누구의 경험과 이익이 상대적으로 풍부한지는 지금의 문맥에 전혀 무관한 물음이다. 죽음으로써 입게 될 피해의 정도는 잃게 된 것이 당사자에게 얼마나 큰 의미인지의 기능이다. … A와 B 모두 삶을 가치 있게 여기고 한창때에 있다면 상대적으로 B가 A보다 둔해도 죽음으로써 입게 될 피해는 같다."92)

"우리는 개와 새의 삶을 즐길 수 없으며, 박쥐나 돌고래의 삶도 즐길 수 없다. 따라서 그들이 인식하고 있는 냄새를 맡고, 보고, 듣고, 접촉할 때의 미묘함을 우리는 인식하지 못한다."93) … "(예컨대 비버의 삶과 같이) 우리의 눈에는 고되고 따분해 보이는 동물의 삶이 그런 삶을 사는 동물에게는 즐겁고 성취감을 주는 삶일 수 있다."94)

설령 보통의 성인은 질적으로 동물과 다른 차원의 경험을 할 수 있고, 따라서 살 기회를 박탈당했을 경우 동물보다 더 큰 피해를 입게 되므로 인간과 동물의 삶의 가치가 같을 수 없다고 해도 문제는 남는다. 보통의 성인과 동물 중 한 쪽을 희생시켜야 하는 상황에서 동물이 패할 수밖에 없는 이유가 보통의 성인은 질적으로 동물과는 다른 차원의 경험을 할 수 있기 때문이라는 것이 무슨 의미인가? 이는 보통의 성인이 동물보다 더 고차원의 경험을 할 수 있는 능력을 가졌기에 동물을 희생시켜야 한다는 말과 다르지 않으며, 따라서 완전주의적 정의관에서 벗어나지 못했다는 것을 자인하는 것과 다르지 않다.

5.2. 런던다리는 무너졌는데 내재적 가치 다리는?

삶의 주체는 동등한 내재적 가치를 지녔고, 따라서 동등한 기본적인 권리를 지녔다는 것이 레건의 주장이었다. 하지만 그의 주장이 성립하기 위해서는 내재적 가치가 출항지(삶의 주체)와 목적항(기본적인 권리) 사이의 기항지 역할을 감당할 수 있어야 한다.

레건에 따르면 삶의 주체이기 위해서는 살아 있고 의식이 있어야 할 뿐 아니라 자신의 삶에 대해 주관적인 경험을 할 수 있어야 한다. 하지만 설명된 바와 같이 삶의 주체라는 것이 내재적 가치를 지녔다는 것의 필요조건은 아니라는 입장을 취함으로써 삶의 주체는 아니지만 내재적 가치를 지닌 대상이 존재할 가능성을 열어 놓는다.

그렇다면 어떤 가치가 내재적 가치인가? 여기가 레건의 한계를 느끼게 하는 대목이다. 레건호의 운명이 달린 물음임에도 직접적으로 답변하는 대신 네거티브 대응 전략을 택했기 때문이다.

레건에 따르면 내재적 가치는 행위나 경험능력에 의해 획득되거나 상실되는 가치가 아닌 그냥 갖게 되는 가치이며, 나무, 강, 바위, 빙하와 같은 자연물에도 내재적 가치가 있을 가능성을 열어놔야 한다. 즉, 레건이 말하는 내재적 가치는 쾌고감수능력이나 다른 정신능력의 기능일 수도 없다. 내재적 가치는 우리(도덕 행위자)의 경험과 관련된 intrinsic value 내재적 가치의 기능이 아니며, 이들 두 가치는 서로 환원되지 않는다. 또한 내재적 가치는 공리, 복지 등의 가치로도 환원되지 않으며, 이들 가치의 기능이 아니다.[95] 내재적 가치는 개체에게만 적용할 수 있는, 종橫이나 생태계에는 적용할 수 없는 가치이다. 내재적 가치를 지닌 존재의 도덕적 지위는 그가 행복한지, 재능이 있는지, 공이 있는지, 쓸모가 있는지 등의 문제와 논리적으로 무관할 뿐 아니라, 내재적으로 가치 있는 개체가 자신의 삶이나 경험에 부여한, 또는 다른 누군가가 그 개체의 삶이나 경험에 부여한 가치에 의존한 가치가 아니다.[96]

레건으로부터 위의 네거티브식 설명 이외에 다른 설명은 들을 수 없으며, 아쉽게도 그는 "공리주의 해법이 지닌 문제점들에서 벗어날 수 있기 때문이다"는 등의 네거티브 대응 전략을 택한 이유를 설명하는 것으로 답변을 마무리한다.[97] 그에 따르면 명확한 개념과 가능한 많은 관련정보를 가지고 우리의 신념에 대해 냉정하게, 이성적으로, 편견 없이 세심한 노력을 경주한 끝에 갖게 된 도덕신념이 바로 반성적 의미에서의 직관이다. 이는 단순한 느낌도 그냥 떠오른 생각도 아닌, 숙고된 신념이다. 따라서 대립되는 도덕원리들 중 우리의 반성적 직관에 가장 잘 부합하는 원리가 숙고된 믿음에 가장 잘 부합하는 원리로서 그와 같은 원리를 이성적으로 선호해야 한다.[98]

하지만 네거티브식 설명에 안전이 담보된 건지 의문이며, 따라서 같은 동물권옹호론자로서도 레건호에 동물을 맡기기에는 부담스러운 것이 사실이다. 서둘러 내재적 가치를 기항지로 선정했다는 생각을 지울 수 없는 이유로서, "레건의 내재적 가치는 그냥 믿어야 하는 수수께끼와도 같은 비자연적 속성non-natural property처럼 보인다"는 워런의 평가가 지나치게 느껴지지 않는 이유이기도 하다.99)

"내재적 가치가 어떤 자연적 속성에 기반한다면, 그 속성을 규명하고 그것에 도덕적 무게를 두어야 하는 이유를 밝혀야 하는 것은 아닌가? 내재적 가치가 어떤 자연적 속성에도 기반하지 않는다면, 왜 내재적 가치에 의미를 부여해야 하는가? 삶의 주체

레건은 슈바이처 박사의 '생명에 대한 경외' 윤리를 부정하며, 생명체라는 것이 내재적 가치를 지녔다는 것의 충분조건일 수 없는 이유에 대해서도 뚜렷한 논거 대신 다음과 같이 직관에 의존하는 취약점을 드러낸다. "풀 한 포기, 감자, 암세포 모두 살아 있는 존재이다. 그래서 그들에게 내재적 가치가 있다고 한다면, 그들에 대한 직접적인 의무가 있다고 보아야 한다. 하지만 그렇게 보아야 하는 이유가 분명치 않으며, 그들의 집합체인 잔디밭, 감자밭, 암성 종양에 대해서도 그렇다."100) 사진은 독일의 화가 막스 리베르만Max Liebermann, 1847~1935이 그린 '감자 수확'이란 제목의 유화이다.

에게 내재적 가치가 있다고 봄으로써 공리주의 해법이 지닌 문제점들에서 벗어날 수 있다는 답변으로는 충분하지 않다."101)

이제 내재적 가치를 서둘러 기항지로 선정한 여파를 확인할 차례다. 설명된 바와 같이 레건에 따르면 주변부 사람들의 권리를 보장하기 위해서라도 권리가 내재적 가치에 기반한다는 해석이 불가피하다.

　주변부 사람들의 기본적인 권리를 보장해야 한다는 데는 이견이 있을 수 없다. 나무, 강, 바위, 빙하는 어떠한가? 레건의 주장대로 이들에게도 내재적 가치가 있을 가능성을 열어놔야 한다면, 또한 기본적인 권리가 내재적 가치에 기반한다면, 기본적인 권리를 가진 대상의 외연을 그들로까지 확장해야 하는 것은 아닌가? 레건은 삶의 주체라는 것이 기본적인 권리를 가졌다는 것의 필요조건이라고 주장함으로써 그 가능성을 차단한다. 그렇다면 내재적 가치를 지녔다는 것이 기본적인 권리를 지녔다는 것의 필요충분조건이라는 주장은 퇴색된 것은 아닌가?

　삶의 주체와 내재적 가치 사이의 간극도 문제가 아닐 수 없다. 레건에 따르면 살아 있고 의식이 있다는 것만으로 삶의 주체라고 할 수 없다. 거기에 더해 자신의 삶에 대해 주관적인 경험을 할 수 있는 능력을 가졌어야 한다. 또한 내재적 가치는 경험능력으로 갖게 되는 가치가 아니라는 것이 그의 설명이었다.

• 삶의 주체는 주관적인 경험을 할 수 있는 존재이다.
• 어떤 존재의 내재적 가치는 그 또는 누군가가 그의 경험에 부여한 가치와 전적으로 무관한 가치이다.

의문은 여기서 비롯된다. 삶의 주체와 내재적 가치를 이와 같이 규정해야 한다면 삶의 주체라는 것이 내재적 가치를 지녔다는 증거가 될 수 없는 것은 아닌가?

"어떤 존재의 내재적 가치가 그 또는 누군가가 그의 경험에 부여한 가치와 전적으로 무관한 가치라면, 그가 특정 종류의 경험을 한다는 사실이 어떻게 그가 내재적 가치를 지녔다는 증거가 될 수 있는가? 그 이유가 삶의 주체는 더 좋게 되거나 나쁘게 될 수 있기 때문이라고 한다면, 쾌고감수능력이 있는 존재 모두가 위의 조건을 충족시키므로 그들 모두에게 내재적 가치가 있다고 해야 하는 것은 아닌가? 쾌고감수능력은 있지만 정신능력이 떨어지는 존재도 그 대상 영역은 좁을 수 있으나 만족하고 좌절할 수 있다. 그런데 왜 그들에게 내재적 가치가 전혀 없다거나 전혀 없을 수 있다는 결론을 내려야 하는가?"102)

기항지로 내재적 가치를 선정한 여파는 여기서 그치지 않는다. 설명된 바와 같이 레건은 내재적 가치를 '가졌거나, 갖지 못했다' 식의 범주 개념으로 이해한다. 어색하지 않으며, 상식이라고 해도 무방할 것이다. 하지만 그것이 레건의 주장이라는 것이 문제다. 그의 해석대로 믿음과 욕구, 지각, 기억 등의 기본적인 인지능력을 가진 존재를 삶의 주체로 보아야 한다고 해보자. 계통 발생학적 차원에서 그들 능력을 가진 존재가 출현하는 지점을 파악할 수 있는가?

"가장 심각한 문제는 성장한 정상적인 포유류 이외의 동물에게 강한 동물권을 적용할 때 야기되는 문제일 것이다. 레건의 이론은 살아 있는 모든 생명체를 두 대상으로 양분할 것을 주문한다. 즉, 우리가 가진 내재적 가치와 동일한 내재적 가치를 지닌, 따라서 동일한 기본적인 도덕적 권리를 지닌 대상과 그렇지 못한 대상으로 양분할 것을 주문한다. 하지만 어디에 경계를 설정하려 해도 날카롭게 양분하는 것은 가능하지 않다. … 레건이 실제로 경계를 설정한 것은 아니다. 단지 성장한 정상적인 포유류는 명백히 전자의 범주에 들지만 다른 동물들은 그만큼 명백하지 않다는 것이 그의 입장이다. 하지만 그의 이론이 설득력을 갖기 위해서는 날카로운 경계가 존재해야 한다. 내재적 가치를 지닌 정도에 차이가 있을 수 없다는 것이 그의 주장이기 때문이다."[103]

≪동물권옹호론≫ 2004년판 서문에서 레건은 내재적 가치를 지닌 존재와 그렇지 못한 존재 사이에 경계를 설정하려 시도한 적이 단 한 번도 없었고, 그것이 가능하지도 않다고 밝힌다. 즉, 자신의 관심사는 경계설정이 아닌 안전지대 확보에 있다는 것이다. 하지만 레건이 관심을 가졌는지에 무관하게

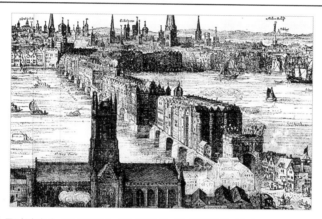

"런던 다리가 무너진다네. 무너진다네. 무너진다네. 내 아름다운 아가씨! 쇠막대로 다리를 지어요
…London Bridge is falling down, falling down, falling down. My fair lady! Build it up with iron bars …." 1269년 엘레아노르Queen Eleanor가 남편인 헨리3세로부터 런던 다리 통행료 관리권을 선물로 받는다. 하지만 유지보수 비용을 남기지 않고 수익금 모두를 개인용도로 써버려 1281년 런던교는 아치기둥 5개가 무너지는 참사를 겪는다. 사건 이후 동요를 다시 쓰며 엘레아노르를 비꼬기 위해 "내 아름다운 아가씨"라는 가사를 넣었다고 한다. 시티 오브 런던City of London과 서더크Southwark를 이어주는 가교 가 런던교라면, 레건의 내재적 가치는 삶의 주체와 권리를 이어주는 가교라 할 수 있다. 하지만 1281년에 무너진 런던교가 제 구실을 못했듯이 레건의 내재적 가치 역시 가교 역할을 감당하기에는 역부족으로 보아야 한다. 마치 엘레아노르가 유지보수 비용을 남기지 않고 수익금 모두를 써버렸듯 이 레건도 공리주의의 근간인 intrinsic value 내재적 가치를 부정하는 데 치중한 나머지 정작 내재적 가치를 유지보수 하는 데 소홀했다는 생각을 지울 수 없다. 레건의 내재적 가치를 생각하면 동요 '런던 다리가 무너진다네'가 떠오르는 이유이다. 사진은 네덜란드 출생의 지도제작자 클라에스 반 미셔Claes Van Visscher가 1616년에 그린 런던교의 모습이다.

내재적 가치가 범주 개념이라는 주장에는 그를 가진 대상과 갖지 못한 대상 사이에 날카로운 경계가 존재한다는 의미가 함축되어 있다는 것이 문제다.

내재적 가치를 지닌 대상과 그렇지 못한 대상 사이에 날카로운 경계가 존재한다는 것은 삶의 주체인 정도에 차등을 둘 수 없다는 뜻이다. 이는 삶의 주체와 삶의 주체가 아닌 대상 사이에 날카로운 경계가 존재한다는 말과 다르지 않으며, 이는 다시 믿음과 욕구, 지각, 기억 등의 기본적인 인지능력을 가진 정도에 차이가 있을 수 없다는 말과 다르지 않다. 이들 기본적인 인지능력을 가진 정도에 차이가 없을 수 있는가?

레건이 서둘러 내재적 가치를 기항지로 선정했음에 틀림없다. 레건호에 동물을 승선시키기 어려운 이유로서, 제3의 해결책을 찾아 논의를 이어가고자 하는 이유이다.

각주

1) 중앙일보 미국, 2012. 01.19.

2) 소설가 홍영진 블로그, 2014. 09. 14.

3) CNB저널, 2012.12.10.

4) 계약론적 관점에서 보아도 커러더스의 주장은 수많은 의문점을 남긴다. 정작 롤스는 동물을 윤리영역에 넣어 그들에 대한 잔혹 행위를 그르다고 보았고, 동물도 고통과 쾌락을 느낄 수 있다는 것이 그들을 연민과 인간적으로 대해야 할 의무를 부과한다고 보았으며(Rawls, p. 512), 터커Chris Tucker와 맥다날Chris MacDonald가 주장하듯이 이성을 가져야 한다는 것을 계약 당사자이기 위한 필요조건으로 볼 수도 없다(Tucker and MacDonald, p. 9). 커러더스의 문제점은 스완슨Jenniffer Swanson을 참고하기 바란다.

5) 레건은 인간을 대상으로만 직접적인 의무를 부과하는 이론체계를 반복해서 부정한다(Regan, 1983; Regan 2001a; Regan, 2001b).

6) Regan 1983, pp. 155~156, pp. 186~188.

7) 정신능력 면에서 동물이 지적 장애아에 뒤지지 않으므로, 레건은 보통의 성인을 이용한 터스키기 매독연구가 아닌 지적 장애아를 이용한 윌로우부룩 간염연구에서 동물 문제를 해결할 단초를 찾는다.

8) Regan 1983, p. 153. 레건이 말하는 도덕 수동자는 앞으로 논의될 삶의 주체subjects of a life 중 도덕 행위자가 아닌 대상을 일컫는다(Regan 1983, pp. 152~154). 싱어가 그랬듯이 레건도 종차별주의를 공략 대상으로 삼는다. 하지만 종차별주의자라는 이유로 (능력이나 덕을 지닌 정도에 따라 차별적으로 대우해야 한다는) 완전주의적 정의관perfectionist theory of justice을 가졌다고 할 수 없다. 오히려 그들 대다수는 정신능력이 도덕적 판단의 기준일 수 없다는 데 동의한다. 바꿔 말하면 종차별주의를 도마 위에 올려놓기 위해서는 지적 장애아와 동물을 차별할 수 없는 이유를 제시해야 한다.

9) Regan 1982, p. 133.

10) Regan 1979a, p. 189.

11) Regan 1983, p. 313.

12) Regan 1983, p. 238.

13) 'intrinsic value 내재적 가치'는 외재적 가치extrinsic value와 달리 다른 가치에서 파생되지 않은 가치로서 'X가 intrinsic value 내재적 가치를 지녔다'는 것은 'X는 그 자체로서 가치가 있다'는 의미라는 것이, 즉 'intrinsic value 내재적 가치'는 비관계속성nonrelational properties 덕분에 갖게 되는 가치로서 관계속성relational properties 덕분에 갖게 되는 외재적 가치와 대조를 이룬다는 것이 전통적인 해석이다. (외재적 가치는 'intrinsic value 내재적 가치'에서 파생된, 'intrinsic value 내재적 가치'로 설명 가능한 가치라는 것이 전통적인 해석이다.) 'intrinsic value 내재적 가치'를

최종 가치final value와 상반된 개념인 도구적 가치instrumental value와 대조를 이룬 가치로 해석한 전통은 잘못이라는 주장이 제기되는 이유이다.

14) Regan 1983, p. 243.

15) Regan 1983, p. 235.

16) Regan 1983, pp. 235~236.

17) Regan 1983, pp. 235~237.

18) Regan 1979a 등.

19) Regan 1983, pp. 245~246.

20) Regan 1983, p. 247.

21) Regan 2001b, p. 44.

22) Regan 1983, p. 243. 레건에 따르면 본문의 기준이 삶의 주체에게 내재적 가치가 있는 이유에 대한 설명뿐 아니라 삶의 주체를 수단으로 취급하지 말아야 하는 이유에 대한 설명도 될 수 있다. 즉, 본문의 기준으로부터 삶의 주체를 수단으로 취급하는 것은 삶의 주체를 타자가 그로부터 취할 수 있는 이익과 논리적으로 무관한 가치인 자신의 복지를 가진 존재로 존중하지 않는 것임을 알 수 있다(Regan 1982, p. 136).

23) Regan, Tom 1983, p. 87.

24) Regan, Tom 1983, p. 88.

25) Regan, 2001b, p. 45. 하지만 복지이익에 대한 레건의 해석은 일면 아쉬움을 남긴다. 다음의 세 주장 사이의 상관관계를 생각해보자.
    a. 살아 있고 의식이 있으며 자신의 삶에 대해 주관적인 경험을 할 수 있는 능력을 가진 삶의 주체에게는 내재적 가치가 있다.
    b. 내재적 가치를 지닌 존재의 선호이익을 고려해야 한다.
    c. 내재적 가치를 지닌 존재의 복지이익을 고려해야 한다.
    선호이익은 내재적 가치를 지닌 존재의 욕구와 관련된 이익이다. 따라서 'a'와 'b'의 상관관계는 납득할 수 있다. 하지만 'a'와 'c' 사이의 상관관계가 문제. 복지이익은 욕구와는 무관한 이익이다. 따라서 삶의 주체의 복지이익을 고려해야 하는 이유를 별도로 제시해야 한다, 하지만 필자가 아는 한 레건으로부터 그들 사이의 간극을 메울 설명을 들을 수 없으며, 따라서 내재적 가치를 지닌 동물을 죽이지 말아야 한다는 주장은 미완이라 해야 할 것이다.

26) ≪동물권옹호론≫ 2004년판 서문.

27) Regan 1983, p. 243.

28) Regan 2004, pp. 59~61, pp. 101~102.

29) Regan 1983, p. 247, p. 248.

30) 1장에서 설명된 바와 같이 레건은 '주변부 사람들marginal cases'을 '비전형적인 인간들nonparadigmatic humans'이라고 표현한다. 혼선을 피하기 위해 '주변부 사람들'로 통일하기로 하자.

31) Regan 2001b, p. 44.

32) Regan 1983, p. 247.

33) Regan 1983, p. 247.

34) Regan 1975, p. 205.

35) Regan 2003, p. 89.

36) 인간의 유전자를 가졌지만 도덕적 지위를 갖지 못한 대상을 '인간humans'으로, 그리고 인간의 유전자를 가졌는지에 무관하게 도덕적 지위를 가진 대상을 '사람person'으로 이해해야 한다는 공감대가 형성되어 있다. 하지만 '4.2.'에서 설명된 바와 같이 레건은 위의 공감대에 참여하지 않고 주변부 사람들을 '비전형적인 인간들'로 표현한다. 혼선을 피하기 위해 '인간humans'을 사람person으로 표현하고자 하며, '비전형적nonparadigmatic'도 '주변부marginal'로 통일하고자 한다.

37) Regan 1979a, p. 189. 레건은 본문의 '약한 버전'과 '강한 버전'을 '약한 논변weak argument', '강한 논변strong argument'이라고 부른다. 위의 두 버전은 상이한 논리적 구조를 가지고 있다. 즉, 강한 버전은 '논증argument'의 형식을 취하고 있는 반면(전제와 결론으로 이루어진 일련의 진술을 논증(논변)이라 부르며, 논증을 거치지 않은 주장은 이성적으로 설득력을 가질 수 없다), 약한 버전은 단순히 '조건 명제conditional proposition'이다. 따라서 '약한 논증'과 '강한 논증'을 '약한 버전', '강한 버전'이라 부르기로 하자.

38) 유전적 속성을 들어 권리를 주장할 수 없는 이유는 필자의 ≪낙태 논쟁, 보수주의를 낙태하다≫ 3장을 참조하기 바란다.

39) Singer 1980, p. 239.

40) Regan 1979a, pp. 192~198.

41) Regan 1983, pp. 42~46 등.

42) Regan 1979b, pp. 80~81.

43) Regan 1983, p. 247.

44) Linzey, p. 24.

45) Regan 1979a, p. 204.

46) Regan 2001b, p. 44.

47) 레건은 칸트에 기반해 삶의 주체를 수단으로 이용하지 말 것을 주문한다. 하지만 그래야 하는 대상을 놓고는 입장을 달리한다. 칸트에게는 도덕 행위자가 그 대상인 반면, 도덕 행위자인지 수동자인지와 무관하게 삶의 주체는 동등한 내재적 가치를 지녔고 따라서 수단으로 이용당하지 않을 기본적인 권리를 지녔다는 것이 레건의 입장이다

48) Regan 1979a, p. 204.

49) Regan 2003, p. 81; Regan 2004, p. 50.

50) Regan 1975, pp. 191~193.

51) Regan 1979a, p. 211.

52) Regan 1983, pp. 240~241.

53) Regan 2001b, pp. 43~44.

54) Regan 2001b, p. 44. 1982년 논문에서는 도덕 행위자의 내재적 가치가 도덕 수동자의 그것 보다 크다는 입장을 취했으나, 1983년 ≪동물권 옹호론≫에서 입장을 바꿔 그들의 내재적

가치에 차이가 없다고 주장한다(Regan 1983, p. 240 등).

55) Regan 1983, p. 247.

56) Regan 1983, p. 236, p. 238. 'intrinsic value 내재적 가치'가 문제라면 가치 면에서 보통의 성인과 지적 장애아 사이에 질적으로뿐 아니라 양적으로도 차이가 난다는 것도 인정해야 한다.

57) Regan 1983, p. 234.

58) Regan 1983, p. 237.

59) Regan 2001b, p. 43.

60) Regan 1983, p. 237.

61) Narveson 1987, p. 48.

62) Regan 2001b, p. 45.

63) Regan 2001b, p. 45.

64) Regan 1990, p. 8.

65) Singer 1993, p. 2. 싱어에 따르면 권리론과 같은 의무론적 윤리가 실천적인 의의를 갖기 위해서는 상세한 규칙들을 만들어내고 그들 규칙들에 위계를 부여하는 복잡한 과정을 거쳐야 한다. 하지만 공리주의와 같은 결과주의는 규칙이 아닌 목적에서 출발한다는 점에서 위의 복잡한 과정을 거치지 않고도 실천적인 의의를 가질 수 있다. 왜냐하면 결과주의는 목적을 달성하는 정도로 행위를 평가하기 때문이다(Singer & Peter 1993, p. 3).

66) Rollin, p. 12.

67) 레건은 ≪동물권옹호론≫에서 본문의 상황을 다음과 같이 설정한다. "보통의 성인 네 명과 개 한 마리가 생존했으나, 구명정에는 넷만이 탈 수 있다. 다섯 중 하나를 태우지 말아야 한다. 그러지 않으면 다섯 모두 죽을 수밖에 없다. 누구를 태우지 말아야 하는가?"(p. 324). 이후 "Singer, Peter and Regan, Tom 1985b"에 기고한 글에서 본문과 같이 구명정 예를 가다듬는다.

68) Regan 2003, p. 89.

69) Regan 2004, p. 19.

70) Singer and Regan 1985b, p. 49.

71) Regan 1983, pp. 248~250.

72) Regan 1983, p. 324.

73) Regan 1983, p. 324.

74) Finsen, p. 118.

75) Regan 1983, p. 325.

76) Regan 1983, pp. 305~308.

77) '가해 대상 최소화 원칙'과 '가해 정도 최소화 원칙' 모두 조건부적 의무를 지우고 있는 해악의 원칙에 기반하고 있으므로 절대적인 원칙일 수 없다. 다시 말해 위의 원칙들은 존중의 원칙에서 파생된 다른 원칙들과 충돌할 수 있다고 레건이 설명하고 있듯이(Regan 1983, p. 286),

다른 원칙들과 충돌할 경우 위의 두 원칙을 지켜야 할 의무는 구속력을 상실할 수 있다는 것이 위의 두 원칙이 갖는 함의이다.

78) Jamieson, p. 361.

79) Jamieson, p. 361.

80) Jamieson, p. 361.

81) Jamieson, p. 361.

82) Singer and Regan, 1985b.

83) MBN, 2016. 03. 07.

84) 사진 출처: 유튜브.

85) Singer and Regan, 1985b.

86) Regan 1983, p. 325.

87) Regan 1983, p. 324.

88) Carruthers 1992, p. 9. 커러더스는 계약론이 인간의 삶을 동물의 삶에 비견할 수 없다는 상식에 가장 잘 부합한다고 주장한다.

89) 파인버그의 주장은 앞으로 논의될 것이다.

90) 공리주의자로서는 마땅히 인간의 삶이 동물의 삶보다 가치가 있다는 입장을 취해야 한다. 하지만 공리주의 동물해방론자인 싱어에게는 위의 입장이 부메랑이 되어 돌아올 수도 있다. 동물실험과 공장식 축산을 옹호한 프레이와 싱어를 비교해보자. 설명된 바와 같이 프레이 역시 선호공리주의자로서 이익의 총량을 늘려야 한다는 입장을 취하며, 인간의 삶이 동물의 삶보다 가치가 있다고 주장한다. "문제는 닭의 삶이 가치가 있는지가 아니다. 가치가 있다는 데 동의한다. 그들 앞에도 일련의 경험들이 펼쳐 있고, 고통을 느낄 수 있다. 그들 종에 적합한 삶을 완벽하게 살 수도 있다. 문제는 닭의 삶이 질적인 면에서 (따라서 가치 면에서) 보통의 성인의 삶에 비견될 수 있다. 그래서 보통의 성인의 삶이 동물의 삶보다 가치가 있다는 주장이 대두된 것이며, 보통의 성인의 삶이 훨씬 풍성하고 가능성을 지녔다는 데 기반해 위의 주장을 옹호한다"(Frey 1999, p. 32). 이제 부메랑이 되어 돌아올 수 있다는 것의 의미를 이해할 수 있다. 즉, 인간의 삶이 동물의 삶보다 가치가 있다면, 동물실험과 공장식 축산을 허용해야 이익의 총량이 커진다는 프레이의 입장과 금지해야 이익의 총량이 커진다는 싱어의 입장 중 프레이의 입장에 무게를 두는 것이 합리적일 수 있다.

91) Finsen, p. 118.

92) Pluhar, pp. 291~292.

93) Sapontzis, p. 219.

94) Sapontzis, p. 220.

95) Regan 1983, pp. 235~236.

96) Regan 1983, pp. 245~246; Warren 1987, p. 165.

97) Regan 1983, p. 247.

98) Regan 1983, p. 134.

99) Warren 1987, p. 165.
100) Regan 1983, p. 242.
101) Warren 1987, p. 165.
102) Warren 1987, p. 165.
103) Warren 1987, p. 165.

PART 2
대안 찾기
욕구에 기반한 이익 권리론

제3장 권리 좌표로서의 이익

1. 논의에 앞서

붉게 녹슨 대문에 거금 30만원을 들여 흰색 페인트를 칠했다. 그런데 아뿔싸! 믿기지 않는 일이 벌어졌다. 적색기호증 이웃이 페인트를 마구 벗겨내 곳곳에 붉은색 녹이 선명하게 드러난 것이다. 동네 사람들의 비난이 쇄도하던 가운데 경찰은 독특한 취향의 이웃을 재물손괴혐의로 검찰에 기소의견 송치했고, 검찰은 재물손괴죄에 따라 벌금 30만원 구형에 약식기소한다.

실제로 이와 같은 일이 일어났다면 검찰의 판단력에 신뢰를 보내야 할 것이다. 벌금 30만원 구형이 법리일 것이며 일반인의 법 감정에도 부합하기 때문이다. 다음의 경우는 어떠한가?

2014년 여름, 오토바이에 묶여 3km를 끌려간 백구의 모습이 방송에 공개된 바 있다. 제보영상 속의 백구는 피부가 벗겨진 채로 숨이 붙어 있었고 도로에는 핏자국이 선명했다. 경찰의 도움을 받을 수 없었던 프로그램 제작진이 직접 오토바이 운전자를 찾아냈지만 백구는 이미 도살당한 뒤였다. 비난이 쇄도하던 가운데 경찰은 그를 동물학대 혐의로 검찰에 기소의견 송치한다. 하지만 검찰은 "학대 행위에 고의성은 있으나 상습적이지 않은 점, 학대를 당하긴 했으나 어차피 도축 대상이었던 점, 개의 상처가 미미했던 점" 등을 이유로 동물보호법에 따라 벌금 30만원 구형에 약식기소 한다.

백구를 의도적으로 학대함으로써 동물보호법을 위반했다는 것이 기소 이유였다. 여기까진 좋았다. 하지만 상습적이지 않았고, 어차피 도축 대상이었으며, 상처가 미미했던 점 등을 양형에 참작했다는 것을 보면 애당초 백구의 고통은 안중에 없었던 듯싶다. 도로를 붉게 물들인 데 대한 처벌을 염두에 뒀던 것은 아닌지 의심이 가는 대목으로, 벌금 30만원 구형에 약식기소 할 바엔 공공시설물 손괴죄를 적용하는 편이 나았다는 얘기다.

벌금 30만원의 의미를 이해할 수 있으면 속이 후련하건만 답답한 노릇이다. 개정된 동물보호법에 따라 1년 징역형이나 1000만원 벌금형까지 가능했기 때문이다. 필자가 소위 말하는 법적 사고legal minds가 부족해서일 수 있다. 벌금 30만원이 법리인지 모르겠지만, 그렇다고 해도 선진국의 법리와는 꽤나 동떨어졌음에 틀림없다.

2014년 자신이 키우던 강아지를 트럭에 매달고 도로를 질주한 남성에게 징역 10년 6개월을 선고한 미국 사우스캐롤라이나 법원의 판결을 생각할 때 벌금 30만원에 담긴 의미가 무엇인지, 우리의 개는 고통받아 마땅하다는 건지, 우리에겐 개에게 고통을 안길 자격이 있다는 건지 도무지 모를 일이다. 분명한 것은 검찰의 양형 이유와 구형량에 수긍하기 어렵다는 점이다. 거기에 어떤 문제가 있는 것인가?

약식으로나마 기소를 했다는 것은 적어도 표면적으로는 부당하게 고통을 안긴 데 대해 처벌 의지를 보였다는 의미이다. 정당하게 고통을 안겼다면 처벌 자체가 가능하지 않기 때문이다. 도덕적 비난 여부도 동일한 맥락으로 파악해야 한다. 즉, 오토바이 운전자가 비난받아 마땅한 이유는 백구에게 부당하게 고통을 안겼기 때문이다.

공장식 축산업, 육견산업, 모피산업, 동물공연업도 예외일 수 없다. 업자들이 동물에게 부당하게 고통을 안기고 숨지게 하는 것이라면, 그들은 물론 (형법 31조 1항이 "타인을 교사하여 죄를 범하게 한 자는 죄를 실행한 자와 동일한 형으로 처벌한다"고 규정하고 있듯이) 육식을 하고 공연을 즐기고 모피를 걸치는 사람들 역시 비난으로부터 자유로울 수 없으며, 동물실험을 놓고도 동일한 해석을 가해야 한다. 반면 위의 업자들과 동물실험연구자들이 정당하게 고통을 안기고 숨지게 하는 것이라면 그들을 악인으로 매도한 데 대해 동물보호론자들은 반성해야 한다.

1993년 4월, 노동현장을 전전하던 김기환이 학교 후배, 교도소 동기와 함께 부유층에 대한 증오심을 행동으로 옮기자고 희랍어로 야망을 뜻하는 '마스칸'이라는 조직을 결성하고 이듬해 검거되기까지 엽기적인 연쇄 살인행각을 벌인다. 창살 감옥에 사체 은닉용 소각시설을 갖춘 아지트를 마련하고 피해자들을 살해한 후 인육을 먹는 만행까지 저지른 일명 지존파 사건이다. 지존파가 악인이라면 우리는 어떠한가? 우리도 동물을 감옥에 가두어 사육하고 동족이 보는 앞에서 끔찍하게 죽이는 것을 방관하고 있다. 그럼에도 우리는 악인이 아니라면 그렇게 보아야 하는 이유가 있어야 한다. 하지만 인간이 공유하고 있는 사실적인 특성을 들어서는 우리의 행위를 정당화할 수 없다. 정당화할 수 있다는 것은 우리가 종차별주의자임을 자인하는 것과 다르지 않기 때문이다. 동물의 도덕적 지위에 대한 물음을 동물에게 권리가 있는지의 논의로 귀결시키는 것이 자연스런 이유 중 하나이다. 사진은 1910년 파리에서 찍은 개고기 정육점의 모습이다.

부당한 대우를 한 경우에만 비난과 처벌이 가능하다면 부당한 대우를 했다는 것이 구체적으로 어떤 의미인가? 빵을 훔쳐 먹은 사람과 시식코너의 빵을 먹은 사람을 비교해보자. 어떤 윤리이론이 그들 두 사람을 달리 취급할 수 없다는 답변을 내놓는다면 필자는 그 윤리이론을 신뢰하지 않을 것이다. 그들을 달리 취급해야 하는 이유가 무엇인가? 윤리이론마다 나름의 답변을 제시할 것이다. 하지만 빵을 훔쳐 먹은 사람은 빵 주인을 부당하게 대우했기 때문이며, 부당하게 대우했다고 보아야 하는 이유는 빵 주인의 소유권을 침해했기 때문이라는 해석이 적어도 다른 해석만큼의 설명력은 가진다고 보아야 할 것이다.

권리에 기반한 해법은 법적 처벌 여부를 놓고 한층 진가를 발휘한다. 1575년 어느 날 사운더즈가 정부와 살림을 차리기 위해 아내를 살해하기로 작심하고 살해방법에 대해 자문을 구하고자 지인 아처를 찾는다. 비소를 먹이는 게 좋겠다는 아처의 조언을 따르기로 하고, 아처가 구해준 비소를 구운 사과에 넣어 아내에게 권한다. 하지만 아내는 사과를 한 입 베물고는 세 살배기 딸에게 건네 죽음을 면할 수 있었다. 평소 딸을 아꼈던 사운더즈가 그 또래의 아이에게는 구운 사과가 좋지 않다고 둘러대며 만류하지만 아내가 무시한다. 범행이 발각될까 두려워 딸이 사과를 먹는 모습을 지켜만 봤던 그는 살인 혐의로 기소되어 교수형에 처해지며, 아처는 징역형을 선고받고 복역 중 사면된다.

2001년 7월 27일, 마약상 해리슨이 볼티모어 시티 자신의 구역에서 마약을 팔지 말라는 경고를 무시한 밸렌타인을 살해하고자 38구경 권총 6발을 마구 쏘아댄다. 하지만 총탄이 밸렌타인을 빗겨가 거리에서 친구와 이야기를 나누던 쿡의 목을 관통한다. 검찰은 2급 살인미수 혐의로 해리슨을 기소했고, 재판부는 살인미수죄와 불법총기사용죄에 대해 각각 12년과 5년의 징역형을 선고한다.

사운더즈나 해리슨과 같은 사람을 처벌할 근거를 갖추지 못한 법이 있다면 그런 법은 살처분 대상임에 틀림없다. 도덕적 비난 대상인 사람 모두를 처벌할 수는 없지만, 도덕적 비난 대상이 아님에도 처벌할 수는 없다. 즉, 사운더즈나 해리슨이 법적 처벌 대상이라는 것은 그들이 도덕적 비난 대상이라는 의미이기도 하다.

사운더즈와 해리슨이 처벌과 비난 대상인 이유를 생각해보자. 사운더즈 사건의 재판부는 그 이유를 딸의 생명권을 의도적으로 박탈했다는 데서 찾았다. 즉, '전이된 악의(의도)독트린doctrine of transferred malice(intent)'에 따라 아내를 살해하고자 한 의도가(아내의 생명권을 박탈하고자 한 의도가) 딸에게로 옮겨갔다고 보아야 하는 반면, 아처의 경우는 사운더즈 아내를 살해하고자 한 의도가 사운더즈 딸에게로 옮겨갔다고 볼 수 없다고 밝힌다.[1]

해리슨 사건 재판부도 같은 이유에서 살인미수죄를 적용했다. 즉, 전이된 의도 독트린을 적용해 밸렌타인을 살해할 의도가(밸렌타인의 생명권을 박탈하고자 한 의도가) 총탄을 따라 쿡에게로 옮겨갔다고 보았으며, 거기에 더해 살해구획론kill zone theory을 적용해 의도적으로 살해구획을 설정함으로써 살해구획 내의 모든 사람을 살해할 의도가(살해구획 내의 모든 사람들의 생명권을 박탈하고자 한 의도가) 있었다고 보았다.

한 마디로 사운더즈와 해리슨을 처벌해야 하는 이유는 그들이 피해자들을 부당하게 대우했기 때문이며, 부당하게 대우했다고 보아야 하는 이유는 피해자들의 생명권을 박탈했기 때문이라는 것이 두 재판부의 입장이었다. 위의 두 사건을 놓고 이보다 더 적절한 해법이 있을지, 권리에 기반한 해법보다 상호간의 의무를 더 잘 설명해주는 해법이 가능할지 의문이다.

권리 해법이 가지는 실천적 의의에도 주목해야 한다. 공리주의 해법을 따라야 한다고 해보자, 그렇다면 낙태가 태아의 생명권을 박탈하는 행위라면 금지해야 한다는, 환자의 생명권을 의도적으로 박탈하는 경우에 해당하는 안락사는 금지해야 한다는, 성폭행범을 처벌해야 하는 이유는 상대의 성적 자기결정권을 침해했기 때문이라는, 개인정보를 유출한 자를 처벌해야 하는 이유는 자기정보에 대한 비밀을 보장받을 권리를 침해했기 때문이라는, 동의 없이 인간을 피험자로 삼지 말아야 하는 이유는 자기결정권을 존중해야 하기 때문이라는 등의 해석 모두를 폐기해야 한다, 하지만 그러라는 것이 실천적인 의의를 가질 수 있을지 심히 의문이다.

공리주의 해법에 동조할 수 없는 보다 근본적인 이유는 "가장 깊은 단계에서 인간의 윤리는 개인의 독자적인 가치에 기초한다"는, "한 개인의 도덕적

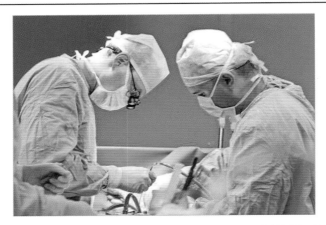

잠에서 깨어난 에르나는 주변을 둘러보고 경악을 금치 못한다. 자신과 의식이 없는 유명 바이올리니스트가 피가 흐르는 투명호스로 연결된 채 병실 침상에 누워있었기 때문이다. 자초지종을 알아보니 희귀혈액형의 바이올리니스트가 신장질환으로 목숨을 잃을 수밖에 없는 상황에 놓였고, 에르나가 혈행형이 일치한다는 사실을 알아낸 팬클럽 회원들이 에르나의 신장이 바이올리니스트의 혈액을 여과하도록 에르나에게 수면제를 먹이고 위조된 수술동의서로 수술을 요구했던 것이다. 호스를 제거해 달라고 에르나가 의사에게 항의했지만 의사는 난색을 표한다. 납치된 사실을 알았다면 수술을 하지 않았을 것이지만 현 시점에서 호스를 제거하는 것은 바이올리니스트를 죽이는 것과 다를 바 없다는 것이었다. 하지만 의사는 희소식 하나를 들려준다. 9개월만 참고 견디면 바이올리니스트의 신장이 회복될 것이고 그때가 되면 제거해주겠다는 것이었다. 낙태에 대한 기념비적인 논문을 남긴 여류철학자 탐슨Judith Thomson이 낙태를 옹호하며 제시한 예를 각색해 보았다. 9개월을 참아주면 에르나는 칭찬받아 마땅하다. 하지만 현 시점에 호스를 제거해도 비난 대상은 될 수 없다. 탐슨은 그와 같이 보아야 하는 이유를 타인의 신체를 사용하지 않으면 죽을 상황에 놓여 있다는 것이 타인의 신체를 사용할 권리를 가졌다는 것을 의미하지 않으며, 따라서 호스를 제거해도 바이올리니스트의 생명권을 박탈했다고 볼 수 없기 때문이라고 설명한다. 이와 같은 경우를 해결하는 데 있어 탐슨의 해법보다, 즉 권리에 기반한 해법보다 설명력을 가진 해법이 가능한가?

가치가 다른 사람들에게 얼마나 가치가 있는지에 달렸다고 할 수 없다"는 레건의 언명에 전적으로 공감하기 때문이다.[2] 하지만 논의된 바와 같이 같은 의무론자임에도 레건호에 승선할 수 없었다. 주단길과 다름없는 싱어의 동물해방론과 레건의 동물권옹호론을 사양하고 제3의 해법을 모색하고자 하는 이유이다.

강의 중 한 학생으로부터 도전적인 질문을 받은 적이 있다. 동물을 대상으로 권리를 논하는 자체가 어불성설 아니냐는 질문이었다. 같은 생각의 독자가 있다면 인간에게 권리가 있는 이유를 생각해보기 바란다. 그리고 그 이유를 동물에게 적용해보고 동물에게는 해당사항이 없는지를 짚어보길 바란다.[3] 인간에게 권리가 있는 이유를 동물에게 적용하는 것 자체가 어불성설이라는 생각이 든다면 스스로 (인종차별주의자나 성차별주의자와 다를 바 없는) 종차별주의자임을 자인한 것이며, 따라서 남아프리카공화국이 극단적 인종차별정책인 '아파르트헤이트apartheid' 하에 있던 시절의 표지판에 적힌 사진의 '백인 전용'이라는 문구도 당연시해야 한다.

2. 정신능력을 들어 동물의 권리를 부정할 수 없는 이유는?

권리는 인간의 전유물이라는 것이 동물권 부정론자들의 주장이다. 이는 인간이 가진 어떤 속성을 동물은 갖지 못했다는 말과 다르지 않다. 인간에게 행운을 안겨준 속성이 어떤 속성인가?

수박을 자르고 죄책감에 시달리는 사람을 보지 못했다. 하지만 지금까지 가졌던 친숙함을 버리고 수박의 생김새를 떠올려보자. 모양새만 놓고 보면 수박과 인간의 머리가 크게 다르지 않다. 게다가 수박을 썰면 빨간 액체까지 흐른다. 우리가 혹여 수박에게 엽기행각을 벌이고 있는 것은 아닌가? 그게 아니라면 수박에게 썰리지 않을 권리가 없는 이유를 밝혀야 한다.

바로 이 물음이 동물권 부정론자들의 운신의 폭이 넓지 않다는 것을 말해준다. 인간과 동물을 차별하는 데 더해 인간과 수박도 차별할 수 있는 답변을 내놓아야 하기 때문이다. 그들로서는 어떤 답변이 가능한가?

수박은 썰려도 고통을 느끼지 못한다. 하지만 고통을 느끼지 못한다는 이유로 수박의 권리를 부정할 수는 없다. 논의될 바와 같이 동물도 고통을 느끼며, 따라서 그와 같이 답변해서는 인간의 권리는 주장할 수 있지만 동물의 권리를 부정할 수 없기 때문이다.

인간만이 가진 유전적인 특성을 내세워도 승산이 없다고 보아야 한다. 특정 종의 유전자를 가졌다는 것과 권리를 가졌다는 것은 별개의 개념이기 때문이다. 즉, 인간의 유전자를 가졌다는 것은 유전적으로 인간이라는 뜻이다. 하지만 유전적으로 인간이라는 것과 도덕적으로 인간이라는 것은(권리주체라는 것은) 별개의 개념이며(그렇게 보아야 하는 이유는 필자의 ≪낙태 논쟁, 보수주의를 낙태하다≫ 4장을 참고하기 바란다), 따라서 유전적인 특성을 들어서는 인간의 권리도 주장할 수 없다.

동물권 부정론자에게 대안이 없는 것은 아니다. 유전적인 특성을 포기하고 정신능력으로 눈을 돌리면 어떠한가? 그들로서는 인간의 우월한 정신능력을 꼽는 것이 유일한 대안일 것이다. 하지만 그 대안이 생각만큼 실하지 않다는 것이 문제다. 수박은 이성능력, 도덕능력, 언어능력, 자율성을 갖지 못했다는 것을 부정할 수 없다. 하지만 문제는 동물이다. 동물이 이들 능력들을 갖지 못했는지의 물음은 차치하더라도 이들 능력을 갖지 못했다는 이유로 동물의 권리를 부정하기 위해서는 주변부 사람들 논변이라는 철옹성을 무너뜨려야 하기 때문이다.

설명된 바와 같이 주변부 사람들이란 지속적 식물 상태의 환자, 중증치매 환자, 중증정신질환자나 중증지적 장애인과 같이 위의 능력들을 상실했거나

"문어의 높은 지능은 여러 번의 실험을 통해 밝혀졌다. 문어는 실험실을 빠져나가기 위해 수조의 하수구를 막아 사방을 물바다로 만들기도 하고, 연구원을 향해 물을 뿌리기도 한다. 또 냉동식품을 먹이로 주자 어떤 문어는 연구원을 향해 보란 듯 먹이를 하수구에 던져버린다."[4] 지능이 높다고 알려진 문어, 코끼리, 돌고래, 앵무새, 돼지, 영장류는 물론 개코원숭이도 비판적으로 사고할 능력을 가졌다는 것이 밝혀진 바 있다. 까마귀에게 복잡한 문제를 해결할 능력이 있다는 것도, 비둘기가 장소뿐 아니라 사람을 기억한다는 것도 익히 알려진 사실이다. 양도 무리 중 사라진 동료가 누군지를 정확히 안다고 한다. 특정 상황에서 인간의 기억력을 능가한다고 평가하는 이유이다. 쥐와 닭은 또 어떠한가? 그들의 지능에 관한 자료를 읽다 보면 아무데나 함부로 비유하지 말아야 한다는 생각이 들 정도다. 동물의 정신능력이 주변부 사람들의 그것에 뒤지지 않는다는 것은 부정할 수 없는 사실이며, 따라서 동물권부정론은 대 주변부 사람들 논변 전투에 사활을 걸어야 한다. 스캔런, 마찬Tibor Machan, 코헨Carl Cohen 등의 동물권 부정론자가 전투에 합류하지만 누구도 뚜렷한 전과를 올리지 못한다.[5] 사진의 문어는 디즈니 만화영화의 새끼 코끼리 캐릭터를 닮아 덤보 문어dumbo octopus라 불리는 그림포텔우티스Grimpoteuthis octopus이다.

충분히 갖지 못한 사람들, 그리고 무뇌아, 신생아, 중증발달장애인과 같이 위의 능력들을 가져본 적이 없는 사람들을 뜻한다. 하지만 이성, 도덕, 언어능력, 자율성 면에서 주변부 사람들이 동물보다 오히려 열세에 있으며, 따라서 어떤 대상이 권리를 가졌는지의 물음을 놓고 전체 대 전체로 인간과 동물을 차별할 수 없다. 다시 말해 인간과 동물을 통틀어 가림마를 탈 곳을 정해야 하며, 레건이 옹호한 다음의 두 주변부 사람들 논변이 그 후보지가 될 수 있다.[6]

약한 버전: 주변부 사람들에게 권리가 있다면, 동물에게도 권리가 있다.
강한 버전: 주변부 사람들에게 권리가 있으므로, 동물에게도 권리가 있다.

위의 두 버전은 상이한 구조를 갖고 있다. 즉, 강한 버전은 '논증argument'의 형식을 취하고 있는 반면, 약한 버전은 단순히 '조건명제conditional proposition'이다.[7] 약한 버전에 따르면 주변부 사람들을 포함해 인간 모두에게 권리가 있다고 가정하면, 그 가정을 가능케 하는 기준을 동물에게 적용할 경우 일부 동물에게도 권리가 있다는 결론에 이른다는 것이다. 따라서 권리를 부여하는 속성을 X라고 했을 때, 약한 버전은 다음과 같이 논변으로 재구성할 수 있다.

a. 주변부 사람들이 X를 가졌다면, 일부 동물도 X를 가졌다.
b. 주변부 사람들은 X를 가졌다.
   그러므로
c. 일부 동물도 X를 가졌다.

'a'(약한 버전)는 '주변부 사람들이 X를 가졌다면'이라고 가정함으로써 X가 어떤 속성인지를 규명해야 할 의무를 동물권 부정론자들에게 떠넘기고 있다. 동물을 염두에 둔 노림수라는 점에서 동물권 부정론자에게는 적지 않은 부담일 수밖에 없다. 그럼에도 그들로서는 그 부담을 떠안아야 한다. 그들 절대다수가 인간중심 평등주의자로서 'b'가 참임을(주변부 사람들에게 권리가 있다는 것을) 인정하기 때문이다.

X가 어떤 속성일 수 있는가? 동물권 부정론자로서는 주변부 사람들을 끌어안고 동물을 내칠 수 있는 속성을 지목해야 한다. 하지만 이성, 도덕, 언어 능력 등의 정신능력을 지목할 수는 없다. 'a'에 따르면 어떤 동물도 X를 갖지 못했다면 주변부 사람들도 X를 갖지 못했으므로, 동물이 갖지 못한 정신능력을 X로 꼽는다는 것은 주변부 사람들을 사지로 내모는 것과 다르지 않기 때문이다.

동물권 부정론자의 입장에서는 생각해보자. 약한 버전에 당하고만 있을 수는 없는 일이다. 따라서 X를 지목하지 않고(주변부 사람들의 권리를 인정하지

약한 버전은 이름과 달리 외유내강의 면모를 갖췄다고 보아야 한다. 주변부 사람들의 권리를 포기하든지 아니면 동물의 권리를 인정하라고 최후 통첩성 양자택일을 강요함으로써 동물권 부정론자들을 딜레마 상황으로 내몰고 있기 때문이다. 싱어가 약한 버전을 다음과 같이 정리한 이유이기도 하다. "정신장애를 가진 인간에 대한 지금의 우리의 태도를 유지하는 한 동물에 대한 태도를 바꿔 정신장애인을 대하는 것처럼 대해야 한다. 이는 동물에게 생명권이 있다는 의미이며, 따라서 식용 또는 실험 목적으로 그들을 죽이지 말아야 한다."[8] '2장 3.1.2.'에서 설명됐듯이 강한 버전은 이름만큼 강하지 않다는 점에서, 필자는 2015년에 내놓은 ≪인간, 위대한 기적인가 지상의 악마인가?≫에서와 같이 약한 버전 옹호론자임을 밝혀 둔다.

않고) 주변부 사람들을 보호할 수 있는 방안을 간구할 수 있다. 그것이 가능하다면 주변부 사람들 논변은 기댈 언덕을 잃게 되고, 따라서 사상누각에 불과하다고 생각할 수 있기 때문이다. 하지만 동물권 부정론자 패스크Gerald Paske에 의존하지 않고(패스크는 "모든 인간이 도덕 행위자는 아니며, 따라서 모든 인간이 동일하게 내재적 가치를 지녔다고 할 수 없고, 따라서 동등한 생명권을 가졌다고 볼 수 없다"고 주장함으로써 레건에 반기를 든다9)) 또는 프레이와 같이 공리주의에 의존하거나 나비슨과 같이 합리적 이기주의에 의존하지 않고 주변부 사람들의 권리를 부정할 수 있을지 의문이며,10) 혹여 그것이 가능하다고 해도 다음의 논변으로 알 수 있듯이 약한 버전에 흠집을 낼 수는 없다.

a. 주변부 사람들에게 권리가 없다면, 그들을 식탁에 올리거나 실험에 동원하는 것이 그르지 않다.
b. 주변부 사람들을 식탁에 올리거나 실험에 동원하는 것은 그르다.
   그러므로
c. 주변부 사람들에게 권리가 있다.

위의 논변의 결론을 부정하기 위해서는, 즉 주변부 사람들의 권리를 부정하기 위해서는 'a', 'b' 둘 중 하나는 부정해야 한다. 하지만 주변부 사람들을 사지로 내몰 수 없다고 했으므로 'a'를 부정해야 하며, 그러기 위해서는 'a'가 진정한 조건명제가 아님을 입증해야 한다. 즉, '주변부 사람들을 식탁에 올리거나 실험에 동원하는 것이 그르다면, 그들에게 권리가 있다'는 명제가 참이 아님을 밝혀야 한다.

　위의 명제가 참이 아님을, 따라서 'a'가 진정한 조건명제가 아님을 입증했다고 해보자. 그렇다고 그로부터 약한 버전과 연계해 동물에게 권리가 없다는 결론을 얻을 수는 없다. 약한 버전으로부터 얻을 수 있는 명제는 '주변부 사람들이 권리를 갖지 못했다면, 어떤 동물도 권리를 갖지 못했다'는 것이 아닌, '어떤 동물도 권리를 갖지 못했다면, 주변부 사람들도 권리를 갖지 못했다'는 것이기 때문이다.11) (주변부 사람들에게 권리가 없다면 강한 버전은 기댈 언덕을 잃게 된다. 필자가 두 버전 중 약한 버전에 동참하는 이유 중 하나이다.)

이상에서 알아본 바와 같이 주변부 사람들을 사지로 내몰 생각이 없는 한 인간의 우월한 정신능력을 들어 동물의 권리를 부정할 수는 없다. 즉, 어떤 대상이 권리를 가졌는지의 물음을 놓고 전체 대 전체로 인간과 동물을 차별할 수 없고, 인간과 동물을 통틀어 가림마를 탈 곳을 정해야 한다. 하지만 레건을 따라 내재적 가치를 지녔는지의 여부로 가림마를 탈 수는 없으며, 따라서 (필자의 생각에는 유일한 대안인) 이익을 가졌는지의 여부로 눈을 돌리고자 한다.

인간의 우월한 정신능력을 들어 동물의 권리를 부정할 수 없는 또 다른 이유는 범주오인category mistake 반론에 노출될 수밖에 없기 때문이다. 어떤 우익인사와 미국산 쇠고기 애호가가 다음과 같이 주장했다고 해보자. "사과는 좌파다. 모두 북으로 보내야 한다." "뉴질랜드산 쇠고기는 믿음이 없다. 수입을 원천 봉쇄해야 한다." 이들 주장은 성질이나 특성의 적용 범위를 잘못 분류한 범주오인의 한 예이며, 이들 주장이나 "동물은 이성, 도덕, 언어능력이 없기에 권리가 없다"는 주장이나 도긴개긴으로 보아야 한다. 그렇게 보아야 하는 이유는 ≪인간, 위대한 기적인가 지상의 악마인가?≫ '3장'을 참고하기 바란다.

3. 권리와 이익

3.1. 권리의 기능

3.1.1. 의지 권리론: 보유자의 자율성을 보장하는 것이 권리의 기능이다

"흉악범의 얼굴을 공개해 국민의 알 권리를 보장하라." "존엄하게 죽을 권리를 보장하라." "깨끗한 공기를 마실 권리를 보장하라." 매사에 권리를 주장하는 것을 보면 권리가 좋은 것임에 틀림없다. 권리가 뭐길래 그토록 좋다는 것인가?

권리가 개인(또는 사회)의 목적에 도움이 된다는 데 대해 이견을 보이는 도덕철학자나 법철학자를 보지 못했다. 하지만 권리가 제공하는 가치가 무엇인지의 물음을 놓고는 합의점을 찾지 못하고 있다. 바로 이 권리의 기능에 대한 물음이 동물권 문제를 해결할 단초를 제공한다.

2016년 여름, 유명 연예인이 4차례 성폭행 혐의로 피소되었으나 경찰이 무혐의 처분을 내린 바 있다. 강제성을 입증할 증거가 충분치 않고, 따라서 여성들의 성적 자기결정권을 침해했다고 보기 어렵다는 이유에서였다. 다시 말해 문제의 연예인이 여성들로부터 성적 자기결정권을 침해하지 말아야 할 의무를 면제받지 않았다면(강제로 관계를 가졌다면) 성폭행죄가 성립하지만, 그랬다는 증거가 충분치 않으므로 성폭행죄로 기소할 수 없다는 것이었다. 성적 자기결정권에 대한 경찰의 해석에 무리가 따르지 않으며, 바로 이 해석이 권리의 기능을 이해할 수 있는 하나의 단초를 제공한다. 즉, 상대를 향해 영향력을 행사할 수 있는 자격을 선사하는 것을 권리의 기능으로 보는 것이 자연스러울 수 있으며, 권리의 기능을 이와 같이 보아야 한다는 입장을 의지 권리론will theory of rights, will-based theory of rights 또는 의지론will theory이라 부른다.

현대 법실증주의의 아버지 홉스Thomas Hobbes, 1588~1679에서 연원한, 그리고 미국의 법이론가 호펠드Wesley Hohfeld와 영국의 법철학자 하트Herbert Hart에 의해 옹호된 의지 권리론은 자율성의 가치를 중시함으로써 '권리를 가졌다'는 것을 '선택의 기회를 가졌다'는 의미로 해석한다.12) 의지론이 선택 권리론choice theory of rights, option theory of rights으로도 불리는 이유로서, 권리의 기능은 보유자의 자율성을 보장하고 증진시키는 데 있다는 것이, 다시 말해 보유자에게 선택의 기회를 제공함으로써 타인의 의무에 지배력을 행사케 하는 데 있다는 것이 의지 권리론의 골자이다.13)

권리의 기능을 이와 같이 보았다는 것은 의지 권리론이 다음과 같이 '어떤 특정 권리에 상응하는 의무를 강요하거나 면제해줄 수 있는 능력과 자격이 X에게 있다'는 것을 'X가 그 특정 권리를 가졌다'는 것의 필요충분조건으로 보았다는 것을 의미한다.

• X가 권리 R을 가질 때는 X가 R에 상응하는 상대의 의무를 강제하거나 면제해 줄 수 있을 때이며 오직 그때뿐이다.

동물권 부정론자로서는 당연히 의지 권리론에 눈독을 들여야 한다. 의지 권리론이 권리의 기능을 옳게 해석했다고 해보자. 그렇다면 자신의 선택이 갖는 심각성을 이해할 수 있는 자율적인 존재로 권리를 가질 수 있는 대상이 좁혀질 수밖에 없으며, 따라서 동물의 권리를 인정할 여지가 심각하게 줄어들기 때문이다.

문제는 설득력 여부다. 호펠드, 하트와 같은 대가가 옹호했다는 사실로 미루어 짐작할 수 있듯이 의지 권리론이 많은 경우 설명력을 가진다는 것을 부정할 수 없다. 성적 자기결정권을 권리로 보아야 하는 이유에 대한 설명이 될 수 있으며, 소유권을 권리로 보아야 하는 이유에 대한 설명도 될 수 있다. 예컨대 노숙인에게 외투를 벗어줄 자격이 없는 사람에게는 외투에 대한 소유권이 없다는 설명이 어색하지 않다. 하지만 이 정도의 설명력으로 의지 권리론이 생존할 수 있을지 의문이다.

3.1.2. 의지 권리론에 대한 반론 및 그에 대한 평가

의지 권리론에 대한 반론들 중 가장 널리 인정되는 반론을 들라면 영국의 법철학자 맥코믹Neil MacCormick의 반론을 꼽을 수 있다. 앞으로 논의될 이익 권리론interest theory of rights 또는 이익론interest theory 옹호론자인 맥코믹은 의지 권리론을 수용하면 '포기나 양도 가능하지 않은 권리inalienable rights, unalienable rights'를 부정해야 한다는 이유로 수용불가 입장을 취한다.[14] 맥코믹의 반론으로 의지 권리론은 치명상을 입었다는 것이 일반적인 평가이다. 포기나 양도 가능하지 않은 권리가 존재한다면 의지 권리론은 폐기 대상 맞다. 그와 같은 권리가 존재하는가?

1993년 11월 22일, 유방 절제술 후유증으로 고통에 시달리던 포템파가 집 차고에서 심하게 구타당한 시신으로 남편과 아들에 의해 발견된다. 우발적인 살인으로 간주하고 수사를 벌이던 경찰이 사건 현장에서 세 블록도 떨어지지 않은 곳에 살고 있던 18세의 윌리엄스를 범인으로 지목하며 포템파 사건은 큰 사회적 반향을 일으킨다. 숨지기 전 네 명의 이웃에게 자신을 죽여 달라고 요청했으나 거절당하자 현금 2100불을 건네고 윌리엄스에게 부탁해 생을 마감했기 때문이다.

포템파의 부탁을 받고 그녀를 숨지게 했는데도 검찰은 윌리엄스를 일급살인 혐의로 기소했다. 생명권은 포기나 양도 가능한 권리가 아니라는 것이 그 이유였으며, 재판부 역시 같은 이유로 26년의 징역형을 언도한다. 우리의 경우도 다르지 않다. 생명권은 포기나 양도 가능하지 않다는 것이 자살방조자를 처벌하거나 자발적인 안락사를 금지하는 법 조항의 기저를 이루고 있다. 하지만 과연 포기나 양도 가능하지 않은 권리라는 것이 존재하는지 의문을 갖지 않을 수 없다.

타인의 물건에 손을 대지 말아야 하는 이유는 타인에게 소유권이 있기 때문이며, 강제로 성 관계를 갖지 말아야 하는 이유 역시 상대에게 성적 자기 결정권이 있기 때문이다. 하지만 상대가 자신의 권리를 침해해도 좋다는 의사를 밝혔다면 타인의 물건에 손을 댈 수 있을 뿐 아니라 (미성년자가 아니라면) 성 관계를 갖는 것까지도 문제가 되지 않는다. 뿐만 아니라 영장을 소지하지 않은 경찰관에게 가택을 수색할 수 있도록 허락했다면 경찰관의 영장 없이

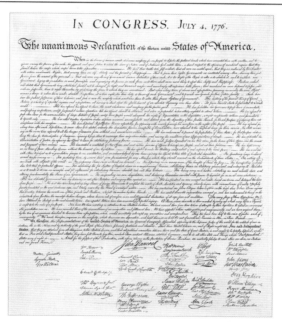

영국의 철학자 로크와 허치슨Francis Hutcheson, 1694~1746의 영향으로 토마스 제퍼슨이 다음과 같이 미국 독립선언문에 명시했듯이 그리고 포템파 사건의 판결로도 알 수 있듯이, 미국의 형법은 생명권을 포기나 양도 가능하지 않은 권리로 규정하고 있다. "모든 사람은 평등하게 태어났으며, 조물주로부터 포기나 양도 가능하지 않은 특정 권리들을 부여받았고, 그들 권리 중에 생명, 자유 그리고 행복추구가 포함된다는 진리를 우리는 자명한 것으로 여긴다We hold these truths to be self-evident, that all men are created equal, that they are endowed by their Creator with certain unalienable Rights, that among these are Life, Liberty and the pursuit of Happiness." (토마스 제퍼슨은 '포기나 양도 가능하지 않은 권리'를 'inalienable rights'로 표기했지만 존 애덤스John Adams가 'unalienabe rights'로 바꿨다고 추측되고 있다. 버락 오바마 대통령이 연설 중 독립선언문을 인용하며 'inalienabe rights'로 표현했듯이, 'inalienabe rights'가 더 현대적인 표현이다.)

가택을 수색하지 말아야 할 의무는 면제되었다고 보아야 한다. 생명권도 동일선상에서 이해해야 하는 것은 아닌가?

필자의 딸이 4~5세 때의 일이다. 대형 마트에 들어서는 순간 필자의 눈에 모형쥐가 들어왔다. 필자가 쥐를 징그러워한다는 사실을 딸이 알고 있었기에 얼른 딸의 눈을 가렸다. 하지만 이미 쥐를 발견한 상태였고, 아니나 다를까 손을 뿌리치더니 쥐를 집어 들고는 필자에게 달려왔다. 황급히 도망쳤지만 길을 잘못 들어 진열장으로 막힌 곳에 갇히고 말았다. 오지 말라는 의미로 딸이 달려오는 쪽을 향해 다리를 들고 있었는데 걸음을 멈추지 못해 필자의 발에 부딪히고 말았다. 매장이 떠나가라 울어댔고, 그 사건 이후로 누구에게나 아빠가 발로 때렸다고 일렀다.

필자에게 누군가가 모형쥐를 선물로 줬다고 해보자. 선물로 받았다는 것은 그것에 대한 소유권이 필자에게 생성됐다는 의미이다. 하지만 모형쥐가 집에 있다는 생각 때문에 입맛을 잃었고 급기야 잠까지 설치게 됐다고 해보자. 그런데도 소유권이 포기나 양도 가능한 권리가 아니라면, 따라서 모형쥐를 버릴 수 없다면 그 권리라는 것 때문에 삶의 질이 극도로 저하될 수밖에 없다. 다시 말해 소유권은 포기나 양도 가능한 권리라고 해야 권리는 보유자의 목적에 부합되는 것이라는 상식과 얼개가 맞는다. 마찬가지로 생명권도 포기나 양도 가능한 권리로 보아야 한다는 의문을 갖지 않을 수 없다.

"나는 쓸모없는 육신에 갇혀 있다." 1983년 캘리포니아 리버사이드 종합병원에 한 달 동안 입원한 26세의 부비아는 자신을 도와줄 변호인을 찾기 위해 가진 기자회견에서 참담한 심경을 토로한다. 심한 뇌성마비로 사지가 마비된 상태에서 관절염과 구축으로 인한 고통에 시달리던 그녀는 강제급식을 중단할 것을 요구했지만 병원 당국은 그녀의 요구를 묵살한다. 비인간적으로 비쳐지는 병원 측의 강제 의료행위와 그녀의 필사적인 저항은 사회적 논란을 야기했고, 병원을 옮겨가며 같은 요구를 하던 그녀에게 마침내 환자의 감성적인 면도 존중해야 할 뿐 아니라 비인간적인 치료를 거부할 수 있는 환자의 권리를 인정해야 한다는 판결이 내려진다.

　부비아에게 강제급식은 생형선고生刑宣告였을 것이다. 즉, 생명권이 포기나 양도 가능하지 않은 권리라면 생명권을 가졌다는 것이 그녀의 목적에 도움이 되지 않는다. 생명에 대한 권리라고 칭한 이상 생명권은 포기나 양도 가능하다고 해야 상식과 얼개가 맞으며, 이는 의지 권리론에 대한 맥코믹의 반론이 성립하지 않는다는 의미일 뿐 아니라 앞으로 논의될 이익 권리론에 무게를 둬야 한다는, 즉 권리의 기능은 보유자의 이익을 증진시키는 데 있다는 해석에 무게를 둬야 한다는 뜻이기도 하다.15) 바꿔 말하면 앞으로 옹호될 이익 권리론에 의존해 다음과 같이 포기나 양도 가능하지 않은 권리는 없다는 것을 입증할 수 있다.

a. 보유자의 이익을 증진시키는 것이 권리의 기능이다.
b. 어떤 권리가 포기나 양도 가능하지 않다면, 그 권리가 보유자에게 짐이 될 수 있다.
　그러므로
c. 모든 권리는 포기나 양도 가능하다.

로마법에서 연원한 볼엔티 독트린volenti doctrine 역시 모든 권리가 포기나 양도한다는 데 대한 결정적인 증거가 될 수 있다. 동의한 사람에게는 해를 입히지 않는다Volenti non fit iniuria는 것이(동의는 권리침해를 조각阻却한다는 것이) 볼엔티 독트린의 골자로서, 버스사고나 수술로 숨질 확률이 적지 않음에도 볼렌티 독트린에 근거해 버스운행과 수술을 허용하고 있다.

　이제 생명권을 포기나 양도 가능한 권리로 보아야 하는 또 다른 이유가 드러난 셈이다. 생명권을 포기나 양도 가능하지 않은 권리로 보는 것과 볼엔티 독트린을 수용하는 것은 양립 가능하지 않다. 즉, 둘 중 하나를 포기해야 한다. 하지만 수술과 버스운행을 금지할 수 없으므로 볼엔티 독트린을 포기할 수는 없으며, 따라서 생명권이 포기나 양도 가능하지 않은 권리라는 입장을 포기해야 한다.

a. 생명권을 포기나 양도 가능하지 않은 권리로 보는 것과 볼엔티 독트린을 수용하는 것은 양립 가능하지 않다.
b. 볼엔티 독트린을 포기할 수 없다.
   그러므로
c. 생명권을 포기나 양도 가능하지 않은 권리로 볼 수 없다.

생명권이 포기나 양도 가능하지 않은 권리라는 데 대해 수많은 반론이 제시됐으며, 그들 중 가장 간단한 두 반론을 소개했다. 이들 두 반론만으로도 생명권

러시안 룰렛 게임을 금지하는 것도 생명권을 포기나 양도 가능하지 않은 권리로 해석하기 때문이다. 서부 개척시대에 결투를 불법으로 규정한 것도, 환자가 안락사를 원하는지에 무관하게 적극적인 안락사active euthanasia를 살인으로 규정하는 것도 같은 이유에서이다. 의지 권리론을 수용하면 생명권이 포기나 양도 가능하지 않은 권리라는 입장을 유지할 수 없다는 것이 의지 권리론에 대한 결정적인 반론으로 간주되고 있다. 하지만 설명된 바와 같이 모든 권리는 포기나 양도 가능한 권리로 보아야 하며, 따라서 위의 반론으로 의지 권리론에 흠집을 낼 수 없다고 보아야 한다.

을 비롯해 모든 권리를 포기나 양도 가능한 권리로 보아야 한다는 것을 알 수 있으며,[16) 따라서 맥코믹의 반론으로는 의지 권리론의 발목을 잡을 수 없다고 보아야 한다.

3.1.3. 의지 권리론으로는 설명되지 않는 권리들

의지 권리론에 대한 비난의 포화가 과하다는 것을 알 수 있었다. 하지만 안도하기에는 이르다. 의지권리론으로 설명되지 않는 문제들이 줄을 서고 있기 때문이다. 2015년 12월 집안 세탁실에 갇혀 지내다 창문 밖 가스 배관을 타고 탈출한 소녀를 생각해보자.

> "11세 딸을 집에 감금한 채 폭행하고 밥을 굶기는 등 장기간 학대한 혐의로 기소된 30대 아버지와 동거녀가 각각 징역 10년을 선고받았다. 인천지법 형사14부(신상렬 부장판사)는 19일 오후 열린 결심공판에서 상습특수폭행 및 아동복지법 위반 등의 혐의로 기소된 아버지 A(33) 씨와 동거녀 B(37) 씨에게 징역 10년을, B 씨의 친구 C(34) 씨에게는 징역 3년을 선고했다. 법원은 이들에게 아동학대방지 치료 프로그램 80시간 이수도 명령했다. … 이들은 2012년 9월부터 지난해 12월까지 3년 4개월간 서울시 강북구의 한 모텔과 인천시 연수구에 있는 자신의 빌라등지에서 A씨의 딸 D(11)양을 감금한 채 굶기고 상습 폭행해 늑골을 부러뜨린 혐의 등으로 구속 기소됐다. D양은 지난해 12월 12일 인천 집 세탁실에 갇혀 있던 중 맨발로 창문 밖으로 나와 가스배관을 타고 탈출, 인근 슈퍼마켓에서 과자를 허겁지겁 먹다가 주인에게 발견됐다."[17)

탈출 당시 소녀는 맨발에 반바지 차림이었고 몸무게가 16kg밖에 나가지 않았다. 사건을 접하고 분개한 이유는 D양의 최소한의 보살핌과 영양분을 제공받을 권리를 부모가 유린했기 때문이다. 여기가 맥코믹의 반론에 비추어 의지 권리론의 한계를 확인할 수 있는 대목이다.

　D양에게 위의 권리가 있는 이유는 당사자인 D양뿐 아니라 그 누구의 선택이나 자율성과도 무관한 것이다. 하지만 의지 권리론은 이와 같은 해석을 내릴 수 없으며, 따라서 D양에게 위의 권리가 있다는 입장을 포기하던지 아니면 의지 권리론을 포기하던지 양자택일을 해야 한다. 물론 의지 권리론을 포기하는 데 주저치 않을 것이라는 맥코믹에 동조하지 않을 수 없다.[18]

　의지 권리론을 옹호하기 위해서는 어린아이의 권리뿐 아니라 치매환자와 지적 장애인의 권리도 부정해야 하며, 미래세대의 권리도 부정하는 대가를 치러야 하다. 즉, 어린아이의 최소한의 보살핌과 영양분을 제공받을 권리뿐 아니라 예방접종을 받을 권리, 치매환자나 지적 장애인의 고통과 죽임을 당하지 않을 권리, 미래세대의 생존 가능한 환경을 물려받을 권리도 부정해야 하며, 의지 권리론으로 설명되지 않는 문제들에 마침표가 있기는 한 건지 의문이다.

　이익 권리론자 크레이머_{Matthew Kramer}가 제시한 다음의 예를 생각해보자. 찰

권리의 기능은 상대를 향해 영향력을 행사할 수 있는 자격을 선사하는 데 있다는 것이, 보유자의 자율성을 보장하고 증진시키는 데 있다는 것이, 보유자에게 선택의 기회를 제공함으로써 타인의 의무에 지배력을 행사케 하는 데 있다는 것이 사진의 홉스에서 연원한 의지 권리론의 골자이다. 따라서 의지 권리론이 옳다면 동물의 권리를 옹호하겠다는 생각은 일치감치 접어야 한다.

스의 재산을 조가 관리하고 있다면 조에게 찰스의 재산을 유용하지 말아야 할 형법상의 의무가 있으며, 찰스에게는 그 의무를 면제해 줄 자격이 있다. 그리고 그 의무를 면제해 줄 자격이 있는 유일한 주체는 찰스다. 찰스가 그 의무를 면제해주지 않았음에도 조가 찰스의 재산을 유용했다고 해보자. 그렇다면 찰스를 비롯한 어느 누구도 조가 저버린 의무를 강제하거나 면제해줄 수 있는 유일한 주체일 수 없다. 조의 의무에 영향을 끼칠 법적 절차는 찰스가 고소를 하지 않는 한 진행되지 않으며 고소를 해도 검사가 동의하지 않으면 진행되지 않기 때문이다. 다시 말해 찰스와 검사가 조의 의무를 강제하거나 면제해줄 자격을 갖췄다. 검사가 법적 절차를 밟아 조를 기소했다고 해보자. 이는 조의 의무를 강제하거나 면제해줄 자격이 찰스를 떠나 판사의 손에 쥐어졌다는 의미이다. 이렇듯 의지 권리론에 수용하면 찰스의 재산을 유용하지 말아야 할 조의 의무에 상응하는 권리를 유일하게 가졌다고 특정할 수 있는 대상이 없어지며, 따라서 크레이머가 지적했듯이 찰스의 재산을 유용하지 말아야 할 조의 의무가 찰스에 대한 것일 수 없고, 검사나 판사 그 누구에 대한 것이라고도 할 수 없게 된다.[19]

이상에서 알아본 바와 같이 의지 권리론으로 권리의 기능을 설명하기엔 한계가 있다고 보아야 한다. 즉, 이익 권리론으로 눈을 돌리는 것이 권리의 기능을 설명할 수 있는 유일한 대안일 수 있다. 물론 제3의 선택지가 없는 것은 아니다. 의지 권리론과 이익 권리론 모두 완전하지 않다는 이유로 철학자 스캔런은 새로운 버전을 제시하며 스리니바산Gopal Sreenivasan은 절충형 버전을 내놓는다.[20] 하지만 이들 모두 이익 권리론의 위상을 흔들기에는 크게 부족할 뿐 아니라 의지 권리론보다도 오히려 설명력이 떨어지므로 이익 권리론에 논의의 초점을 맞추고자 한다.[21]

3.1.4. 이익 권리론: 보유자의 이익을 증진시키는 것이 권리의 기능이다

파인버그Joel Feinberg나 래즈Joseph Raz와 같은 법철학 대가들에 의해 옹호된 이익 권리론은 여러 버전이 제시되었다는 점에서 한 마디로 정의하기 어려운 것이 사실이다. 하지만 그들 버전은 권리를 보유자의 복지에 대한 보호장치로 해석한다는 공통분모를 가진다.[22] 이익 권리론이 복지 권리론welfare theories of rights 또는 효익 권리론benefit theories of rights으로도 불리는 이유로서, 권리의 기능은 보유자의 이익을 증진시키는 데 있다는 것이 이익론의 골자이다.

• 보유자의 이익을 증진시키는 것이 권리의 기능이다.

권리의 기능을 이와 같이 보았다는 것은 이익 권리론이 적어도 의지 권리론만큼의 설명력은 가진다는 의미이다. 성폭행 혐의로 피소된 연예인 사건에서 문제의 연예인을 고소한 여성들에게 성적 자기결정권이 있다고 보아야 하는 이유는 강압에 의한 성관계를 갖지 않는 것이 그녀들의 이익에 부합하기 때문이라는 설명이 가능하며, 소유권을 권리로 보아야 하는 이유에 대해서도 동일한 설명이 가능하다.

　문제는 의지 권리론으로 설명할 수 없었던 권리들이다. 가스 배관을 타고 탈출한 소녀를 다시 생각해보자. 의지 권리론으로는 소녀에게 최소한의 보살핌과 영양분을 제공받을 권리가 있었다고 보아야 하는 이유를 설명할 수 없었다. 하지만 최소한의 보살핌과 영양분을 제공받는 것이 소녀에게 이익이었다는 것을 부정할 수 없으므로, 이익 권리론은 소녀에게 위의 권리가 있었다는 답변을 내릴 수 있다.

　또한 의지 권리론과 달리 치매환자, 지적 장애인의 고통과 죽임을 당하지 않을 권리와 어린이의 예방접종을 받을 권리를 보장할 수 있으며, 미래세대에게 생존 가능한 환경을 물려 받을 권리도 보장해줄 수 있을 뿐 아니라

크레이머가 의지 권리론을 겨냥해 제시한 찰스와 조 예와 같은 반례로부터도 자유로울 수 있다.

이익 권리론에 대한 반론이 없는 것은 아니다. 예컨대 철학자 슈타이너Hillel Steiner는 판사의 형을 선고할 권리가 판사의 이익을 보호하는 기능을 가졌다고 보기 어렵다는 이유로 이익 권리론을 거부한다.[23] 슈타이너의 주장대로 이익이 되지 않는 권리를 가진 경우가 있을 수 있다면 이익 권리론은 설득력을 잃을 수밖에 없다. 하지만 슈타이너의 예가 이익 권리론에 대한 반례가 될 수 있을지 의문이다.

판사의 형을 선고할 권리가 판사의 이익을 보호하는 기능을 가졌다고 보기 어려운가? 6명을 성폭행 한 자에게 고작 7년 형을 선고한 것만 보아도 알

병현이가 보스의 명령으로 줄무늬 스텐드를 들고 미나를 찾아갔다. 병현이의 굳은 말투가 재밌었던 미나는 라면을 먹고 가라고 제안했고, 처음으로 알 수 없는 감정에 빠진 병현이는 모든 것이 꿈만 같았다. 하지만 달콤함은 오래 가지 않았다. 집으로 돌아와 소파에 누워 감상에 젖던 중 경찰관과 미나가 들이닥쳤기 때문이다. 경찰관의 설명은 놀라왔다. 미나가 성추행 당할 권리를 침해당했다고 신고를 했다는 것이었다. "너는 나에게 모욕감을 줬어." 곁에서 미나가 말을 거들었고, 병현이는 격앙된 어조로 억울함을 호소한다. "미나 씨, 성추행을 하지 않아도 된다고 미나 씨가 분명히 말했잖아요. 저는 성추행을 해야 할 의무를 면제받은 거잖아요. 성추행을 당할 권리를 침해 했다니요? 저 그런 사람 아니에요." 이 대화가 자연스레 느껴지면 의지 권리론에 딱히 의문을 제기하지 않아도 된다. 하지만 뭔가 어색하다는 생각이 들었다면 이익론에 한 표를 던질 것을 권한다. 의지 권리론으로는 성추행을 당할 권리가 어색한 이유를 설명할 수 없지만 이익 권리론으로는 그것이 가능하기 때문이다.

수 있듯이, 대한민국 판사들은 상대적으로 흉악범들에게 지나치게 너그러운 것이 사실이다. 연쇄성폭행범이 젊은 나이로 사회에 복귀하면 판사의 친지가 새로이 범죄 대상이 될 가능성을 배제할 수 없으며, 무동기 살인범에게 무기징역을 선고해 20여 년 후 가석방이라도 된다면 판사의 친지가 새로이 범죄 대상이 될 수도 있다. 장기적인 관점에서 보면 정의에 부합하는 형을 선고하는 것이 판사의 이익에 부합할 수 있으며, 따라서 판사의 형을 선고할 권리가 이익이 되지 않는 권리를 가진 경우일 수 있다는 슈타이너의 반론은 설득력을 가질 수 없다.

쥐를 징그러워하는 사람이 모형쥐를 선물로 받은 경우 모형쥐에 대한 권리가 생성되지 않았느냐고 반문할 수 있다. 물론 거부하지 않았다면 모형쥐에 대한 권리가 생성되었다고 보아야 한다. 하지만 설명된 바와 같이 그 권리는 포기나 양도 가능한 권리라는 점에서, 모형쥐에 대한 권리가 보유자의 이익을 보호하는 기능을 갖지 못했다고 할 수 없다.

이익 권리론으로 승부추가 기울었다는 것이 권리주체일 수 있는 대상이

어릴 적 이민을 떠났던 친척과 시골마을을 찾았을 때의 일이다. 친척은 개를 묶어 사육하는 것을 보고 이유를 물었고, 잠시 망설임 끝에 여건이 마땅치 않아 그런 것 같다고 답변했다. 그는 더 이상 말이 없었지만 표정에서 "묶어서 키울 수밖에 없는 상황이라면 키우지 말아야 한다"는 속마음을 읽을 수 있었다. 개를 묶어 키우지 말아야 하는 이유를 놓고도 레건의 내재적 가치에 기반한 동물권옹호론과 이익에 기반한 동물권옹호론 중 후자가 더 큰 설명력을 가진다는 것을 알게 될 것이다.

추려졌다는 의미는 아니다. 이익 권리론은 권리의 종류나 외연을 설정하지 않기 때문이다. 그렇다면 이익 권리론자에게 어떤 대상이 권리주체일 수 있는가?

3.2. 이익원리: 이익을 취할 수 있는 존재만이 권리를 가질 수 있다

어떤 개장수가 바비인형을 오토바이에 묶어 3km를 달렸다고 해보자. 피부가 도로에 쓸려 벗겨졌고 팔다리도 꺾였어도 그를 부도덕하다고 비난할 수는 없다. 바비인형에게 고통과 죽임을 당하지 않을 권리가 없기 때문이다. 개는 어떠한가? 개에게도 이들 권리가 없고 따라서 오토바이에 묶어 끌고 다녀도 비난 대상이 될 수 없는가? 권리 물음을 놓고는 바이인형이나 개나 거기서 거기라는 것이 동물권 부정론자들의 생각이다. 바비인형과 개가 인간과 달리 권리를 갖지 못한 이유가 무엇인가?

답은 외길이다. 그들은 인간이 가진 어떤 속성(들)을 갖지 못했기 때문이라는 설명 밖에는 가능하지 않다. 하지만 설명된 바와 같이 인간에게 행운을 안겨준 속성이 이성, 도덕, 언어능력, 자율성 등 인간이 가진 우월한 정신능력일 수 없다는 것을 알 수 있었다. 독일의 철학자이자 수학자인 넬슨Leonard Nelson을 주목해야 하는 이유이다. 그가 권리의 좌표를 이익으로 설정함으로써 동물권 논쟁의 표류를 끝낼 단초를 제공했기 때문이다.

• 이익을 취할 수 있는 존재만이 권리를 가질 수 있다.[24]

넬슨의 통찰력이 적중했다고 해보자. 즉, 이익을 취할 수 있는 존재는 권리를 가질 수 있는 반면, 이익을 취할 수 없는 존재는 권리를 가질 수 없다고 해보자. 그렇다고 넬슨을 동물의 아군으로 단정할 수는 없다. 무신론자로도 유명한 맥크로스키H. J. McCloskey와 선호공리주의자 프레이가 그랬듯이, 동물은 이익

을 취할 수 없다고 주장함으로써 동물의 권리를 부정할 수 있기 때문이다.[25]

넬슨의 통찰력이 동물권옹호론자뿐 아니라 부정론자 사이에서도 폭 넓은 지지를 받는 이유로서, 넬슨에게는 파인버그를 만난 것이 행운이 아닐 수 없다. 파인버그가 그의 주장을 '이익원리interest principle'라 칭함으로써 그의 통찰력을 수면위로 부상시켰기 때문이다.

이익원리

"권리를 가질 수 있는 존재는 이익을 취하고 있는(또는 취할 수 있는) 존재이다."[26]

이익원리에 따르면 이익을 취할 수 있는 존재만이 권리를 가질 수 있으며, 여기서 이익을 취할 수 있다는 것은 파인버그를 따라 다음의 의미로 이해할 수 있다. (이익의 정체를 규명하는 일은 윤리학의 대상 영역이라는 그리고 윤리학의 목적이라는 거대담론과 직결된 물음이다. 하지만 지금의 논의는 특정 대상이 추구하

이익 권리론이 권리의 기능을 보유자의 이익을 증진시키는 데 있다고 해석하듯이, 권리를 이익에 연계해 해석한 데는 새로울 것이 없다. 하지만 넬슨의 통찰력을 사야 하는 이유는 이익을 논리적으로 권리에 후행한 개념으로 이해하는 데서 그치지 않고 선행한 개념으로도 이해했다는 데 있다. 파인버그를 비롯해 사진의 넬슨에 동조하는 철학자들이 줄을 이은 이유이다.

는 선의 성질에 국한된 물음이라는 점에서 위의 담론에 연루되지 않을 수 있다.)

X로 이익을 취할 수 있다. = X의 상황으로 이득을 취하거나 손실을 입을 수 있다.

또한 'X의 상황으로 이득을 취하거나 손실을 입을 수 있다'는 것 역시 파인버그를 따라 다음의 의미로, 즉 'X의 상황에 웰빙well-being이 영향을 받을 수 있다'는 의미로 이해할 수 있다.[27] (파인버그는 이익을 개체의 웰빙을 구성하는 하나의 요소로 이해한다.[28] 'well-being'에 대한 적절한 번역어를 찾지 못해 영어발음 그대로 적었으나 여기서의 'well-being'은 한 개인(체)의 '나름의 삶에 관계된 가치'로 이해해도 좋다.)

X의 상황으로 이득을 취하거나 손실을 입을 수 있다. = X의 상황에 웰빙이(나름의 삶에 관계된 가치가) 영향을 받을 수 있다.

어떤 존재가 고통을 당하지 않거나 삶을 이어가는 데 따른 이익을 취할 수 없다고 해보자. 즉, 고통을 당하지 않거나 삶을 지속하는 것이 어떤 존재의 삶에 가치가 없다고 해보자. 또한 이익원리를 부정할 수 없다고 해보자. 그렇다면 그와 같은 존재는 권리를 가질 수 없다는 결론에 이를 수 있다.

이제 이익원리를 수용해야 하는 이유가(이익을 논리적으로 권리에 선행한 개념으로 이해해야 하는 이유가) 문제다. 넬슨으로부터는 그 이유를 들을 수 없지만 파인버그는 이익 권리론자답게 다음의 두 이유를 내놓는다.

- 어떤 대상이 권리주체라면 어떤 식으로든 그를 대변(보호)해줄 수 있어야 하지만, 이익을 취할 수 없는 존재를 대변하는 것은 가능하지 않다.
- 어떤 대상이 권리주체라면 수혜자가 될 수 있어야 하지만, 이익을 취할 수 없는 존재는 이득을 취하거나 손실을 입을 수 없다.[29]

어떤 존재가 권리 주체라면 그를 대변해줄 수 있어야 하지만(그를 위한 행위를
할 수 있어야 하지만) 이익을 취할 수 없는 또는 수혜자가 될 수 없는 존재를
대변해줄 수 없으므로 권리를 가질 수 있는 존재는 이익을 취할 수 있는
존재로 국한될 수밖에 없다는 것이다.

수박의 썰리지 않을 권리와 동물의 고통과 죽임을 당하지 않을 권리를
해결할 수 있는 단초가 마련됐다. 즉, 수박이 썰리지 않는 데 따른 이익을
취할 수 없다면(신문이 찢기지 않는 데 따른 이익을 취할 수 없다면, 타이어가 닳지
않는 데 따른 이익을 취할 수 없다면) 수박에게 썰리지 않을 권리가(신문에게
찢기지 않을 권리가, 타이어에게 닳지 않을 권리가) 없다고 보아야 한다. 반면

레건에 따르면 권리를 가졌는지를 판별하는 기준은 권리주체를 수단으로 취급하지 말아야 하는
이유에 대한 설명력을 가질 수 있어야 한다. 그가 이익을 취할 수 있는지가 아닌 내재적 가치를
지녔는지를 권리를 가졌는지를 위의 기준으로 제시한 이유이다.[30] 하지만 그런 이유로 이익에 기반
한 권리 해법을 폄하할 수는 없다고 보아야 한다. 권리주체가 아님에도 수단으로 취급하지 말아야
한다고 할 수 없으며, 권리 주체를 수단으로 취급하지 말아야 하는 이유는 수단으로 취급하는 것은
권리를 박탈하는 것이기 때문으로 보아야 한다. 고통을 당하지 않는 데 따른 이익을 취할 수 있다는
것이 코끼리에게 고통을 당하지 않을 권리가 있다는 것을 의미한다고 했을 때, 코끼리를 수단으로
취급하지 말아야 하는, 즉 코끼리의 고통을 당하지 않을 권리를 박탈하지 말아야 하는 이유는 코끼리
의 고통을 당하지 않는 데 따른 이익을 침해하지 말아야 하기 때문이라는 설명이 가능하다.

동물이 고통과 죽임을 당하지 않는 데 따른 이익을 취할 수 있다면 그들의 고통과 죽임을 당하지 않을 권리를 인정해야 한다.

파인버그의 주장에 이견을 보이기 어려우며, 굳이 파인버그의 주장에 의존하지 않더라도 이익원리를 수용해야 하는 이유는 어렵지 않게 설명될 수 있다.

"강원 정선군 알파인스키장에서 열리고 있는 '2016 아우디 FIS(세계스키연맹) 스키월드컵에 출전한 선수들이 잇따라 부상을 입고 병원으로 이송됐다. 7일 강원도

이익 권리론자임에도 동물의 권리를 부정하는 진영은 파인버그에 동의하지 않는다. 어떤 대상이 권리주체라면 스스로 권리의 내용을 요구할 수 있어야 하지만 동물에게는 그런 능력이 없다는 것이 그들의 주장이지만, 이는 시야가 좁아 제 앞만 살피는 서목촌광鼠目寸光식 주장으로 보아야 한다. 그래서는 주변부 사람들의 권리를 인정할 수 없기 때문이다. 합리적 이기주의를 옹호한 나비슨의 경우 도덕은 상호 호혜적 동의에 근거한다는 이유로 동물의 권리를 부정한다. 즉, 화답할 능력을 갖지 못한 대상에게는 권리가 없고, 따라서 동물은 권리주체일 수 없다는 것이다. 하지만 그의 주장대로라면 위의 능력을 갖지 못한 주변부 사람들의 권리도 부정해야 하며, 따라서 이 역시 서목촌광식 주장으로 보아야 한다. 이런 류의 주장을 들으면 ≪장자莊子≫ '추수편秋水編'의 정와井蛙, 井底之蛙가 떠오르는 이유이다.

소방본부에 따르면 이날 오후 1시25분께 스키월드컵에 참가한 프랑스 대표 선수 (Muzaton Maxence)가 경기 도중 크게 넘어져 부상을 입었다."[31]

경기 중 부상을 당한 프랑스 선수가 세계스키연맹에 피해 배상을 요구하지 않았다. 그랑프리 레이싱 참가선수 100명 중 1명이 사망하지만 주최 측을 처벌했다는 얘기를 들어보지 못했다. 위암 수술을 받고 30일 내에 사망할 확률은 0.5%, 위우회술은 0.14%, 위소매절제술은 0.11%, 위밴드술은 0.05%라고 한다. 하지만 환자에게 이와 같은 사실을 고지했고 환자가 고지 내용을 이해했다면 그리고 의료과실이 없었다면 환자가 사망했어도 의사를 처벌하지 않는다. 권투경기와 댄스파티 중 사망할 확률도 각기 0.00045%와 0.00001%에 달한다. 그럼에도 이 모든 것을 허용하는 이유는 볼엔티 독트린 때문이다.

설명된 바와 같이 볼엔티 독트린에 따르면 동의가 권리 침해를 조각阻却한다. 즉, 동의한 사람에게는 해를 입히지 않는다는 것이 볼엔티 독트린의 골자로서, 동물권 부정론자도 볼엔티 독트린을 부정할 수는 없다. 그래서는 그랑프리 레이싱과 스키경기를 금지해야 하며, 심지어 각종 수술은 물론 댄스파티도 금지해야 하기 때문이다. 볼엔티 독트린을 부정할 수 없다는 것이 어떤 의미인가?

볼엔티 독트린을 수용해야 한다는 것은 '권리를 침해하는 것은 해를 입히는 것이다'는 명제를 참으로 보아야 한다는 의미이다. 위의 명제가 참이 아니라면 '동의한 사람에게는 해를 입히지 않는다'는 것이 '동의가 권리침해를 조각한다'고 보아야 하는 이유가 될 수 없기 때문이다. 이제 이익원리를 수용해야 하는 이유가 설명된 셈이다. 이익원리가 거짓이라고 해보자. 즉, 이익을 취할 수 없거나 손실을 입을 수 없는 존재도 권리를 가질 수 있다고 해보자. 그렇다면 위의 명제가 참일 수 없으며, 따라서 볼엔티 독트린을 부정해야 한다.

이익원리를(이익을 취할 수 있는 존재만이 권리를 가질 수 있다는 것을) 부정할
수 없으므로, 이제 동물도 이익을 취할 수 있다고 해보자. 그럼에도 그로부터
동물에게 권리가 있다는 결론을 얻을 수는 없다.[32] 즉, 이익원리가 말하는
것은 이익을 취할 수 있다는 것이 권리를 가졌다는 것의 충분조건이 아닌
필요조건이며, 따라서 동물이 이익을 취할 수 있다는 것을 입증한다고 해도

본문의 주장에 대해 부연 설명을 하자면, 2019년 한 해 동안 교통사고로 3,349명이 사망했고
341,712명이 부상을 당했다고 한다. 그런데도 자동차 운행을 허용하는 이유는 볼엔티 독트린 때문
이다. 볼엔티 독트린을 부정할 수 없다는 뜻으로서, 다음과 같이 볼엔티 독트린에 의존해 이익원리가
참임을 입증할 수 있다.

a: 동의한 사람에게는 해를 입히지 않으므로 동의가 권리침해를 조각한다.
b: 상대의 권리를 침해했다는 것은 상대에게 해를 입혔다는 뜻이다.

1. 자동차 운행을 허용하는 것과 a를 부정하는 것은 양립 가능하지 않다.
2. 자동차 운행을 허용해야 한다.
3. a를 부정할 수 없다. (1과 2로부터)
4. a를 부정할 수 없다면, b를 부정할 수 없다.
5. b를 부정할 수 없다. (3과 4로부터)
6. b를 부정할 수 없다면, 이익원리를 부정할 수 없다.
　　그러므로
7. 이익원리를 부정할 수 없다. (5와 6으로부터)

그로부터 얻을 수 있는 결론은 동물에게 권리가 있다는 결론이 아닌 이익을 취할 수 없다는 이유로 동물의 권리를 부정할 수 없다는 결론이다. 이렇듯 동물의 권리를 입증하기 위해서는 나머지 필요조건(들)을 알아야 한다.

파인버그가 지적한 바와 같이 어떤 대상이 권리주체라면 어떤 식으로든 그를 대변(보호)해줄 수 있어야 할 뿐 아니라 그는 수혜자가 될 수 있는 능력을 가졌어야 한다. 따라서 권리를 갖는 데 요구되는 나머지 필요조건으로 의식 consciousness을 가졌어야 한다는 조건을 생각할 수 있다. 예컨대 타이어에게 닳지 않을 권리가 없는 이유에 대해 의식이 없는 타이어를 대변해 줄 수 없고, 타이어는 의식이 없기에 닳지 않는 데 따른 혜택을 입을 수 없기 때문이라는 설명이 가능하다.

이익을 취할 수 있다는 그리고 의식을 가졌다는 두 필요조건 이외에 다른 필요조건은 없다고 해보자. 그렇다면 의식을 가졌고 이익을 취할 수 있는 동물은 권리를 가졌다고 보아야 한다. 물론 다른 필요조건(들)이 있을 수 있다. 하지만 동물이 갖지 못한 고차원을 정신능력을 필요조건으로 제시할 수는 없다. 그래서는 주변부 사람들의 권리도 부정할 수밖에 없기 때문이다. 즉, 주변부 사람들을 사지로 내몰지 않기 위해서는 동물에게 없는 정신능력을 필요조건으로 제시할 수 없으며, 따라서 이익을 취할 수 있다는 것을 충분조건과 다름없는 결정적인 조건으로 보아야 한다.

3.3. 특정이익원리: 권리마다 요구되는 조건이 다르다

동물에게 고통을 당하지 않을 권리가 있다고 해보자. 하지만 아이들에게 최소한의 보살핌과 영양분을 제공받을 권리가 있다는 것이 그들에게 술을 마시거나 운전을 할 권리가 있다는 것을 함축하지 않듯이, 동물에게 고통을 당하지 않을 권리가 있다는 것이 그들에게 죽임을 당하지 않을 권리가 있다는 것을 함축하지 않는다. 권리마다 요구되는 조건이 다르다는 뜻으로서, 낙태 논쟁에 강렬한 족적을 남긴 철학자 툴리Michael Tooley에 주목해야 하는 이유이다. 그가 낙태와 영아살해를 옹호하기 위해 "어떤 특정 권리 R에 따른 이익 I를 취할 수 없는 존재가 그 특정 권리 R을 가질 수 없다는 것은 개념적으로 참이다"고 주장함으로써, 이익원리에 함축된 의미를 '특정이익원리particular interest principle'로 구체화시켰기 때문이다.33)

특정이익원리

어떤 특정 권리에 따른 이익을 취할 수 있는 존재만이 그 특정 권리를 가질 수 있다.

논의될 바와 같이 이익은 욕구의 기능으로 보아야 한다. 툴리도 이익과 욕구의 관계를 그와 같이 파악했지만 'X에 대한 욕구가 있다'는 것과 'X에 따른 이익을 취할 수 있다'는 것의 논리적 상관관계에 대해 전자가 후자의 충분조건이라는 데서('X에 대한 욕구가 있다면, X에 따른 이익을 취할 수 있다'는 데서) 머물지 않고 필요조건이기도 하다는('X에 대한 욕구가 없다면, X에 따른 이익을 취할 수 없다'는) 강한 입장을 취한다. 하지만 전자를 후자의 필요조건으로 보았다는 것은 특정이익원리에 치중해 중요한 포인트 하나를 놓쳤다는 의미이다. 그에 대한 논의는 '3장 3.6.2.'로 미루고 특정이익원리에 대한 툴리의 설명을 들어보기로 하자.

보통의 성인을 고통 없이 죽이는 것과 한 시간 동안 고문하는 것 중 어느 것이 더 나쁜가? 둘 모두 심각하게 그르지만 죽이는 것이 더 그르다는 데 이견을 보일 수 없다. 하지만 갓 태어난 고양이를 대상으로는 고통 없이 죽이는 것보다 한 시간 동안 고문하는 것이 더 그르다는 데 동의할 것이다. 따라서 두 대상을 놓고 상이한 판단을 내려야 하는 이유를 알아야 하며, 특정이익원리가 그 차이를 설명해준다는 것이 툴리의 주장이다.

"죽임을 당하던지 아니면 한 시간 동안 고문을 당하던지 양자택일을 해야 할 상황이라면 대다수의 성인은 고문 쪽을 택할 것이다. 따라서 성인을 대상으로는 죽이는 것이 한 시간 동안 고문하는 것보다 나쁘다고 해야 할 것이다. 반면 갓 태어난 고양이를 대상으로는 죽이는 것을 심각하게 그르다고 할 수 없지만 한 시간 동안 고문하는 것은 심각하게 그르다고 해야 할 것이다. 바로 이러한 점이 갓 태어난 고양이가 생명권 없이도 고문을 당하지 않을 권리를 가질 수 있다는 것을 시사한다."[34]

"새끼 고양이가 어떤 이익을 취할 수 있다고 해도, 특히 고통을 느낄 수 있는 능력에 기인한 고문을 당하지 않는 데 따른 이익을 취할 수 있다고 해도 계속 존재하는 데 따른 이익은 취할 수 없으며, 따라서 새끼 고양이에게는 죽임을 당하지 않을 권리가 없다."[35]

툴리가 진단한 바와 같이 새끼 고양이는 삶을 지속하는 데 따른 이익을 취할 수 없다고 해보자. 그렇다면 새끼 고양이의 죽임을 당하지 않을 권리에 대해 파인버그식 설명이 가능하다. 즉, 어떤 존재가 권리 주체라면(생명권을 가졌다면) 그를 대변해줄 수 있어야 하지만 이익을 취할 수 없는 존재를 대변해줄 수 없으므로 그와 같은 존재는 권리(생명권)의 주체일 수 없다는 설명이 가능하다.

새끼 고양이가 생명권을 갖지 못한 이유를 보통의 성인과 달리 계속 존재하는 데 따른 이익을 취할 수 없다는 데서 찾았으므로, 툴리로서는 새끼 고양이가 위의 이익을 취할 수 없는 이유를 밝혀야 한다. 툴리는 이 물음을 놓고 일명 '불연속 논변discontinuity argument'을 제시한다. 불연속 논변에 대한 논의와 툴리가 놓친 부분에 대한 논의는 '3장 3.4.1.'과 '3장 3.6.2.'로 미루고 특정이익원리로 돌아가 보자. 특정이익원리를 부정할 수 없으므로 이제 X가 S로부터 이익을 취할 수 있다는 것이 X에게 S에 대한 권리가 있다는 것을 보장하는지가 문제다.

"서울 강남의 클럽 '버닝썬' 폭행사건 최초 신고자인 김상교(28) 씨를 체포한 경찰관들이 적법절차를 무시하거나 체포상황을 거짓으로 기록한 의혹과 관련해 경찰 청문감사관실의 조사를 받게 됐다. … 경찰과 클럽·연예인 유착 의혹으로 번진 버닝 썬 사태는 당초 김상교 씨가 지난해 11월 24일 친구의 생일 모임을 위해 이 클럽에 방문했다가 직원들과 벌인 실랑이에서 시작됐다. 김씨는 버닝썬에서 직원에게 억지로 끌려가는 여성을 보호하려다가 클럽 이사인 장 모(불구속 입건) 씨와 보안 요원들에게 폭행당했고, 이후 경찰에 신고했으나 현장에 출동한 경찰관들이 도리어 자신을 폭행하고 입건했다고 주장했다."[36]

X가 S로부터 이익을 취할 수 있다는 것이 X에게 S에 대한 권리가 있다는 것을 의미한다면 버닝썬 이사와 경찰을 비난할 수 없다. 그들의 입장에서는 김씨를 폭행함으로써 이익을 취할 수 있었고 따라서 그들에게 김씨를 폭행할

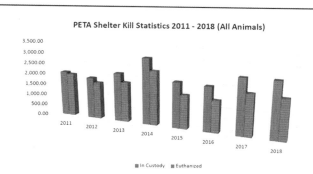

2019년 4월 29일, 구조동물 201마리를 안락사시켜 논란이 된 동물권단체 '케어' 박소연 대표의 구속영장이 기각됐다. 안락사 행위 하나만을 놓고 볼 때, 이 소식이 외신에 보도됐다면 법원의 결정에 수긍했을 동물권옹호론자들이 적지 않았을 것이다. 동물의 고통 받지 않을 권리를 보호해야 한다는 것이, 예컨대 공장식 농장을 폐쇄해야 한다는 것이 동물권옹호론자들의 공통된 주장이다. 하지만 동물에게 살 권리가 있는 지의 물음을 놓고는 적지 않은 동물권옹호론자들이 부정적인 입장을 취해 자유롭고 쾌적한 환경에서 사육하고 고통 없이 죽이는 것은 문제될 것이 없다고 주장한다. 세계적인 동물보호단체 '피타PETA, People for the Ethical Treatment of Animals'가 무수한 동물을 안락사시킨 것도 같은 맥락으로 이해할 수 있다. 그래프의 파란색 막대는 피타에 입소한 동물의 수이며, 빨간색 막대는 안락사시킨 동물의 수이다.[37]

권리가 있었다고 보아야 하기 때문이다. X가 S로부터 이익을 취할 수 있다는 이유만으로 X에게 S에 대한 권리가 있다고 할 수 없다면, 다른 어떤 조건이 충족돼야 하는가?

오래 전 구입한 만년필로 필자는 지금도 이익을 취하고 있다. 그 만년필에 대한 권리가 필자에게 있으며, 이는 필자가 만년필로 이익을 취할 수 있다는 뜻 이외에 '권리와 의무에 대한 논리적 상관관계 독트린doctrine of the logical correlativity of rights and duties'에 따라 만년필로 취할 수 있는 필자의 이익을 침해하지 말아야 할 의무가 타인에게 있다는 뜻이기도 하다. 타인에게 위의 의무가 없다면 필자의 만년필에 대한 권리는 필자의 이익을 증진시키는 기능을 갖지 못한 이름뿐인 권리로 보아야 하기 때문이다.

김씨를 폭행함으로써 버닝썬 이사와 경찰은 이익을 취할 수 있었다. 그럼에도 만년필로 취할 수 있는 필자의 이익과 달리 그들의 이익을 침해하지 말아야 할 의무가 타인에게 없는 이유가 무엇인가? 그 이유는 그들의 이익은 누군가의(김씨의) 이익이 침해당하지 않고는 취할 수 없는 이익이기 때문이다. 즉, 그들의 이익을 보호하는 것이 타인의 이익을 침해하지 말아야 할 소극적인 의무negative duty의 이행을 주문하는 악행금지 원칙principle of nonmaleficence에 위배되기 때문이며, 따라서 X가 S로부터 이익을 취할 수 있다는 조건 이외에 다음의 조건도 충족시켜야 X에게 S에 대한 권리가 있다고 할 수 있다.

- X가 S로부터 취할 수 있는 이익은 누군가의 이익을 침해함으로써 취할 수 있는 이익이 아니다.

이제 동물의 고통과 죽음에 무감한 사람들이 긴장해야 할 차례다. 논의될 바와 같이 동물도 고통과 죽임을 당하지 않음으로써 이익을 취할 수 있다고 해보자. 그렇다면 그들의 이익은 누군가의 이익을 침해함으로써 취할 수 있는 이익이 아니며, 따라서 그들의 이익을 침해하는 것은 소극적인 의무를 저버린 악행으로 보아야 한다. 물론 생업이 아닌 휴머니즘 차원에서 동물실험에 참여하거나, 싼 값에 고기를 제공하기 위해 공장식 농장을 운영하거나, 농작물을 보호하기 위해 올무와 창애와 덫을 놓는 것은 정당하지 않느냐고 반문할 수 있다. 과연 그런가?

> "미국이 1940년대 과테말라에서 페니실린의 효용성을 검증하기 위해 교도소, 정신병원 등에 수감된 1600여 명에게 고의로 매독균 등을 감염시키는 실험을 실시한 사실이 뒤늦게 밝혀졌다. 1일 (현지시간) 미국 언론에 따르면 당시 실험은 1946년부터 1948년까지 과테말라에서 실시됐다. 실험 대상은 과테말라 교도소에 수감된 남성과 정신병원에 수용된 남·녀 환자 1600여 명으로, 696명에게 매독균, 772명에게 임질균, 142명에게 초기 매독균을 주사하거나 성병에 감염된 매춘부를 교도소 수감자들과 접촉시키는 방법으로 성병을 전염시켰다."38)

미 정부가 1600명을 의도적으로 성병에 노출시킨 것은 성병으로부터 인류를 구하겠다는 숭고한 이유에서였을 것이다. 그럼에도 비난으로부터 자유로울 수 없는 이유는 1600명의 이익을 침해하지 말아야 할 소극적인 의무를 저버렸기 때문이다. 미 정부가 위의 의무를 저버리지 말아야 했던 이유가 무엇인가?

어떤 권력자가 혈세로 부를 축적했다면, 따라서 그 자로 인해 국민들이 피해를 입었다면, 그를 중형에 처하고 재산을 환수하는 것이 국가의 책무라는 데 이견이 있을 수 없다. 하지만 복권 1등 당첨자의 당첨금을 빼앗아 결식아동을 위한 급식지원금으로 활용할 수 없는 이유는 타인의 이익을 증진시켜야 할 적극적인 의무positive duty와 타인의 이익을 침해하지 말아야 할 소극적인 의무가 충돌할 경우 후자의 의무를 이행해야 하기 때문이다. 과테말라 생체실험 관계자와 버닝썬 사건의 이사 그리고 경찰이 비난 대상인 이유에 대해서도 동일한 해석을 내릴 수 있다. 성병으로 고생하고 있는 사람들의 이익을 증진시켜야 할 적극적인 의무에 앞서 실험에 동원된 1600명의 이익을 침해하지 말아야 할 소극적인 의무를 이행했어야 했으며, 버닝썬 소유주의 이익을 증진시켜야 할 적극적인 의무에 앞서 김씨의 이익을 침해하지 말아야 할 소극적인 의무를 이행했어야 했다.

이제 생업이 아닌 휴머니즘 차원에서 동물실험에 참여한다는, 싼 값에 고기를 제공하기 위해 공장식 농장을 운영한다는, 농작물을 보호하기 위해 올무와 창애와 덫을 놓는다는 주장에 귀를 기울일 수 없는 이유를 알 수 있다. 즉, 그 이유는 인간을 위해 동물의 이익을 침해하는 것은 소극적인 의무를 저버리고 적극적인 의무를 이행하는 것과 다르지 않기 때문이다.

동물의 고통과 죽임을 당하지 않을 권리를 확보할 수 있는 단초가 마련되었다. 하지만 지금까지의 논의에는 의무와 권리가 서로를 함축한다는 것이 전제가 되고 있다. 따라서 동물권 부정론자로서는 권리를 함축하지 않는 의

2016년 여름, 살인적인 더위도 모자라 한전의 누진세 폭탄으로 애먼 서민들이 골탕을 먹은 바 있다. 한전의 행태가 재앙적이었던 이유는 서민의 주머니를 털지 말아야 할 소극적인 의무를 저버리고 정부, 주주, 직원들의 배를 불려줄 적극적인 의무를 이행했기 때문이다. (영업이익 11조 중 주주들에게 2조 원을, 대주주인 산업은행에게 1조 원을, 외국인주주에게 6000억 원을 배당했으며, 정부에게도 1조원을 챙겨줬고 직원들에게 역시 1인당 2000만 원 수준의 성과급 잔치를 베풀었다고 한다.) 사진은 미국 워싱턴주 베이커산의 볼더 빙하Boulder Glacier가 16년 만에(1987~2003) 450m 녹아내린 모습이다.

무가 있을 수 있다고 반문할 수 있다. 다시 말해 권리와 의무가 일의적 관계 univocal relation에 있다는(모든 권리와 의무가 서로를 함축한다는) 주장과 이의적 관계 biunivocal relation에 있다는(의무를 함축하지 않는 권리는 없지만 권리를 함축하지 않는 의무는 있다는) 주장 중 후자가 옳다고 보아야 하므로, 즉 동물의 이익을 침해하지 말아야 할 의무가 있다는 것이 동물에게 권리가 있다는 것을 보여주지 못하므로, 동물의 이익을 참해하지 말아야 할 의무가 있더라도 그 의무는 인간에 대한 의무보다 약한 성격의 의무라고 반문할 수 있다.

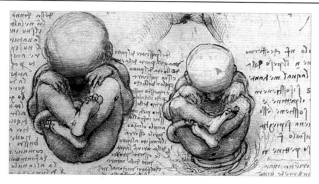

20세기 중반 생명의료윤리학이 태동하며 생명윤리학자들 사이에 '자의식(그리고 다른 정신능력들)을 가졌다'는 것이 '사람이다'는 것의 필요충분조건이라는 공감대가 형성된다. 툴리가 위의 공감대에 동조해 인간의 유전자를 가졌는지에 무관하게 도덕적 지위를 가진 존재를 '사람'으로 규정하며, 이 후 낙태 찬성론자로 유명한 워런Mary Warren을 필두로 '사람'과 '인간'의 의미를 다음과 같이 구분해야 한다는 주장이 본격적으로 제기된다.

X는 인간이다. = X는 유전적 의미의 인간이다. = X는 호모 사피엔스의 일원이다.
X는 사람이다. = X는 도덕적 의의를 가진 대상이다(X는 도덕적 의미의 인간이다). = X는 권리주체가 구성원인 도덕공동체의 일원이다.

하지만 워런은 툴리보다 급진적인 입장을 취해 모든 권리를 일괄처리함으로써, 즉 사람이 아닌 대상은 권리 자체를 가질 수 없다고 주장함으로써 아직 사람이 아닌 태아에게는 죽임을 당하지 않을 권리뿐 아니라 고통을 당하지 않을 권리도 없다고 주장한다. (태아를 주제로 한 논쟁에서는 'X는 사람이다'것과 'X는 도덕적 의미의 인간'이라는 것을 같은 의미로 이해할 수 있다. 2019년 출간한 ≪낙태 논쟁, 보수주의를 낙태하다≫에서 'X는 도덕적 의미의 인간이다'라고 표현한 이유이다. 하지만 여기서는 유전적으로 인간이 아닌 존재인 동물까지 논의 대상에 넣어야 하므로 'X는 도덕적 의의를 가진 대상이다'라고 표현했다.)

물론 권리를 함축하지 않은 의무가 있을 수 있다. 앞서 소개된 제노비스의 사례를 다시 생각해보자. 1964년 3월 13일 새벽일을 마치고 귀가하던 제노비스는 38명의 이웃이 지켜보는 가운데 30분에 걸쳐 괴한의 칼에 17곳을 찔려 숨을 거둔다. 제노비스에게 이웃들의 신체를 사용할 권리는 없었다. 하지만 그들에게 비난이 봇물을 이뤘듯이 제노비스를 위해 경찰에 신고할 의무는 있었다고 보아야 한다.

하지만 제노비스의 이웃들이 저버린 의무와 동물에게 고통과 죽임을 안기지 말아야 할 의무는 성격을 달리한다는 점에 주목해야 한다. 전자의 의무는 적극적인 의무로서, 적극적인 의무는 권리를 함축하지 않을 수 있다. 하지만 후자의 의무는 소극적인 의무이며, 권리를 함축하지 않는 소극적인 의무는 없다고 보아야 한다.

특정이익원리와 그에 담긴 함의를 알았으므로 이익을 취할 수 있다는 것의 의미를 짚어봐야 한다. 그래야 동물에게 고통을 당하지 않을 권리와 죽임을 당하지 않을 권리가 있는지의 논의에 들어갈 수 있기 때문이다.

3.4. 이익을 취할 수 있다는 것의 의미는?

3.4.1. 욕구의 기능으로서의 이익

절제미와 세련미의 극치를 보여주는 국보 제18호 무량수전이 지난 2014년 보수정비가 필요한 'E' 등급 판정을 받은 바 있다. 정말이지 어처구니없는 일이다. 숭례문 부실공사를 보고 필자가 개인적으로 문화재청에 내렸던 즉시 조치가 필요한 'F' 등급을 그대로 유지하고 있는 이유이다.

하지만 어처구니없는 이유가 무량수전에게 미안해서가 아니다. 보수정비를 해야 하는 이유 역시 무량수전에 대한 사죄의 의미에서가 아니다. 처마 밑 목재들이 썩고 벽이 내려앉도록 방치한 데 대해 그리고 방염제를 함부로 뿌려 목재를 상하게 한 데 대해 문화재청이 사죄를 해야 한다면 그 대상이 우리 국민이라야 한다는 뜻이다. 다시 말해 손실을 입히지 않았는데도 사죄할 수는 없으며, 손실을 입지 않았는데 사죄를 요구할 수도 없다. 누군가에게 사죄할 일을 저질렀다는 말은 그에게 손실을 입혔다는 말로서, 문화재청이 국민에게 사죄해야 한다는 말은 정작 손실을 입은 것은 우리 국민이지 무량수전이 아니라는 뜻이다.

"안전 최하등급인 E등급을 받은 … 금방이라도 무너질 것 같은 아파트입니다. … 서울시의 행정집행으로 주민들은 모두 떠났지만 7억 원의 철거비용 등이 마련되지 않아 몇 년째 방치되고 있습니다."[39] 아파트가 붕괴될 것을 대비해 서울시가 모든 안전조치를 취했지만, 인근주민들이 미관상의 이유로 서울시에 조기철거를 요구했다고 해보자. 철거비용을 마련하던 중 아파트가 붕괴됐고 안전조치 덕분에 피해를 입은 사람이 없었다면, 인근주민들의 입장에서는 아파트에게 미안해할 이유도 서울시에 사죄를 요구할 이유도 없다. 애물단지가 사라졌다는 점에서 오히려 이익을 취했다고 보아야 한다.

이익원리가 말하는 이익이 무엇인지의 물음을 놓고 무량수전과 붕괴아파트가 시사하는 바가 무엇인가? 무량수전이 훼손돼 손실을 입은 주체는 무량수전이 아닌 우리 국민인 반면, 아파트가 붕괴돼도 손실을 입을 주체는 없고 오히려 인근주민들이 이익을 취했다고 보아야 한다. 따라서 무량수전과 아파트 사이에 공통점이 그리고 우리 국민과 아파트 인근주민들 사이에는 차이점이 있어야 한다. 바로 이 공통점과 차이점이 이익원리가 말하는 이익의 정체를 규명할 단서를 제공한다.

- 목재가 썩었음에도 무량수전이 손실을 입지 않은 이유와 붕괴됐어도 아파트가 손실을 입지 않는 이유는 무엇인가?
- 무량수전의 관리소홀로 우리 국민이 손실을 입은 이유와 아파트 붕괴로 인근주민들이 이익을 취할 수 있는 이유는 무엇인가?

이익원리가 말하는 이익의 정체를 규명하기 위해서는 이들 두 물음을 아우를 수 있는 답변을 내놓아야 하며, 파인버그가 '한낱 사물에 불과한 것mete things'은 의욕하는 삶, 또는 의식적인 욕구와 희망과 충동, 또는 무의식적인 목적과 목표를 가질 수 없고 그들에게는 잠재적인 성향, 성장방향, 본능의 실현 같은 것이 있을 수 없다고 말했듯이,[40] 그리고 자신의 입장을 "이익은 의욕conations의 산물이므로 한낱 사물에 불과한 것은 이익을 가질 수 없다"고 정리했듯이,[41] 이익을 욕구의 기능으로 보아야 한다는 것이 적절한 답변일 수 있다.

위의 답변으로 무량수전이나 붕괴아파트와 같은 무생물이 이익을 취할 수 없는 이유를 설명할 수 있을 뿐 아니라 무량수전의 관리소홀로 우리 국민이 손실을 입은 이유와 아파트 붕괴로 인근주민들이 이익을 취한 이유도 설명할 수 있으며, 거기에 더해 도덕공동체의 외연이 식물로까지 확장될 가능성을 차단할 수 있다.[42] 이익이 욕구의 기능임을 부정할 수 있는가?

식물도 광합성을 하는 등 목적 지향적인 삶을 살아간다. 심지어 어린 해바라기는 해를 따라 움직이기까지 한다. 따라서 그들도 이산화탄소와 물, 햇볕을 충분히 취함에 따라 이익을 취할 수 있다고 생각할 수 있다. 하지만 인간이 결코 도달할 수 없는 미지의 행성에서 조잡한 플라스틱 단추와 3000캐럿 다이아몬드 원석이 물물교환되고 있다고 해보자. 그럼에도 조잡한 플라스틱 단추를 보관하는 것이 나에게 이익이라고 할 수는 없다. 그와 같은 사실을 나는 알지 못할 뿐 아니라 앞으로도 알 수 없기 때문이다. 위의 예가 이산화탄소와 물, 햇볕을 충분히 취하는 것이 식물에게 이익이라고 볼 수 없다는 것을 말해줄 뿐 아니라 이익을 욕구의 기능으로 보아야 한다는 것을 시사한다.

2006년 4월 22일, 한 다세대 주택에 열린 현관문으로 정체불명의 남자가 침입한다. 남자는 망설임 없이 방으로 향해 잠들어 있던 20대 청년의 머리를 준비한 흉기로 수차례 가격한다. 건장한 체구의 청년은 부상을 입은 와중에도 격투를 벌였고, 옆방에서 심상치 않은 소리에 잠을 깬 청년의 아버지가 가세해 남자를 제압한다. 남자는 호송차에서 "완전범죄는 끝났다"고 중얼거렸고, 단순강도범이 아니라는 형사들의 직감은 빗나가지 않았다. 불과 한 달 전 방에서 잠을 자던 세 자매에게 흉기를 휘둘러 두 자매의 목숨을 빼앗는 등 2004년 초부터 서울 서남부 일대에서 13명을 살해하고 20명에게 치명상을 입힌 최악의 연쇄살인마 정남규였던 것이다. 그는 취조 중 1000명을 채우지 못해 억울해했고, 담배는 끊을 수 있어도 살인은 못 끊겠다고 판사에게 편지를 보내기까지 한다.

보통 사람들에게는 남의 집에 침입해 자고 있던 사람들의 목숨을 빼앗는 것이 이익일 수 없다. 무고한 사람들의 목숨을 빼앗고 싶은 욕구가 없으며, 따라서 설령 완전범죄로 끝날 수 있다고 해도 삶이 피폐해질 것이기 때문이다. 하지만 정남규에게는 세 자매가 잠들어 있던 주택에 침입한 것은 이익이었던 반면, 건장한 남성들이 잠들어 있던 주택으로 침입한 것은 손실이었다. 그 이유에 대해서도 전자의 경우는 1000명을 살해하고 싶은 욕구를 충족시키는 데 도움이 된 반면 후자의 경우는 방해가 됐기 때문이라는 답변이 가능하다.

말라리아 연구자가 얼룩날개모기를 키우는 데 따른 이익을 취할 수 있는 이유 역시 키우고 싶은 욕구가 있기 때문이라는 해석이 설명력을 가지며, 성철 스님과 슈바이처 박사가 대한민국 대통령이 되는 데 따른 이익을 취할 수 없었을 것으로 보아야 하는 이유 역시 대한민국 대통령에 가치를 두지 않았을 것이기 때문이라는 것이, 즉 대한민국의 대통령이 되고 싶은 욕구가 없었을 것이기 때문이라는 해석이 설명력을 가진다. 동물의 술과 담배를 즐길 권리가 무의미한 이유에 대해서도 동일한 설명을 가할 수 있다. 즉, 동물에게 술과 담배에 대한 욕구가 없으며, 따라서 술과 담배로 이익을 취할 수 없기 때문이라는 설명이 가능하다.

　이익을 취할 수 있고 의식을 가졌다는 것을 권리를 가졌다는 것의 실제적인 충분조건으로 보아야 하므로, 또한 이익을 욕구의 기능으로 보아야 하므로, '욕구를 가졌다'는 것과 '권리를 가졌다'는 것의 논리적 상관관계는 전자를 후자의 충분조건으로 파악할 수 있다. 즉, 'X에 대한 욕구가 있다면, X에 대한 권리가 있다'는 조건명제를 참으로 보아야 한다. 툴리도 1972년 논문에

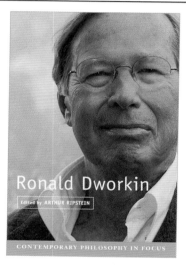

영국 리플리에 거주하는 26세의 프린스는 비가 오는 날이면 집안에 갇혀 지내는 신세로 전락했다. 맑은 날에 외출할 때도 우산을 챙길 뿐 아니라, 약혼자와의 입맞춤도 삼간다. 약혼자의 침이 그녀에게 발진을 일으키기에 충분한 양의 수분을 함유하고 있기 때문이다. 세계적으로 35명이 보고된 물 알레르기 환자의 경우 샤워를 하거나 물을 많이 마시거나 울거나 땀을 흘리면 발진과 두드러기가 나타나고 천명이 생기기도 한다. 하지만 물 알레르기를 가진 사람은 입을 맞추는데 따른 이익을 취할 수 없다고 일반화할 수 없다. 프린스와 달리 입을 맞추고 싶은 욕구가 발진을 경험하고 싶지 않은 욕구보다 큰 물 알레르기 환자가 있을 수 있으며, 그와 같은 사람은 입을 맞추는 데 따른 이익을 취할 수 있다고 보아야 하기 때문이다. 이 역시 이익을 욕구의 기능으로 보아야 한다는 것을 말해준다. 권리의 근간이 무엇인지의 물음을 놓고 드워킨은 욕구 이외의 다른 대안을 찾기 어렵다고 보아 초기 단계 태아의 권리를 부정한다.[43] 필자 역시 위의 물음을 놓고 고민을 거듭했지만 욕구 이외에 마땅한 답변을 찾을 수 없었다. 싱어와 레건의 대안으로 욕구에 기반한 이익 권리론으로 방향을 설정한 이유이다.

서 이와 같은 입장을 취하며, 1973년 논문에서는 그들의 상관관계에 대해 다음의 설명을 가한다.

> "권리란 박탈당할 수 있다는 것이 그리고 일반적으로 어떤 권리를 박탈했으면 그에 관련된 욕구를 좌절시켰다는 것이 권리에 대한 기본적인 직관이다. 당신이 자동차를 소유하고 있다고 해보자. 그렇다면 당신에게서 그 차를 탈취하지 말아야 할 조건부적 의무가 나에게 있다. 하지만 그 의무는 무조건적인 의무가 아니다. 어느 정도는 그것에 대한 당신의 욕구에 달렸다. 내가 탈취해도 당신이 개의치 않는다면 일반적으로 내가 당신의 권리를 박탈한 것이 아니다."[44]

하지만 'X에 대한 욕구가 있다면, X에 대한 권리가 있다'는 조건명제를 내세우는 것이 궁극적인 해결책일 수는 없다. 2018년 사회적 공분을 산 정신나간 엄마를 생각해보자.

> "2살 된 딸을 집에 홀로 방치해 숨지게 한 혐의로 재판에 넘겨진 비정한 엄마에게 징역 9년의 중형이 확정됐다. … 그는 짧게는 1일에서 길게는 나흘 동안 당시 남자친구와 외박이나 여행을 다닌 것으로 조사됐다. 김씨의 딸은 지난해 4월 30일 외출한 김씨가 다음날인 5월 1일 돌아올 때까지 물과 음식 등을 전혀 먹지 못했고 고도의 영양실조로 숨진 것으로 조사됐다."[45]

두 살배기도 고통에서 벗어나고 싶은(특정 느낌에서 벗어나고 싶은) 욕구를 가질 수 있다. 즉, 두 살배기도 고통을 당하지 않음으로써 이익을 취할 수 있고, 따라서 고통을 당하지 않을 권리를 가졌다고 보아야 한다. 문제는 생명권이다. 두 살배기에게 영양분에 대한 욕구가 있을 수 없다. 그래서 영양분을 공급받는 데 따른 이익을 취할 수 없고, 영양분을 공급받을 권리가 없는가? (죽이는 것과 죽게 방치하는 것 사이에 차이가 없다고 해도) 김씨를 살인죄로 처벌할 수 없는가?

욕구에 기반한 이익 권리론을 주장하기 위해서는 위의 문제를 해결해야 한다. 툴리의 경우 1983년 저서에서 "단 한 번도 칼슘을 섭취하길 바라지 않았어도 적정량의 칼슘을 섭취하는 것이 내 이익에 부합한다"고 말함으로써 X에 대한 욕구가 없음에도 X를 취하는 것이 이익일 수 있을 가능성을 열어 놓는다. 하지만 실제로 그와 같은 경우이기 위해서는 하나의 동일한 의식주체가 미래의 어느 시점에 욕구를 가질 수 있어야 한다는 단서를 붙인다.[48] 툴리가 불연속 논변을 통해 영아살해를 옹호하는 대목으로, 그에 따르면 영

"마이클 툴리의 '낙태와 영아살해'가 ≪철학과 사회문제Philosophy and Public Affairs≫의 지면을 통해 세상에 나온 지 40여 년이 흘렀건만 아직도 관심은 가히 폭발적이다. 수많은 선집에 재수록되었고 그에 대한 공방이 식을 줄 모른다. 낙태에 대한 철학적 논의에 지대한 영향을 끼쳤으며 …." 철학자 랭Gerald Lang이 근간에 툴리를 평가한 내용으로,[46] 영아살해뿐 아니라 동물권 문제를 다루며 툴리의 '불연속 논변'을 지나칠 수 없는 이유이다. 불연속 논변이 설득력을 가진다면 2살 된 딸을 홀로 방치해 숨지게 한 엄마가 딸의 권리를 침해했지만 그 침해한 권리가 생명권은 아니라고 보아야 할 것이며, 삶을 지속하고 싶은 욕구를 가진 따라서 생명권을 가진 동물이 있다고 해도, 그 동물의 새끼에게는 생명권이 없다고 보아야 한다. 사진은 툴리가 ≪낙태와 영아살해≫라는 제목으로 내놓은 단행본의 표지이다.[47]

아가 미래의 어느 시점에 살고 싶은 욕구를 가질 수 있더라도 그 욕구는 영아와 하나의 동일한 의식주체에서 일어난 욕구가 아니므로, 영아는 삶을 이어가는 데 따른 이익을 취할 수 없고 따라서 영아기까지는 생명권이 없다는 극단적인 입장을 취한다.

툴리의 주장이 설득력을 가진다면 영아뿐 아니라 욕구를 가질 수 있는 동물의 새끼에게도 생명권이 없다고 보아야 한다. 하지만 불연속 논변 그 자체가 안고 있는 문제점은 차치하더라도 이익과 연계해 생각할 때 툴리의 해법은 이익의 의미를 지나치게 축소하고 있다는 의문점을 남긴다. 툴리의 해법에 대한 논의와 영아 그리고 욕구를 가질 수 있는 동물의 새끼에 대한 논의는 '3장 3.6.2.'로 미루기로 하자.

3.4.2. 욕구를 갖는 데 요구되는 것은

동물은 생식을 위해 본능적으로 교미를 하고 인간은 감정과 의지가 결부된 성행위를 가진다고 배웠다. 하지만 '히피 침팬지' 또는 '피그미 침팬지'로 불리는 보노보bonobo 등의 영장류나 흰얼굴꼬리감기원숭이를 생각해보면 제대로 배운건지 의문을 갖지 않을 수 없다.

> "흰얼굴꼬리감기원숭이의 성행위를 관찰한 결과 동성 간에 뿐 아니라 아직 다 자라지 않은 개체와 성체 사이에서도 성행했으며, 임신 중이거나 출산한 지 얼마 되지 않은 암컷도 가담하는 등 거의 대부분이 생식 이외의 목적으로 이루어진다는 결론을 얻을 수 있었다. … 수컷 간의 성행위가 암수 간 성행위보다 훨씬 빈번했고, 수컷과 성행위를 갖는 암컷 대다수는 임신 중이었거나 젖이 마르지 않은 상태였다. … 보노보 등의 영장류와 마찬가지로 흰얼굴꼬리감기원숭이도 감각과 감정이 결부된 성행위를 가진다."[49]

동성 간에 뿐 아니라 임신 중에도 성관계를 갖는 것으로 보아 동물의 성행위가 생식본능에 불과하다는 것은 지나친 속단임에 틀림없다. 동물의 성욕뿐 아니라 식욕도 부정하기 어렵다. 예컨대 개가 '간식'이란 말을 듣고 꼬리를 흔들며 보채는 것을 어떻게 이해해야 하는가? 이것도 생존본능이라고 한다면 묻지 않을 수 없다. 저마다 선호하는 간식이 다르다는 것을 어떻게 설명할 수 있는가? 동물도 욕구를 가진다는 것이 상식이라는 얘기다. 하지만 사실 여부를 확인하지 않을 수 없다. 그 상식을 부정하는 철학자들이 존재하기 때문이다.

동물의 욕구를 부정하기 위해서는 욕구를 갖는 데 요구되는 필요조건을 규명하고 동물은 그 필요조건을 충족시키지 못한다는 것을 입증해야 한다. 어떤 필요조건(들)이 요구되는지 생각해보자.

욕구를 가졌다는 것은 목적 지향적인 심리를 가졌다는 의미이다. 즉, X에 대한 욕구를 가졌다는 것은 X를 하려는(X 상태에 놓이려는, X를 이루려는) 심리를 가졌다는 뜻으로서, 목적 지향적인 심리를 가질 수 있다는 것이 욕구를 가질 수 있다는 것의 필요조건임을 부정할 수는 없다. 즉, 목적 지향적인 심리를 가질 수 없는 존재에게 욕구가 있을 수 없다는 것은 개념적으로 참으로 보아야 하다.

• 목적 지향적인 심리를 가질 수 있다는 것이 욕구를 가질 수 있다는 것의 필요조건이다.

목적 지향적인 심리를 가질 수 있다는 데는 목적으로 삼은 것과 결부된 감정을 가질 수 있다는 의미가 함축되어 있다고 보아야 한다. 청소를 하고픈 심리를 가진 청소하청업자는 주문이 들어오면 기쁜 감정을, 다른 청소하청업자가 주문을 가로채면 불쾌한 감정을 그리고 청소가 잘 됐으면 흡족한 감정을 가진다. (청소하청업자의 청소를 하고픈 욕구는 쾌락을 얻으려는 욕구와 달리 '도구적 욕구_{instrumental desire}'이다.) 다시 말해 위의 감정들을 가질 수 없음에도 불구하고 청소를 하고픈 심리를 가졌다고 할 수 없다.

• 목적으로 삼은 것과 결부된 감정을 가질 수 있다는 것이 욕구를 가질 수 있다는 것의 필요조건이다.[50]

로봇 청소기의 경우 스스로 청소를 하지만 그것이 욕구 때문은 아니다. 그렇게 보아야 하는 이유로 목적 지향적인 심리를 가질 수 없기 때문이라는 데 더해 목적으로 삼은 것과 결부된 감정을 가질 수 없기 때문이라는 설명이 가능하며, 해를 따라 움직이는 어린 해바라기의 움직임과 곤충을 유인해 잎을 닫아 잡아먹는 파리지옥의 움직임이 욕구와 무관한 이유에 대해서도 동일한 설명이 가능하다.

특정 욕구가 생기면 특정 행동 양식으로 그 결과가 표출될 수 있다는 점을 생각해보면 위의 필요조건들이 지나치게 느슨하다는 의문을 가질 수 있다. 어린 해바라기와 파리지옥의 목적 지향적인 움직임이 욕구 때문이 아닌 이유는 크게 보아 의식적인 행동이 아니기 때문이라는 설명이 가능하다. 다시 말해 의식을 가졌다는 것이 욕구를 가졌다는 것의 필요조건임을 부정할 수 없다. 하지만 의식 없이는 목적지향적인 심리를 가질 수 없으므로 의식을 가질 수 있어야 한다는 것을 별도의 필요조건으로 제시하지 않았다.

동물권 부정론자로서는 놓칠 수 없는 대목이다. 커러더스가 그랬듯이 의식의 의미를 엄격히 해석한다면 식물뿐 아니라 동물의 욕구도 부정할 수 있는 길이 열리기 때문이다. 식물의 의식 얘기로 그에 대해 알아보기로 하자.

식물에게 의식이 없다고 단정하기엔 이를 수 있다. 하지만 스페인 이커바스크 연구소의 마더_{Michael Marder} 교수가 "비록 인간과 다른 방식이지만 식물도 의심의 여지없이 의식을 가졌다"고 지적했듯이, 식물이 의식을 가졌다고 해도 그들의 의식이 신경계를 가진 동물의 의식과 같은 차원의 것일 수는 없다.

예컨대 2010년 진행된 한 연구를 통해 잎의 세포 하나가 빛에 자극을 받으면 유관속초세포Bundle-sheath cell가 관여해 (마치 동물에 전기자극을 가하면 자극이 신경계에 있는 세포들을 따라 퍼져나가듯이) 식물 전체에 전기화학적 사건들이 폭포수처럼 일어난다는 것이 밝혀진 바 있다. 이런 반응은 수 시간 동안 지속됐고, 심지어 어둠 속에서도 지속됐다. 이를 두고 연구에 참여한 폴란드 바르샤바 대학의 카핀스키Stanislaw Karpinski 교수는 식물에게도 '일종의' 기억이 있다는 해석을 내놓는다. 카핀스키가 일종의 기억이라고 표현했듯이, 전기화학적 사건이 수 시간 지속된다는 것을 신경계를 가진 동물의 기억과 같은 차원으로 이해할 수는 없다. 즉, 식물이 의식적인 경험을 한다고 해도 신경계를 가진 동물의 경험과는 다른 성격의 것으로 보아야 한다.

의식을 어떻게 정의하느냐에 따라 의식주체의 외연이 동물로뿐 아니라 식물, 인공지능, 심지어 산업기계로까지 확장될 수 있다. 식물에게 의식이 있다고 해도 앞서 제시한 두 필요조건들로 알 수 있듯이 그들에게 욕구가 있다고는 할 수 없다. 따라서 동물중심 평등주의자로서는 동물과 식물 사이에 경계를 설정할 수 있는 의식에 대한 정의를 내놓아야 하며, 동물권 부정론자로서는 인간과 동물 사이에 경계를 설정할 수 있는 정의를 내놓아야 한다.

하지만 철학자 구젤디어Guven Guzeldere가 "의식이 뭔지 다들 알고 있지만 막상 그게 뭐냐고 물어보면 누구도 더 이상 알지 못한다"고 지적했듯이,[51] 그리고 철학자 차머스David Chalmers가 "의식이 무엇인지, 그 기능이 무엇인지, 왜 진화했는지를 구체적으로 규정하는 것은 가능하지 않다"고 말했듯이,[52] 의식만큼 악명 높은 개념도 흔치 않다는 것이 문제다. 즉, 의식은 다양한 심적 현상을 포괄적으로 지칭하는 포괄적 용어umbrella term로서, 어느 한 쪽으로 가닥을 잡아 필요충분조건을 제시하는 것이 사실상 가능하지 않다고 보아야 한다. (생물물리학자 비말Ram Vimal은 심지어 의식의 40개 의미를 나열한다.[53])

그럼에도 동물의 의식 문제를 해결해야 한다면 어떤 방법을 모색해야 하는가? 그에 대한 논의는 의식에 대한 두 개념을 알아보는 것으로 가닥을 잡을 수 있다. 즉, 유기체에 적용될 때의 의식creature consciousness과 심적 상태에 적용될 때의 의식state consciousness 사이에 차이가 있다는(그들 사이의 연관성을 부정할 수 없지만 그들이 별개의 속성이라는) 공감대가 형성되어 있으며,54) 그들 중 전자의 개념에 초점을 맞추는 것으로 동물의 의식 문제에 대한 논의의 가닥을 잡을 수 있다.

전자의 개념을 놓고 동물권 부정론자들로터 '자기지각self-awareness'이란 용어를 심심찮게 듣게 된다. 커러더스에 따르면 어떤 대상이 의식을 가졌다고 보기 위해서는 지각할 수 있다는 것으로는 부족하고 거기에 더해 '그가 지각하고 있다'는 것을 지각할 수 있어야 한다.55) 커러더스의 견해가 옳다면 절대 다수의 동물들은 지금의 지옥에서 벗어날 수 있다는 희망은 버려야 한다. 하지만 윤리적 맥락에서 동물의 마음을 해부한 것으로 유명한 데그라치아David DeGrazia가 지적한 바와 같이 모든 의식에 자기지각이 요구된다는 명확한 이유를 찾기 어렵다. 즉, 노란색 꽃을 보는 데는 의식이 요구되며, 어떤 대상이 노란색 꽃을 보고 있을 것이지만, 그 경험 자체가 누가 보고 있는지에 대한 의식적 인식을 필요로 한다고는 할 수 없다.56)

모든 의식에 자기지각이 요구되는 것은 아니라면 동물의 의식을 어떻게 이해해야 하는가? 철학자 네이글Thomas Nagel로 눈을 돌려야 할 시점이다. 모든 심적 현상은 물리적 현상physical phenomenon으로 충분히 환원될 수 있다는 환원주의reductionism에 반기를 든 네이글은 화제의 논문 '박쥐이면 어떤 기분일까?What Is It Like to Be a Bat?'에서 일명 '어떤 기분일까 기준what it is like criterion'을 제시함으로써 환원주의에 의문을 제기한다.

어떤 기분일까 기준

"어떤 유기체가 의식적인 심적 상태를 가졌을 때는 그 유기체인 기분 같은 것을 가졌을 때, 즉 그 유기체만의 기분 같은 것을 가졌을 때이며 오직 그때뿐이다."57)

네이글에 따르면 'X가 의식을 가졌다'는 것은 'X만의 기분 같은 것을 가졌다'는 것을 의미한다. 즉, 특정 개체의 의식적 경험conscious experience은 주관적인 것으로서 내게는 차단된 경험일 수밖에 없다. 박쥐의 의식 경험을 생각해보자. 박쥐의 뇌는 코와 입에서 발사된 초음파의 반향反響으로 물체의 위치, 크기, 윤곽, 움직임뿐 아니라 질감에 대한 정보까지도 취할 수 있게끔 되어 있다. 박쥐의 초음파 탐지 역시 인식의 한 형태임에 틀림없다. 하지만 우리의 감각과 상이한 작동원리를 가졌으므로 우리가 경험하거나 상상하는 것과 유사할수 없다.[58]

박쥐의 경험을 알기 위해서는 박쥐가 되면 어떤 기분이 들지를 알아야한다. 하지만 내가 어떤 상상을 해도 그 상상은 내 마음에서 나온 것이므로 그것으로 박쥐만의 기분을 알 수 없다. 다시 말해 지금의 내 경험에 어떤 상상을 가감해도 그것이 박쥐의 경험일 수 없으므로, 박쥐의 의식 경험은 내게는 차단된 경험이다.[59] 동물에게 의식이 있는지의 물음만을 놓고 본다면 네이글의 해석으로 족한 것은 아닌가?

동물에게 의식이 있는지의 물음만을 놓고는 네이글의 해석으로 족할 수

네이글은 얼마나 많은 형태의 의식경험이 있건 간에 어떤 유기체에게 의식적 경험이 있다는 것은 그 유기체인 기분 같은 것이 있다는 것을 의미한다고 주장하고, 단순유기체는 모르겠지만 여러 수준의 동물들에게 다양한 형태의 의식경험이 존재한다는 주장과 함께 외계생명체들에게도 상상도 할 수 없는 무수한 형태의 의식 경험이 있을 가능성을 열어 놓는다. 고대이집트 아비도스의 신전에 헬리콥터 등의 비행체를 연상케 하는 상형문자가 새겨져 있다.

있으며, 커러더스의 자기지각 기준 또는 그보다 더 엄격한 능력을 요구하는 기준을 받아들일 수 없는 또 다른 이유는 바로 주변부 사람들 때문이다. 즉, 자기지각 능력이나 그 이상의 능력을 갖지 못한 존재는 의식을 가질 수 없다면, 중증의 치매환자나 영아 등 그들 능력을 갖지 못한 사람들은 의식이 없다고 보아야 한다.

호주의 철학자 암스트롱David Armstrong을 따라 지각이 있는 존재sentient creature, 즉 느낄 수 있고 자신이 처한 환경에 반응할 수 있는 존재를 크게 보아 의식이 있는 존재라고 해보자.60) 그렇다면 인간, 돼지, 송충이와 송사리, 식물은 물론 아메바까지도 의식을 가졌다고 보아야 한다. 이는 그들 사이에 양적, 질적 면에서 의식을 가진 정도에 차이가 난다는 의미이며, 따라서 지금의 논의에 비추어 유의미한 정도를 찾아 경계를 설정해야 한다. 하지만 어디에 경계를 설정해도 동물권 부정론자가 원하는 답변을 얻을 수는 없다. 그와 같은 방법으로 동물의 의식을 부정하고자 한다면 주변부 사람들의 의식도 부정해야 하기 때문이다.

이상의 논의를 통해 욕구를 갖는 데 요구되는 두 필요조건을 마련할 수 있었다. 하지만 해결해야 할 문제가 남았다. 즉, 욕구는 명제적 태도propositional attitudes라는, 따라서 명제적 태도를 가질 수 있다는 것이 욕구를 가질 수 있다는 것의 필요조건이라는 동물권 부정론자들의 주장을 해결해야 한다. 그에 대한 논의는 '부록'으로 미루기로 하자.

3.5. 고통을 당하지 않을 권리

3.5.1. 동물은 고통을 느끼지 못하는가?

봄햇살은 맑고 따사로웠다. 동생(반려견)과 함께 골목 어귀로 막 들어섰을 때였다. 비극은 느닷없이 찾아왔다. 20대 청년이 동생을 있는 힘껏 걷어찬 것이다. 동생은 외마디 비명과 함께 쓰러졌고, 청년은 재밌다는 듯 낄낄거렸다. 그러고는 웃음 섞인 한 마디를 내뱉었다. "개XX 들은 아픈 걸 싫어한단 말이야!"

그 날 필자가 악마를 보았음에 틀림없다. 악마가 아니고서는 7살 아이에게 누군가를 죽이고 싶은 생각이 들게 할 수는 없기 때문이다. 잊고 싶은 기억을 들춰낸 이유는 이렇다. 중범죄자가 되어 콩밥을 먹고 있을 악마도 알았던 사실을 모르는 사람들이 있기 때문이다.

고통을 느끼지 못한다면 고통스러운 느낌에서 벗어나고픈 욕구가 있을 수 없고, 따라서 고통을 당하지 않을 권리도 있을 수 없다. 동물이 고통을 느끼지 못하는가? 모름지기 공감능력이 떨어지는 싸이코패스에게나 해당되는 물음일 것이다. 하지만 이 우문이 근대철학을 창시한 데카르트René Descartes, 1596~1650에게도 해당된다니 놀랍지 않을 수 없다.

데카르트는 1637년에 출간된 《방법서설Discourse on the Method》에서 동물을 이성이 없는 일종의 자동장치들automata로 규정함으로써 인간의 세계와 동물의 세계를 분리시키는 철학체계를 구축하며(데카르트 철학의 출발점이 되는 제1원리인 '나는 생각한다, 고로 나는 존재한다Cogito ergo sum'에서의 '나'는 인간에 국한된다), 사망 일 년 전인 1649년에 영국의 철학자 모어Henry More, 1614~1687에게 보낸 편지에서도 확인할 수 있듯이 동물과 기계가 존재론적으로 다르지 않다고 믿었다.

> "예술은 자연을 모방하고 인간은 생각 없이 움직이는 갖가지 자동장치들automata을 만들어내므로, 자연이 인공적인 것보다 훨씬 멋들어진 나름의 자동장치들을 만들어낸다고 보는 것이 합리적인 것 같소. 그 자동장치들이 바로 동물이라오."61)

데카르트의 동물기계 독트린은 "동물은 즐거움 없이 먹고, 고통 없이 울부짖고, 자신이 성장하는 줄도 모르고, 욕구하는 것이 없고, 두려움을 느끼지 않고, 아무 것도 모른다"고 단언한 철학자 말브랑슈Nicolas de, Malebranche, 1638~1715 등 동물의 비명을 기계음으로 여기는 수많은 추종자들을 낳았으며,[62] 마취제가 없었던 당시 동물생체해부자들의 죄책감을 해소해준다.

싸이코패스 운운하며 데카르트를 언급하는 결례를 범했다. 데카르트를 위해 변명을 하자면, 그가 어릴 적부터 동물을 자동장치로 믿었고 그 믿음을 입증하기 위해 새로운 철학체계를 구축했다면 그 역시 남의 고통을 공감하지 못하는 인물이었을 수 있다. 하지만 동물기계 독트린이 그가 창안한 철학체계의 부산물이라는 점에서 그럴 가능성은 한 층 줄어든다고 해야 할 것이다.

여하튼 동물을 자동장치라 믿은 이유가 궁금하지 않을 수 없다. 데카르트로서는 신학적인 이유로도 동물의 사고를 인정할 수 없었을 것이다. 사고는 불멸의 속성을 가진 영혼의 활동이므로 동물의 사고를 인정한다는 것은 동물

1638년 안과학의 발전에 일조한 프렘피우스V. F. Plempius 1601~1671에게 보낸 편지에서도 확인할 수 있듯이, 데카르트는 동물을 자연이 만들어낸 자동장치로 보아 (영혼의 유무를 알아내기 위해) 생체해부를 직접 했을 뿐 아니라 권유하기도 했으며, 동물의 비명을 기계음으로 여겼다. 음식전문작가 스펜서Colin Spencer는 ≪이단자의 향연: 채식주의의 역사The Heretic's Feast: A History of Vegetarianism≫에서 "근대철학의 아버지 데카르트는 아내 애완견의 네 발을 널빤지 위에 못 박고 살아 있는 상태로 해부를 했다"고 기술했지만,[63] 데카르트는 (사생아 딸 프랜시스가 있었지만) 평생을 독신으로 지냈기에 '아내의 애완견' 부분은 과장으로 보아야 한다. 사진은 (左)18세기 자동인형 제작자로 이름을 떨친 보캉송Jacques de Vaucanson이 만든 '소화하는 오리' 단면도와 (右)에밀 에두아르 무시Émile-Édouard Mouchy가 1832년에 그린 개를 마취 없이 생체해부를 하는 장면으로 실험당사자와 참관자 모두 개의 비명을 기계소음 정도로 여기고 있다.

이 불멸의 영혼을 가졌다는 것을 인정하는 것과 다르지 않았을 것이기 때문이다. 하지만 데카르트가 동물의 지위 논쟁에 회자되는 이유는 그의 입장이 의식에 대한 성찰로 얻어낸 실체이원론에(비물질적인 실체인 '마음'과 물질적인 실체인 '외계外界, external world'는 완전히 다른 존재영역에 있다는, 따라서 피차 상대편 없이도 존재할 수 있다는 믿음) 기반하기 때문이다.

생각의 주체인 마음과 생각의 주체가 아닌 몸이 완전히 별개라고 해보자. 그렇다면 감각과 감정이 존재하는 곳은 마땅히 마음이라야 한다. 하지만 여전히 의문은 남는다. 그것만으로는 동물의 고통을 부정할 수 없기 때문이다. 여기가 데카르트의 마음에 관한 두 테스트 중 '언어 테스트'가 등장하는 대목으로, 그는 동물에게 사고가 없는 이유를 언어의 부재에서 찾아 언어가 없다는 것을 언어가 표현하는 생각이 없다는 의미로 이해했다.

동물은 언어가 없기에 고통을 느끼지 못한다? 고통이 언어와 유관하다는

"잔인함은 신에 대한 불충이요, 최악의 이단이고, 무신론이다. 인간에게 가해지든 동물에게 가해지든 고통은 고통일 뿐이다"라고 기독교인들에게 일침을 가한 영국성공회목사 프리맷Humphrey Primatt, 1736~1779은 다음과 같이 데카르트와 대척점에 선다. "짐승은 인간 못지않게 고통을 느끼는 동물이다. 그들은 인간과 유사한 신경과 감각기관을 가졌다. 신체에 폭력이 가해지면 말이나 인간의 음성으로 고통을 표현하지 못하지만, 울부짖고 신음소리를 낸다는 것이 그들도 고통을 느낀다는 뚜렷한 징표다."64)

것이다. 상식으로는 납득하기 어려운 것이 사실이다. 그럼에도 대철학자 데카르트가 그와 같이 생각한 이유가 궁금하지 않을 수 없다. 과학이 발달하지 않았던 당시로서는 동물에게 언어가 없는 이유가 조음기관이 없기 때문이라거나 지적 능력이 떨어져서라고 생각하는 것이 자연스러울 수 있었다. 하지만 데카르트는 모어에게 쓴 편지에서 인간은 장애로 말을 할 수 없어도 (단어로 자신의 생각을 타인에게 선언하는 선언형 언어에 해당하는) 몸짓을 창안해 내지만 동물은 조음기관을 가졌음에도 언어를 갖지 못했다고 지적하며, 우둔하거나 정신이 온전치 못한 사람도 언어로 생각을 전달한다는 점을 들어 동물이 언어를 갖지 못한 이유가 지적 능력이 떨어져서일 가능성도 일축한다.[65]

그렇다면 동물이 서로에게 내는 소리는 어떻게 이해해야 하는가? 동물이 구둣발에 차였을 때 내는 소리는 또 무엇인가? 여기가 데카르트로부터 귀를 의심케 하는 답변을 듣게 되는 대목으로, 동물이 소리를 내는 것은 생각이나 고통을 표현하는 것이 아닌 마음이 없는 시계가 기계음을 내는 것과 다르지

야생동물은 심각한 부상을 입어도 인간에 비해 민감하게 반응하지 않는다. 이러한 사실이 동물은 인간보다 고통을 덜 느낀다는 믿음에 한 몫을 한 것이 사실이다. 하지만 그들이 고통에 둔감해 보이는 것은 포식자의 표적이 되지 않기 위한 진화적 적응evolutionary adaptation 현상으로 이해해야 한다. 문제는 농장동물이다. 포식자가 없음에도 고통에 둔감해 보이기 때문이다. 하지만 이 역시 수의학자 언더우드W. J. Underwood의 연구논문에 따르면 고통을 덜 느껴서가 아닌 야생성이 아직 남아 있기 때문이다.[66] 독일의 표현주의 화가 프란츠 마르크Franz Marc의 유화 속 노동에 지친 당나귀들의 모습이 인상적이다.

않다는 것이다.[67] 사고를 위해서는 언어가 필요하지만 동물에게는 언어가 없으므로, 즉 동물은 생각할 수 없으므로 냄새와 맛뿐 아니라 추위와 더위, 배고픔과 목마름, 공포와 두려움, 쾌락과 고통을 느낄 수 없고, 그들의 비명과 몸부림은 기계음과 기계적인 반응에 불과한가?

사고가 언어에 의존한다는 주장에 대해 수많은 철학적, 언어학적 반론이 제기된 바 있으며,[68] 굳이 그들 반론에 의존하지 않더라도 인지심리학적 연구가 언어 없이 사고가 가능하다는 데 힘을 실어준다. 자폐증 환자의 경우가 그 증거이며,[69] 전언어기前言語期의 영아도 또 다른 증거일 수 있다. "전언어기의 아기들도 생각하고, 관찰하고, 판단한다는 것이 영아 발달과정을 연구한 학

생물학자 콘 슬로보드치코프Con Slobodchikoff가 25년의 연구 끝에 프레리독의 언어를 해독해내 화제가 된 바 있다. 개 짖는 듯한 소리를 낸다고 해서 '프레리독prairie dog, 초원의 개'이라는 이름을 갖게 된 프레리독은 검은 꼬리black-tailed, 흰 꼬리white-tailed, 거니슨Guinnison's, 유타Utha, 멕시코 프레리독 Mexican prairie dogs의 다섯 종으로 나뉜다. 슬로보드치코프에 따르면 거니슨 프레리독이 내는 경고음에 코요테, 매, 인간 등 침입자의 종류에 관한 정보가 담겨 있으며, 특히 인간이 대상일 경우 몸의 크기와 모양뿐 아니라 옷 색깔에 대한 정보도 담겨 있다. (같은 사람이 시간차를 두고 다른 옷을 입고 다가가면 몸의 크기와 모양에 대해서는 동일한 정보를 담은, 하지만 옷 색깔에 대해서는 다른 정보를 담은 경고음을 낸다.) 동물원의 프레리독 무리에 다른 지역 출신의 프레리독을 합사하면 사투리 때문에 어울리지 못하는 일까지 발생한다고 한다. 물론 언어를 가진 포유류가 프레리독에 국한되지 않는다. 심지어 단어를 조합해 새로운 상황을 표현하는 포유류와 조류가 있다는 것도 잘 알려진 사실이다.

자들에 의해 밝혀진 바 있다. 전 언어기의 아기들도 증거를 검토하고, 결론을 내리고, 실험을 하고, 문제를 풀고, 답을 찾는다."[70] 동물이 인간의 언어를 배울 수 있다는 것도 위의 주장을 수용할 수 없는 결정적인 이유가 될 수 있으며,[71] 고통은 생명체의 생존과 번식 능력을 향상시키는 유전적 특징이라는 진화생물학자들의 연구결과도 위의 주장에 치명타가 아닐 수 없다.

물론 데카르트가 동물의 고통에 대해 잘못 진단했다는 것이 동물이 고통을 느낀다는 것을 의미하지는 않는다. 동물행동학자 도킨스Marian Dawkins가 지적한 바와 같이 고통은 "사적이며 자기 자신만이 알 수 있고 자신의 피부 안에 사는 사람만이 경험할 수 있는 불쾌한 주관적 상태"이기 때문이다."[72] 타자가 고통을 느끼는지를 알 수 있는 경험적인 방법이 있을 수 없다는 공감대가 형성된 이유이며, 싱어가 통증에 대해 다음의 견해를 보인 이유이기도 하다. "베스트 프랜드의 고통이든 떠돌이 개의 고통이든 타자의 고통을 직접적으로 경험할 수 없다. 통증은 관찰할 수 없는 의식 상태state of consciousness이고 정신적 사건mental event이다."[73]

타자가 고통을 느끼는지를 직접적으로 경험할 수 없으므로, 과학적인 방법을 통해 알아내는 것이 차선책일 수 있다. 하지만 이 역시 여의치 않다고 보아야 한다.

"얼핏 보아도 '고통'과 '과학적'은 함께 고려할 수 있거나 고려해야 하는 용어가 아니다. 우리에게 적용할 때 '고통'이란 두려움, 통증, 좌절과 같이 사적인 그리고 경험하는 사람만이 알 수 있는 불쾌한 감정에 대한 주관적인 경험이다. 따라서 고통 이란 용어를 인간 이외의 동물에게 사용한다는 것은 그들 역시 그들에게 사적인 따라서 우리가 알 수 없는 주관적인 경험을 한다고 가정하는 것이다. 반면 '과학적'은 객관적으로 관찰 가능한 사건으로 가설을 테스트하는 과정을 통해 지식을 획득하는 데 사용하는 용어이다. 문제는 타종이 우리의 고통과 같은 주관적인 경험을 하는지를 알아내는 것은 고사하고 인간의 의식에 대해 아는 것이 너무 적어서 우리를 들여다볼 수 있는 객관적으로 관찰 가능한 사건이 무엇인지도 알지 못한다는 데 있다. 따라서 동물의 고통에 대한 과학적 연구는 테스트할 수 없는 것에 대해 테스트를 요구하는 내재적 모순에 기초하는 것처럼 보인다."[74]

과학적인 방법도 여의치 않다면 문제 해결의 실마리를 어디서 찾아야 하는가? 어디에서 실마리를 찾든 그에 앞서 동물과 인간 사이에 세상에 대한 견해가 다를 수 있다는 점을 인정해야 한다.

"우리 자신의 피부 밑에서 빠져나와 다른 동물의 피부 밑으로 들어갈 때, 우리는 동물에게 고통이나 쾌락을 일으키는 사건이 인간의 경우와 전혀 다를 수 있음을 명심해야 한다. 닭이나 박쥐의 처지가 된다는 것은 닭장에 갇혀보거나 박쥐 복장을 하는 것이 아니라 실제로 닭이나 박쥐의 처지가 되어보는 것이다. 둘 사이에는 커다란 차이가 있다. 전자는 동물을 털이나 깃털이 났을 뿐 우리와 같은 존재로 보는 반면, 후자는 세상에 대한 동물의 견해가 우리 인간과 매우 다를 수 있음을 인정한다. 동물에게 필요한 것(또한 동물이 편안하거나 불편하게 느끼는 것)이 우리에게 필요한 것과 전혀 딴판일 수 있음을 인정한다. 그런 뒤에야 우리는 세상에 대한 동물의 견해가 실제로 어떤지 알아내는 작업을 할 수 있다."[75]

동물의 피부 밑으로 들어갈 수 없을 뿐 아니라 동물에게 고통이나 쾌락을 유발하는 사건과 인간에게 유발하는 사건이 다를 수 있다. 즉, 동물이 고통을 느낀다는 간접증거만이 가능하다고 보아야 한다. 하지만 그것이 동물의 고통 문제를 해결할 수 없다는 의미는 아니다. 직접적인 증거가 없는 '시신 없는 살인사건'에서 간접증거를 바탕으로 살인혐의에 대해 유죄판결을 내린 판례가 있듯이, 간접증거가 축적되면 의문을 해소시킬 수 있는 강한 증거가 될 수 있기 때문이다.

이제 동물이 고통을 느낀다는 것을 보여줄 수 있는 간접적인 증거원을 추려야 하며, 도킨스를 따라 '신체적 건강', '생리적 신호', '행동' 정도를 추릴 수 있다.[76] 통증이 동물의 건강에 영향을 끼칠 수 있으며, (식물 유전학자 샌포드John Sanford에 의해 동물도 고통스러운 자극에 반응해 생화학적 변화를 일으키고, 생리적 지수와 행동에 변화를 일으키는 감각체험을 한다는 것이 밝혀졌듯이[77]) 동물도 유해자극noxious stimuli에 노출되면 생리적 변화를 겪는다. 하지만 "기술이 발달한 지금도 생리 현상을 측정하는 자체가 동물에게 고통을 줄 수 있으므로",[78] 이들 세 증거원 중 동물을 방해하지 않고 관찰할 수 있는 행동에 초점을 맞춰보기로 하자.

2016년 어느 여름날이었다. 아침에 눈을 떴는데 침대 곁에서 꼬리를 흔들고 있어야 할 발려견 루이의 모습이 보이질 않았다. 처음 있는 일이라 서둘러 찾아보니 거실 구석에 비스듬히 누워서 물끄러미 쳐다만 보고 있는 것이 아닌가. 몸을 일으켰으나 주저앉았고, 다리를 살펴보니 관절 부위가 부어 있었다. 늘 다니던 동물병원의 엑스레이와 피검사, 촉진 결과는 충격적이었다. 아킬레스건이 끊어졌다는 것이었다. 의사는 수술경험이 많다는 선배의사

개 간식 겉봉에서 'DELICIOUS맛있는'라는 단어가 들어간 문구를 보게 된다. 그럴 때면 누가 맛을 봤을지 궁금해서 견딜 수가 없다. 회사 직원이 맛을 봤다면 위의 문구를 신뢰할 수 없다. 추측컨대 개들에게 먹여보고 반응을 관찰하지 않았을까? 그랬다면 문제의 사료가 맛있다는 간접적인 증거가 될 수 있다. 동물의 피부 밑으로 들어갈 수 없다는, 따라서 동물이 고통을 느낀다는 간접적인 증거만이 가능하다는 주장도 같은 맥락으로 이해할 수 있다.

를 소개하며 고액의 수술비용도 일러줬다. 소개받은 병원으로 향하는 내내 미심쩍은 마음이 가시질 않았다. 차를 세워 수술로 유명한 병원을 검색한 후 방향을 돌려 신촌에 소재한 대형병원으로 향했다. 서둘러 접수를 마치고 진찰실에 들어서는 순간 스트레스와 피로가 순식간에 사라졌다. 의사가 한 눈에 아킬레스건 문제가 아니라는 진단을 내렸기 때문이다. 아킬레스건이 끊어지면 루이 다리와 같은 각도가 나올 수 없다는 것이었다. 추가검사 결과 타박상 진단이 내려졌고, 처방받은 진통소염제를 먹고는 몇 시간 만에 절뚝거리며 문제의 발에 체중을 싣기 시작했고, 하루가 채 지나지 않아 언제 그랬냐는 듯 뛰어 놀기까지 했다. 타박상을 입은 발에 체중을 싣지 못한 것이 그리고 진통소염제를 먹고 체중을 싣기 시작한 것이 무엇을 의미하는가?

2016년 12월 15일 열린 왓포드와의 경기 도중 맨체스터 시티 미들필더 일카이 귄도간이 무릎 인대를 다치는 부상을 입는다. 귄도간이 다친 발에 체중을 싣지 못하는 모습을 본 관중들은 고통 때문이라고 생각했다. 귄도간의 피부 밑으로 들어가지 않았음에도 고통 때문이라고 생각한 이유는 자신이 경험에 비추어 또는 같은 경험을 한 사람의 이야기를 듣고 발에 고통을 느낄 때 보이는 전형적인 행동으로 인식했기 때문이다.

이제 루이가 발에 체중을 싣지 못한 데 대한 합리적인 유추가 가능하다. 즉, 내가 또는 다른 사람들이 고통을 느낄 때와 유사한 반응을 귄도간이 보인 것으로 미루어 그가 발에 체중을 싣지 못한 이유가 고통 때문이라고 유추할 수 있으며, 따라서 귄도간과 유사한 반응을 보인 루이 역시 고통으로 발에 체중을 싣지 못했다는 유추가 가능하다.

더욱이 고통이 동물에게 생리적 변화를 일으키고, 고통을 줄이거나 피하려는 행동적 변화와 상처 재발을 방지하고 회복에 도움이 되는 행동적 변화도 유발한다는 수의학자 몰로니Vince Molony의 실험결과와 루이의 행동이 정확하게 일치한다.[79] 다친 다리에 체중을 싣지 않는 것이 고통을 줄일 수 있고 그래야 회복도 빨라질 것이기 때문이다. (루이가 어디서 타박상을 입었는지 파악할 수 없었지만 한 동안 그 곳을 회피하지 않았을까?)

비단 행동 증거만이 아니다. 빨갛게 달아오른 난로에 무심코 손을 댔다고 해보자. 그럴 경우 피부에 있는 통각 수용기pain receptor인 자유신경종말free nerve ending이 자극을 받아 전기적 현상인 활동 전위action potential가 발생한다. 이 전기적 현상이 신경섬유에이-델타섬유A-delta fibres와 씨-섬유C-fibres를 따라 척수에 전달되면 시냅스synaps를 통해 화학적 자극으로 바뀌며, 이 화학적 자극이 척수시상로spinothalamic tract에서 다시 전기적 현상으로 바뀌어 시상하부hypothalmus를 통해 대뇌의 감각영역으로 전달된다. 손이 아프다는 것을 대뇌가 알게 되는 그래서 난로에서 손을 떼게 함으로써 더 깊고 광범위한 조직 손상으로부터 벗어나게 되는 경로이다.

고통을 통해 위험을 감지하고 방어하는 것이 뇌의 작동원리라면, 즉 고통을 느끼는 것이 생존을 위한 방어기제라면 타종에 대해서도 동일한 해석을

인간이 동물보다 더 큰 고통을 느낀다는 말을 심심찮게 듣게 된다. 인간이 동물보다 높은 수준의 인지능력을 가졌기에 더 큰 고통을 느낀다는 것이 그들의 주장으로, 예컨대 회사원과 개가 다리에 골절상을 입었을 경우 회사원은 처리중인 업무에 지장이 초래돼지 않을지, 해고를 당하지 않을지, 뼈가 잘 붙을지, 치료비용을 감당할 수 있을지 등의 문제를 놓고 노심초사할 것이며, 따라서 개보다 더 큰 고통을 느낀다는 것이다. 하지만 정치철학자 코라네Alasdair Cochrane가 지적한 바와 같이 같은 이유로 개가 더 큰 고통을 느낄 가능성을 열어놔야 한다.[80] 회사원의 경우 진통제로 고통을 이겨낼 수 있다는, 4주만 참으면 깁스를 풀 수 있다는, 재활치료를 통해 이전 상태로 돌아갈 수 있다는, 건강의 소중함을 알게 됐다는 등의 고통에 대한 합리적인 사고를 통해 희망이라도 가질 수 있지만 개는 그것이 가능하지 않기 때문이다. 사진은 2016년 여름 필자를 패닉에 빠뜨렸던 루이이다.

내려야 하는 것은 아닌가? 인간과 마찬가지로 에이-델타섬유A-delta fibres와 씨-섬유C-fibres를 가졌음에도 동물이 뜨거운 것에서 몸을 떼는 이유가 통증 때문이 아닐 개연성은 매우 떨어진다고 보아야 할 것이다. 루이(개)가 에이-델타섬유와 씨-섬유를 가졌다는 사실이 통증 때문에 타박상을 입은 다리에 체중을 싣지 못했다고 보아야 하는 또 다른 증거일 수 있다는 뜻이다.

생식계에서만 포유류와 유의미한 차이를 보이는 조류의 경우는 어떠한가?

"아버지가 처음으로 닭 잡은 경험을 들려준 적이 있다. 배운 대로 몸통을 땅에 누이고 날갯죽지를 한 발로 눌러 고정한 채 목을 단박에 꺾었다. 잠든 듯이 눈을 감았던 닭은 손아귀 힘을 풀자 잽싸게 일어나 달아났다. 이번엔 젖은 수건을 쥐어짜 듯이 목을 두 바퀴 비틀었다. 머리를 늘어뜨린 동물은 아직도 비틀비틀 도망치고 있었다. 자신감을 잃은 아버지는 물이 펄펄 끓는 가마솥에 닭을 그대로 던져 넣었다.

새끼 돼지가 태어나면 신경이 살아 있는 송곳니를 마취 없이 자른다. 젖을 차지하려 다투다 상처를 입힐 수 있기 때문이다. 수컷으로 태어나기라도 한다면 더 지독한 지옥을 맛봐야 한다. 고기의 노린내를 미리 제거하기 위해 생후 열흘 안에 마취 없이 고환을 뜯어내기 때문이다. 위스콘신대학교 수의학대학 연구진이 개를 대상으로 통증관리 효과에 대한 연구를 수행한 바 있다. 연구 결과에 따르면 질병과 상처 치료, 수술 후에 통증을 관리한 결과 호흡기능이 증진됐고, 스트레스 반응이 감소됐으며, 입원기간이 줄어들었고, 회복이 빨라졌고, 감염률이 낮아졌고, 수술 후 물과 음식을 먹는 기간이 짧아졌다. 위의 연구가 개도 통증을 느낀다는 결정적인 증거일 수 있으며, 동물 중 유일하게 개만이 통증을 느낄 개연성은 없다고 해도 무방할 것이다.

닭은 하반신이 벌겋게 익은 채 날갯짓으로 뛰쳐나왔고 땅바닥에 누워 퍼덕였다. 만신창이가 된 생명을 주방에서 가져온 식칼로 내리쳐 끝을 냈다. 아버지는 사람 몸을 헤집는 의사이면서도 오랫동안 육식을 포기했다."[81]

인간에게 고통을 느끼게 하는 자극을 조류에게 가하면 여타 포유류와 마찬가지로 혈압이 올라가고 동공이 확대된다. 조류도 통증을 느낀다는 증거일 수 있으며(수의학자 쇼트C. E. Short가 다양한 종의 척추동물이 유사한 방식으로 고통을 받아들인다는 연구결과를 내놓은 바 있다[82]), 인간이 진화의 산물이라는 것이 동물도 고통을 느낀다는 보다 결정적인 증거일 수 있다. 철학자 매튜스Gareth Matthews가 주장한 '심리적 연속성 원리principle of psychological continuity'에 따르면,

심리적 연속성 원리

"어떤 주어진 심리상태, 행동 또는 기능을 p라고 했을 때, 가장 하등한 종을 제외한 어떤 종에 속해있는 특정 동물에게 p가 가능하다면, 그 동물보다 하등하며 p의 모델model인 어떤 심리상태, 행동 또는 기능 p'가 가능한 동물이 존재한다."[83]

심리적 연속성 원리에 따라 인간이 진화의 산물이라면 종 사이에 심리적 연속성이 유지된다고 보는 것이 합리적이다. 즉, 인간이 진화의 산물임에도 유독 인간만이 고통을 느낀다는 것은 누가 봐도 어불성설이다. 어류로 눈을 돌려보자. 어류의 뇌는 인간의 뇌가 갖고 있는 특징을 포유류보다는 덜 공유하고 있다. 따라서 동물권 옹호론자들로부터도 어류는 고통을 느끼지 못한다는 주장을 듣게 된다. 하지만 어류의 뇌가 인간의 뇌와 다른 방식으로 진화했다는 사실이 어류가 고통을 느끼지 못한다는 증거는 될 수 없다.

포유류의 경우 뇌 부위인 '신피질neocortex' 덕분에 타자의 얼굴을 구분할 수 있다. 우리가 개의 얼굴을 구분하는 것도, 개가 우리의 얼굴을 구분하는 것도 신피질 덕분이다. 따라서 뇌에 신피질이 없는 어류의 경우는 사람의 얼굴을

구분하지 못한다고 생각할 수 있다. 하지만 최근의 연구에 따르면,

> "물총고기라는 열대 물고기도 사람의 얼굴을 구분할 수 있다는 연구결과가 발표됐
> 다. 길이 10cm 정도의 물총고기는 입에서 물을 쏘아 수면 위의 먹잇감을 떨어뜨리
> 는 방식으로 사냥하는 습성을 지닌 물고기다. 영국 옥스퍼드대학과 호주 퀸즐랜드대
> 학 등 국제공동연구진은 모니터를 통해 특정한 사람의 얼굴이 있는 방향으로 물을
> 쏘면 그에 대한 보상으로 먹이를 주는 방식으로 물총고기들을 훈련시켰다. 그 후
> 수십 명의 사람 얼굴 중 하나를 선택하게 한 결과 최고 80%의 확률로 모니터를
> 통해 얼굴을 익힌 사람을 향해 물을 뿜는 것으로 나타난 것."[84]

어류의 경우 뇌에 신피질이 없음에도 인간의 얼굴을 구분하는 능력을 가졌듯
이, 어류의 뇌가 인간이 뇌와 다른 방향으로 진화했다는 사실과 어류가 고통
을 느끼지 못하는지는 별개의 문제로 보아야 한다. 오히려 인간과 마찬가지
로 신경섬유인 에이-델타섬유와 씨-섬유를 가졌으므로 그들의 행동을 관찰
하는 것이 고통을 느끼는지를 판단하는 적절한 방법일 수 있다.

생물학자 브레이스웨이트Victoria Braithwaite가 무지개송어를 대상으로 행동관찰
실험을 진행한 바 있다. 무지개송어 한 무리의 입술에는 마취 없이 소량의
소금물을 그리고 다른 한 무리의 입술에는 마취 없이 (인간에게 고통을 유발하
는) 식초산을 소량 주사한 후, 수조에 밝은 색의 레고벽돌을 넣었다. 레인보우
송어에게 새것혐오증이 있다는 상식을 확인이라도 해주려는 듯이 소금물을
주사한 송어들은 벽돌 근처에 가지 않았지만 식초산을 주사한 송어들은 벽돌
근처에서 보내는 시간이 길었다. 실험을 반복해도 두 무리 모두 동일한 반응
을 보였고, 식초산을 주사한 송어들에게 진통효과가 큰 모르핀을 주사하자
비로소 벽돌을 피하기 시작했다. 브레이스웨이트의 실험이 유독한 환경에
처한 어류는 정상적인 행동을 보이지 않는다는 기존의 실험결과에 더해 어류
는 고통을 느끼지 못한다는 통념을 허물었다고 해야 할 것이다.

영장류뿐 아니라 그 이외의 포유류와 조류가 뜨거운 것을 회피한다는 것은 익히 알고 있는 사실이며, 어류 역시 뜨거운 것이 몸에 닿으면 즉각 반응한다. 갑각류는 어떠한가?

"'갑각류'의 고통은 최근 중국의 한 훠궈 식당에서 구사일생한 가재 영상을 보면 잘 알 수 있다. 중국판 트위터 웨이보에 올라온 영상에는 산채로 탕 냄비 가장자리에 매달린 가재 모습이 담겼다. 가재는 펄펄 끓는 탕에서 힘겹게 빠져나왔지만 한쪽

인간과 고등 척추동물만이 가졌다고 알려진 (빠른 통증을 담당하는) 에이-델타섬유와 (느린 통증을 담당하는) 씨-섬유를 송어도 가졌다는 것이 밝혀진 바 있다. 무지개송어의 입술에 마취 없이 벌침을 놓거나 식초산을 주사했다. 그러자 먹이에 입을 대지 않고 수면으로 올라와 몸을 흔들어댔고 수조 벽에 입술을 문질러댔으며, 한 시간 반이 지나서야 비로소 먹이에 입을 대기 시작했다. 하지만 마취 없이 소금물을 주사한 개체에서는 어떤 이상 행동도 나타나지 않았다. 뿐만 아니라 고통스러운 열에 노출됐던 경험이 있는 어류는 고통을 기억하며, 어류도 포유류와 같이 고통을 피하는 방법을 습득할 수 있고 두려움을 느낀다는 것도 밝혀진 바 있다. 수필가 월턴Izzak Walton이 1653년에 쓴 ≪조어대전Compleat Angler≫으로 당시 영국에서는 플라이 피싱Fly fishing이 유행했다. 사진은 (左)미국의 일러스트레이터 르헤드Louis Rhead가 월턴을 주제로 제작한 목판화와 (右)동물의 뼈를 깎아 만든 석기시대 낚시 바늘이다.

집게발이 이미 익어 축 늘어진 상태였다. 잠시 고민하는 듯하던 가재는 움직이지 않는 왼손 집게발을 다른 쪽 집게발로 떼어낸 뒤 탕 주위를 빠져나와 도망쳤다. … 로버트 엘우드 벨파스트퀸스대 생태학 교수는 '갑각류가 고통을 느낀다'는 연구 결과를 2013년 발표했다. 교수는 게를 보호소 양측에 나눠 배치한 뒤 한 쪽에는 반복적으로 전기 충격을 줬다. 다른 한 쪽에는 아무런 충격을 가하지 않았다. 그 결과 전기적 충격을 정기적으로 받은 게들은 대다수 보호소를 떠난 반면, 그렇지 않은 쪽은 그대로 남아 있었다. … 조나단 버치 런던정경대 조교수도 "갑각류는 신경계가 정교해 조직 손상 등에 대해 고통을 느낀다. 특히 산 채로 끓는 물에 담그면 심각한 고통을 느낀다"면서 "요리를 인도적으로 해야 한다"고 강조했다."85)

2017년 이탈리아 대법원이 산 바닷가재를 얼음과 함께 두는 것은 불법이라고 판결한 것도, 이듬해 스위스 정부가 동물보호법을 개정해 산 바닷가재를 요리 전 얼음과 함께 두는 것과 끓는 물에 바로 넣는 것 모두를 금지하고 반드시 기절시킨 뒤 요리하도록 한 것도 갑각류도 고통을 느낀다는 이유에서였다.

갑각류가 고통을 느낀다면 두족류는 어떠한가? "제니퍼 매더 레스브릿지 심리학 교수는 두족류는 인지 능력이 있으며 산 채로 먹힐 때 고통을 느낀다고 강조했다. 그는 "두족류는 척추동물처럼 고통을 느끼고, 스트레스를 받으며, 이런 상황들을 기억한다. 낙지 등이 생으로 조각조각나서 사람에게 먹힐 때 이들은 고통을 느낀다"고 말했다."86) 영국정부가 1993년 문어를 법적 보호 대상 동물로 지장한 이유이자, 유럽연합이 2010년 두족류를 척추동물과 마찬가지로 보호받아야 할 동물로 규정한 이유이다.

반면, 우리의 동물보호법은 학대행위로부터 보호받을 수 있는 동물을 척추동물로 국한함으로써 갑각류와 두족류를 보호 대상에서 제외시키고 있다. "'동물'이란 고통을 느낄 수 있는 신경체계가 발달한 척추동물로서 다음 각 목의 어느 하나에 해당하는 동물을 말한다. 가. 포유류, 나. 조류, 다. 파충류·양서류·어류 중 농림축산식품부장관이 관계 중앙행정기관의 장과의 협의를 거쳐 대통령령으로 정하는 동물[을 말한다]"(동물보호법 제1장, 제2조).

"이달[2018년 6월] 한 온라인커뮤니티 게시판에 "두족류의 고통을 최소화할 수 있게 단숨에 죽이고 요리하자. 생으로 요리하지 말자"는 글이 올라오자 120여 개의 비판 댓글이 줄을 이었다. 댓글에서 사람들은 "산 채로 먹어야 맛있다. 오징어한테 인권부여할 참이냐"거나 "살아있는 걸 먹는 것에 거부감을 느끼는 당신 같은 사람이 있는 반면 오히려 식욕이 올라가는 사람도 있다. 취향 존중 부탁한다" 등의 댓글이 달렸다. 글쓴이가 다시금 "소나 돼지에게 이산화탄소 도축법을 장려하는 건 고통을 줄이기 위해서다. 두족류에게도 고통을 느끼지 않을 자유를 줘야한다"고 말하자 "소·돼지와 해양생물이 같냐"는 비판 댓글이 달렸다."[88]

"[제니퍼 매더 교수는] "사람의 뉴런이 뇌에 있다면, 두족류의 신경계는 뉴런의 5분의 3이 다리에 있을 정도로 분산돼 있다"고 덧붙였다. 예컨대 사람의 팔이 잘려 누군가에게 먹힌다면 두뇌와 연결이 끊겨 고통을 못 느끼지만, 두족류는 그렇지 않다는 것. 분산된 신경계 때문에 한 번 잘린 뒤에도 다리가 조각조각 날 때마다 고통을 또 느낀다는 설명이다. 이 같은 이유로 매더 교수는 "살아있는 두족류를 생으로 먹는 건 너무한 일"이라고 말했다. 그가 한국에서 즐겨 먹는 낙지 탕탕이나, 살아있는 산낙지를 넣은 연포탕 등을 봤다면 기겁했을 만하다. 매더 교수는 급속 냉각 등을 통해 고통을 느끼지 않게 한 후 조리하는 걸 권장했다."[87] 술안주로 '산낙지'를 주문한 경험이 있다면 낙지의 잘린 조각들이 발버둥치는 것을 목격했을 것이다. 낚시를 즐기는 사람들도 눈여겨 봐야할 대목이다. 낚시 바늘에 미끼용으로 지렁이를 꿰면 같은 반응을 보이기 때문이다.

"산 채로 먹어야 맛있다. 오징어한테 인권부여할 참이냐"는 댓글을 단 네티즌은 날 것을 좋아하는 외계인이 지구를 점령하는 일이 없기를 바라야 한다. 그들이 "인간은 산 채로 먹어야 맛있다. 인간에게 알파 센터우리인의 권리를 부여할 참이냐"고 단언하는 알파 센터우리인Alpha Centaurian에게 기꺼이 산 채로 잡혀 먹히겠다고 해야 일관성을 유지할 수 있기 때문이다.

"살아있는 걸 먹는 것에 거부감을 느끼는 당신 같은 사람이 있는 반면 오히려 식욕이 올라가는 사람도 있다. 취향 존중 부탁한다"는 댓글을 단 네티즌에게는 보다 혹독한 평가가 가능하다. 당신을 납치해 고통을 가하고 다음과 같이 말하면 수긍하겠는가? "무고한 사람에게 고통을 주는 것에 거부감을 느끼는 당신 같은 사람이 있는 반면 오히려 기분이 좋아지는 사람도 있다. 취향 존중 부탁한다."

"소·돼지와 해양생물이 같냐"는 댓글을 단 네티즌에게도 묻지 않을 수 없다. 육지에서 태어난 것이 그토록 대단한 일인가? 고통이 인간, 소, 돼지에게

"2003년 과학자들은 곤충이 통증과 유사한 경험을 한다는 것을 알아냈으며, 오늘 시드니 대학의 닐리Greg Neely 교수와 동료 교수들이 곤충도 부상이 치료된 이후 오랫동안 지속되는 만성 통증chronic pain을 경험한다는 내용의 논문을 발표했다."[89] 곤충을 미래의 식량원으로 삼아야 한다는 주장에 신중을 기해야 하는 이유이자 농약이 또 다른 논란을 야기할 수 있는 이유이다.

악임을 부정할 수 없다. 그 이유는 고통을 느끼는 대상이 인간이나 소, 돼지이기 때문이 아닌 고통의 내재적 본질 때문이다. 즉, 고통은 인간, 소, 돼지뿐 아니라 고통을 느낄 수 있는 모든 대상에게 악이다. 유럽연합의 입장과 같이 갑각류와 두족류도 고통을 느낀다면 그들의 고통을 차별할 수 없다는 뜻이다.

3.5.2. 동물의 고통스러운 느낌에서 벗어나고픈 욕구

동물에게 고통스러운 느낌에서 벗어나고픈 욕구가 없다면 고통을 당하지 않음으로써 이익을 취할 수 없고, 따라서 고통을 당하지 않을 권리가 없다고 보아야 한다. 동물에게 고통스러운 느낌에서 벗어나고픈 욕구가 없는가? 따라서 동물을 공장식으로 사육하고, 생체실험과 쇼에 동원하고, 산 채로 가죽을 벗겨 모피를 만들고, 동물의 서식지를 파괴하는 것 모두 정당한가?

논의된 바와 같이 '목적 지향적인 심리를 가질 수 있다'는 것과 '목적으로 삼은 것과 결부된 감정을 가질 수 있다'는 것을 욕구를 갖는 데 요구되는 필요조건으로 들 수 있다. 이들 두 조건 이외의 다른 필요조건을 찾기 어려우므로(명제태도를 가질 수 있다는 것이 필요조건이 될 수 있는지는 '부록'에서 논의될 것이다) 이들 두 조건을 잠정적인 충분조건으로 제시하고자 한다.

동물은 고통스러운 느낌에서 벗어나고 싶은(목적 지향적인) 심리를 가질 수 없다는 것이 일부 동물권 부정론자들의 주장이다. 하지만 굳이 경험적 상식에 의존하지 않더라도 동의하기 어려운 것이 사실이다. 가장 먼저 드는 의문은 위의 주장이 진화론적으로 설명력을 가질 수 있는가이다. 동물권 옹호론자 사폰티즈Steve Sapontzis가 지적한 바와 같이 고통을 느낌에도 불구하고 고통스러운 느낌에서 벗어나고 싶은 심리를 갖지 못한다는 것은 진화적 측면에서 어떤 이점도 없기 때문이다.[90]

공포심은 어떠한가? 한국과학기술연구원 "연구팀은 새로 고안한 실험방법으로 쥐도 사람과 마찬가지로 다른 쥐의 고통을 보면 반응을 하는 것을 관찰

해냈다. 첫 번째 실험은 쥐가 관찰에 의해 공포를 학습할 수 있는지 알아내는 것이었다. 연구팀은 두 쥐를 투명막으로 막힌 상자에 넣고 한쪽 쥐에게 전기 자극을 준 뒤 이를 보고 있는 다른 쥐의 반응을 관찰했다. 다음에는 반투명막 으로 막은 뒤 같은 실험을 했다. 결과는 투명막으로 막았을 때 쥐의 반응(프리 징 시간)이 반투명막일 때보다 유의미하게 높았다. 쥐도 관찰에 의한 공포 학습이 가능하다는 것을 밝힌 것이다."[91] 동물도 공포를 느낀다는 것이 실험 결과에 대한 설명력을 가지며, 공포에서 벗어나고 싶은 심리를 가질 수 없음 에도 공포를 느낀다는 것 역시 진화론적 관점에서 어떤 이점도 제공하지 못한다. 즉, 진화론적 관점에서 보면 동물이 공포를 느낄 수 있다는 것도

암컷 로렌드 고릴라 코코Koko는 2000여 개의 구어체 영어단어를 이해했을 뿐 아니라 1000여 개의 미국수화에 기초한 몸짓을 이해해 화제의 중심에 선다. 일화 하나를 소개하자면 어느 날 코코가 철제싱크대를 고정틀에서 잡아 뜯었다. 그러고는 돌보미에게 들키자 수화로 "고양이가 그랬어요"라 고 말하고는 곁에 있던 고양이를 가리켰다. 코코의 거짓말에 대해 여러 해석이 가능할 것이다. 하지만 혼나고 싶지 않은 심리 없이 그랬다는 것은 누가 들어도 설득력이 떨어진다. 사진은 입양한 고양이를 코코가 애지중지 안고 있는 모습으로 동물심리학자 패터슨Francine Patterson이 공동 집필한 ≪코코의 고양이Koko's Kitten≫ 표지의 일부이다. 고양이가 죽자 수개월 동안 비통해 했으며, 슬픈 표정을 지으며 수화로 '안 됐어요bad', '슬퍼요sad'라고 말하는 장면을 인터넷에서 확인할 수 있다.

목적 지향적인 심리를 가질 수 있다는 증거가 될 수 있다.

동물의 행동을 들여다보면 동물이 목적 지향적인 심리를 가질 수 있다는 것을 보여주는 증거는 차고도 넘친다.

> "오클랜드대학 개빈 헌트 박사와 매트 굿먼 등 뉴질랜드 연구진은 … 케아가 지난 10여 년 동안 담비를 잡기 위해 놓은 덫 상자를 자주 접하게 되면서 상자 속의 미끼를 꺼내기 위해 막대기를 사용하는 것으로 나타났다며 이는 그전에는 볼 수 없었던 행동이라고 밝혔다. 연구진은 지난 30개월 동안 담비를 잡으려고 여기저기 놓은 덫 상자 227개가 막대기 등으로 습격당한 사실이 발견됨에 따라 조사를 벌여 대부분 케아의 소행이라는 걸 알아냈다고 밝혔다. 상자로 된 덫은 환경보호부가 타카헤라는 토착종 새를 보호하기 위해 설치해 온 것으로 2002년부터 2009년까지는 상자를 건드렸던 흔적이 전혀 발견되지 않았다. 그러나 그 이후부터 뒤집혀 있는 상자들이 사람들의 눈에 자주 띄기 시작했다. 어떤 상자 속에는 돌멩이가 들어가 있기도 하고 어떤 상자 속에는 막대기가 들어가 있기도 했다. 생태학자인 헌트 박사는 "도구 사용량이 놀라울 정도였다"며 이에 추적 카메라를 설치했다고 밝혔다. 그랬더니 케아가 덫 상자를 열려고 막대기를 사용하는 장면이 포착됐다. 나뭇가지를 주워 상자를 여는 데 알맞은 크기로 만들거나 막대기를 다듬어 완전히 다른 모양으로 만들기도 했다. 뉴질랜드에서 인간이 아닌 동물이 도구를 만들고 사용하는 증거가 포착된 것은 이번이 처음이다."[92]

뉴질랜드에서 서식하는 육식 앵무새 케아kea의 행동이 동물도 목적 지향적인 심리를 가질 수 있다는 결정적인 증거일 수 있다. 상자에 갇힌 담비를 먹겠다는 목적 지향적인 심리 없이 상자를 열기에 적당한 모양으로 나뭇가지를 다듬었다는 것은 설득력을 가질 수 없기 때문이다.

관절염을 유발하는 박테리아를 쥐들에게 주사해 일시적으로 (인간에게 고통을 유발하는) 관절염에 걸리게 한 뒤 이들 관절염을 앓는 쥐들과 건강한 쥐들에게 두 개의 물병을 제공했다. 하나의 물병에는 쥐들이 좋아하는 단 맛의 물을 넣었고 나머지 물병에는 쥐들이 싫어하는 쓴 맛의 진통제 물을 넣었다. 그러자 건강한 쥐는 쓴 물을 거의 먹지 않은 반면 관절염에 걸린 쥐는 상당양을 먹었으며, 관절염이 완쾌된 후에는 단 물을 먹기 시작했다. 자기관리 진통제 실험으로 유명한 신경약리학자 콜파에트Francis Colpaert가 진행한 실험이다. 관절염에 걸린 쥐들의 행동을 어떻게 이해해야 하는가? 약물 의존적 행동이라는 해석의 여지는 없으며, 보상행동이라는 해석의 여지도 없다. 즉, 콜파에트의 실험이 쥐도 목적 지향적인 심리를 가질 수 있다는 것을 보여주는 좋은 증거일 수 있다.

"여기스 국립영장류연구소 연구팀은 … 먼저 짝을 이루고 있는 한 쌍의 쥐 중 한 마리를 나머지 한 마리로부터 격리해 보이는 곳에서 가벼운 충격을

끓는 탕에서 힘겹게 빠져나온(유해자극을 회피하려는 행동을 보인) 가재로부터 갑각류도 목적 지향적인 심리를 가질 수 있다고 유추할 수 있으며, "영국 벨파스트 퀸즈대학 과학자들은 유럽 꽃게 Carcinus maenas 90마리를 대상으로 한 전기자극 실험 결과 이들이 고통을 느끼며 이를 피하기 위해 위험을 무릅쓴다는 사실을 발견했다고 실험생물학 저널 최신호에 발표했다. 이들은 이전 연구에서 새우와 소라게도 고통스러운 상황에 반응한다는 결론을 얻었는데 이런 연구 결과들은 식품 및 양식업계가 이들 동물을 대하는 방식이 재고돼야 함을 시사하는 것이라고 지적했다."[93]

준 뒤 다시 되돌려 보내는 실험을 진행했다. 그러자 우리 안에 있던 쥐가 즉시 충격을 받아 고통을 느낀 쥐의 털을 핥고 고르는 등 손질하기 시작했다. 반면, 격리하기 전에 상대를 본 적이 없는 서로 관련이 없는 쥐들 사이에는 이런 공감 행동이 나타나지 않았다."[94] 고통방에서 나온 동료의 털을 핥고 고른 이유에 대해 통증을 완화시켜주기 위해서라는 설명이 설득력을 가지며, 따라서 위의 실험이 쥐도 (고통을 느낄 뿐 아니라) 목적 지향적인 심리를 가질 수 있다는 증거가 될 수 있다.

목적으로 삼은 것과 결부된 감정은 어떠한가? 진화론적 관점에서 보면 동물이 그와 같은 감정을 가질 수 없다는 것 역시 설득력이 떨어진다. 목적 지향적인 심리를 가졌음에도 그 목적으로 삼은 것과 결부된 감정을 갖지 못한다는 것은 진화론적으로 어떤 이점도 없기 때문이다. 물론 동물이 위의 감정을 가질 수 있다는 것을 보여주는 행동 증거 역시 차고도 넘친다. 강아지가 간식을 달라고 보채다 간식을 받으면 꼬리를 흔드는 것이 그 증거일 수 있으며, 중국 북서부의 한 농장에서 발생한 다음의 사건은 보다 결정적인 증거일 수 있다.

"사건이 일어난 날에는 농장 일꾼이 한 새끼곰을 쇠사슬로 묶어 놓은 채 쓸개즙을 뽑아내고 있었다. 이날 새끼곰의 절규에, 어미곰은 더 이상 견디지 못했다. 곰은 상상을 초월하는 힘을 발휘해 철창을 부수고 탈출했고 새끼곰에게 뛰어갔다. 농장 일꾼은 이를 보고 혼비백산해 도망쳐버렸다고 한다. 한 목격자에 따르면 달려온 어미곰은 새끼곰의 쇠사슬을 끊으려 했다. 하지만 쇠사슬을 끊을 수 없었던 어미곰은 새끼곰을 끌어안고, 질식시켜 죽였다. 자신의 새끼곰을 죽인 뒤, 이 어미곰은 스스로 벽으로 돌진했고 머리를 부딪쳐 죽은 것으로 알려졌다."[95]

쇠사슬을 끊고 새끼곰에게 달려간 어미곰의 행동이 곰도 목적 지향적인 심리를 가질 수 있다는 증거일 수 있으며, 새끼곰을 질식시켜 죽이고 벽으로 돌진해 머리를 부딪친 것이 목적으로 삼은 것과 결부된 감정을 가질 수 있다는 증거일 수 있다.

이상에서 알아본 바와 같이 동물도 욕구를 갖는 데 요구되는 조건들 모두를 충족시킨다. 즉, 동물도 고통스러운 느낌에서 벗어나고픈 욕구를 가질 수 있으며, 따라서 고통을 당하지 않는 데 따른 이익을 취할 수 있고, 따라서 (고통을 느낄 수 있는 동물에게는) 고통을 당하지 않을 권리가 있다고 보아야 한다.

죽임을 당하지 않을 권리는 어떠한가? 동물권 부정론자들이 무차별적으로 동물의 권리를 부정하는 데 비해, 적지 않은 동물권 옹호론자들이 차별적으

인도네시아 사람들 사이에 루왁luwak이라 불리는 사향고양이는 설치류, 개구리, 뱀, 도마뱀, 곤충, 새알 등의 육류를 주식으로 하지만 열매를 먹기도 한다. 하지만 금단의 열매인 커피를 먹은 대가는 혹독하다. 껍질, 과육과 달리 씨앗인 커피콩은 소화되지 않은 채 배설물에 섞여 배출되는데, 발효와 숙성을 거친 탓에 독특한 향과 맛을 낸다. 그 커피콩으로 만든 루왁커피를 찾는 사람이 늘자 야생에서 배설물을 채집하던 지역민들이 전문 생산업자로 변신, 사향고양이를 포획해 비좁은 철창에 가두고 커피열매만을 먹도록 강제하고 있다. 그들에게서 같은 행동을 반복하고 발과 다리를 물어뜯는 등의 이상행동이 보이는 것이, 영양결핍으로 갖은 질병에 시달리는 것이, 고통 속에서 숨을 거두는 것이 사향고양이도 자유를 누리는 데 따른 이익을 취할 수 있다는 것을 반증하는 것은 아닌가? 동물의 자유로울 권리만을 부정하는 동물권옹호론자들이 있지만, 사향고양이뿐 아니라 공장식 농장과 동물원의 동물도 자유를 누리지 못해 고통을 받고 있다는 점에서 동물의 자유로울 권리에 대한 별도의 논의는 생략하고자 한다.

로 동물의 권리를 옹호한다. 즉, 동물에게 고통을 당하지 않을 권리는 있지만 죽임을 당하지 않을 권리는 없다는 것이 그들의 주장으로, 그들 차별적 동물권 옹호론자들이 동물권 옹호론 캠프내에 큰 계파를 형성하고 있다.

3.6. 죽임을 당하지 않을 권리

3.6.1. 경험 주체로서의 자기 인식

동물의 고통을 당하지 않을 권리를 부정하는 동물권 옹호론자를 보지 못했다. 하지만 놀랍게도 그들 중 대다수가 동물의 생명권은 부정한다. '합리적인 이유가 없다면 동물에게 고통을 안기지 말아야 한다'는 주장은 성립하지만, '합리적인 이유가 없다면 동물을 고통 없이 죽이지 말아야 한다'는 주장은 성립하지 않는다는 것이 그들의 입장으로, 예컨대 공장식 사육은 금지해야 하지만 자유롭고 쾌적한 환경에서 사육하고 고통 없이 죽인다면 삶의 절정기에 죽여도 문제될 것이 없다는 것이다.

　삶을 지속하고 싶은 욕구가 없다면 삶이 지속되는 데 따른 이익을 취할 수 없고, 따라서 죽임을 당하지 않을 권리가 없다고 해보자. (삶을 지속하고 싶은 욕구가 있다면 죽임을 당하지 않을 권리가 있다고 보아야 한다. 하지만 '3장 3.6.2.'에서 논의될 바와 같이 설령 살고 싶은 욕구가 없더라도 그로부터 생명권이 없다는 결론을 얻을 수는 없다.) 그들에게 살고 싶은 욕구가 없는가?

　　"광주 도심의 한 농장입니다. 산언저리에 사육장이 줄지어 있고, 개 십여 마리가 경계의 눈빛을 보이고 있습니다. 사육장 바로 앞에 긴 막대 형태의 전기 충격기가 놓여 있습니다. 개들이 지켜보는 앞에서 도살행위가 이뤄진 것으로 보입니다. … 인근의 또 다른 농장도 사정은 마찬가지. 많게는 개 백 마리를 기르며 사육장 바로 앞에서 도살한 혐의로 고발조치 됐습니다. 현장 조사에 나선 경찰은 사육장과 전기 충격기의 거리가 가까워 동물학대 혐의가 짙다고 보고 있습니다."[96]

생명이 위협받는 상황에서 자기보호행동을 보이는 것을, 예컨대 동족이 죽임을 당하는 장면을 목격한 개가 인간에 대해 극도의 경계심을 보이고 개장에서 끌어내려려면 발버둥 치며 버티는 것을 어떻게 이해해야 하는가? 동물의 생명권을 부정하는 진영은 고통을 당하지 않고 싶은 욕구 때문일 가능성에 무게를 둘 것이다. 그렇다면 다음의 경우는 어떠한가?

> "1주일 전 새벽 충남 서산의 한 도축장에서 네 살 된 암소가 사람을 들이받고 달아난 사건이 발생해 온라인에서 이슈가 됐다. … 도망간 소는 여섯 시간 만인 오전 11시30분 도축장에서 1.5㎞ 떨어진 한 야산에서 발견됐고 마취총을 맞고 포획된 이후 두 시간이 조금 넘은 오후 1시50분 도축장에서 도축됐다. 동물보호시민단체 카라는 소식을 듣자마자 충남도청에 연락해 구조 의사를 밝혔지만 간발의 차로 이미 소는 도축된 뒤였다. … 소가 도축장으로 가는 도중 죽음을 느끼고 눈물을 흘린다는 얘기는 예전부터 들은 적이 있다. 실제 본 적은 없지만 눈물을 흘리는 것은 맞는데 다만 죽음을 직감해서인지, 스트레스를 받아서인지, 단순한 생리적 반응인지에 대한 의견은 엇갈리고 있다. 그렇다 해도 국내외 사례를 보면 소가 도축장에 가는 트럭에 오르거나 도축장에 도착해서도 움직이지 않으려고 거부한다는 것은 어느 정도 사실로 확인되고 있다. 이는 해외에서도 마찬가지다. 지난해 1월 미국 뉴욕 퀸즈에서도 도살장으로 가던 소가 탈출하면서 뉴스가 됐고, 사회관계망서비스(SNS)에 알려지면서 많은 이들이 안타까워했다. 죽음으로 끝난 서산 암소와 달리 이 소는 동물호보단체(PETA)의 도움으로 구조돼 보호소로 이동해 '프레디'라는 이름을 얻고 살아가고 있다."[97]

농장에서는 그런 적이 없었던 소가 도축장에서는 탈출을 감행했으며 유사한 사건이 세계 도처에서 줄을 잇고 있다. 그 이유가 단지 고통스러운 느낌에서 벗어나고 싶은 욕구 때문이라는 것은 누가 봐도 설득력이 떨어진다. 도축장 트럭에 오르거나 내리기를 거부하는 것을 봐도 죽임을 당하고 싶은 욕구 때문이라는 것이 합리적인 유추일 수 있다.

물론 동물의 신경계가 인간의 신경계보다 단순하다는 것을 부정할 수 없다. 동물에게 자신의 의식 상태에 대한 자기성찰적 인식능력을 기대하기도 어렵다. 그래서 동물에게 자기인식 능력, 즉 자신을 독립된 개체로 여길 능력이 없는가? 인간과 동물 피차 상대의 언어를 이해하지 못하므로 그 여부를 확인하기 위해서는 (동물의 감정표현 연구를 위해 다윈Charles Darwin이 그랬듯이) 거울을 사용하는 등의 방법을 동원하는 것이 최선책일 수 있다.

1969년 여름, 툴레인대 심리학과에 갓 부임한 갤럽Gordon Gallup, Jr. 교수는 의학 실험용으로 아프리카에서 생포해 온 침팬지를 대상으로 '거울자기인식 실험mirror test'을 진행한다. 침팬지 두 마리를 두 개의 방에 격리시키고 각기 하루

고통을 당하지 않을 권리의 유무를 가리기 위해서는 특정 느낌에서 벗어나고 싶은 욕구가 있는지를 들여다보는 것으로 족하다. 반면 죽임을 당하지 않을 권리가 있는지를 판단하기 위해서는 자기인식능력의 유무를 밝혀내는 보다 까다로운 과정을 거쳐야 한다. 자기인식능력이 없다면 지속적인 경험 주체로서의 자신에 대한 인식은 물론 자신의 경험에 대한 인식도 가질 수 없고, 따라서 삶을 지속하고 싶은 욕구를 가질 수 없기 때문이다. 하지만 자기인식능력 없이 소가 도축장으로 가는 도중 눈물을 흘리고 도축장에서 탈출을 감행하고 도축장 트럭에 오르거나 내리기를 거부할 수 있을지 심히 의문이다.

8시간씩 열흘간 전신거울을 넣어줬다. 두 침팬지 모두 처음에는 공격적인 자세를 취하는 등 거울에 반사된 자신의 모습을 타자로 인식하는 듯한 행동을 보였다. 하지만 시간이 지나면서 거울을 들여다보며 표정을 바꾸거나, 거울로 자신의 입안을 들여다보고, 성기를 관찰하고, 귀의 구석진 곳에 있는 점액질을 제거하기도 했다.

거울로만 볼 수 있는 부분을 관찰하는 것을 보고 갤럽은 침팬지에게 자기인식능력이 있다고 확신했다. 하지만 보다 명확한 결과를 얻기 위해 2단계 실험에 돌입한다.

갤럽은 실험에 앞서 나도 모르는 사이 얼굴에 무언가가 칠해져 있다면 어떤 반응을 보일 것인지에 대해 묻는다. 자신이라면 "칠을 만져보고 자세히 살펴볼 것이다"고 자답한 후 침팬지들을 마취시키고 한쪽 눈썹과 반대쪽 귀 윗부분에 무취의 무자극성 붉은색 물감을 칠했다. 마취상태였기에 붓의 감촉을 느낄 수 없었던 침팬지들은 마취에서 깨어나 물감에 반응을 보이지 않았지만, 거울을 접하고는 물감이 묻은 부위를 유심히 들여다보고 만져보는 등 달라진 모습에 신경을 썼다. 하지만 거울을 치우자 물감에 신경을 쓰지 않았으며, 거울을 다시 넣어주자 물감을 만지고 심지어 눈썹의 물감을 만진 뒤 곧바로 귀의 물감을 만지기도 한다. 뿐만 아니라 물감을 만진 손가락을 들여다보기도 했고, 어떤 침팬지는 물감을 만진 후 손가락 냄새를 맡기까지 했다.

갤럽은 빙고를 외쳤고, 1970년 실험결과를 사이언스지에 발표한다. 침팬지가 자신을 하나의 개체로 인식했고, 자신의 투영된 모습을 들여다봤으며, 거울 속 이미지의 변화를 자신의 변화로 인식했다는 것이다. 이후 도처에서 인간의 아기를 대상으로 실험이 진행되는 등 갤럽의 거울자기인식 실험은 엄청난 반향을 일으킨다.

1990년대 초 뉴욕주립대 박사과정 시절 지도교수 갤럽의 권유로 돌고래의 거울자기인식 실험을 주도했던 마리노_{Lori Marino}에 따르면 실험을 통과했다는 것은 물리적 환경에 대한 인식이 있다는 뜻으로서, 단지 고통을 느끼는 데서 그치지 않고 "나는 지금 고통을 당하고 있다"는 생각이 가능하다는 의미이다. 따라서 돌고래를 가두는 것은 윤리에 반하는 일이라고 주장하며, 실험의 철학화에 관심을 가졌던 갤럽은 한걸음 나아가 강한 자기인식이 있다는 것은 죽음에 대한 인식이 있다는 의미일 수 있다는 해석을 내놓는다.

물론 실험에 대한 시선이 고운 것만은 아니다. 가장 악명 높은 비판론자인 형질인류학자 포비넬리Daniel Povinelli의 경우 거울자기인식 실험에 의존해 동물의 자기인식 능력을 주장하는 것은 통속심리학folk psychology이라고 일침을 가한다. 경험에 의존한 비과학적 추론이라는 것이다. 하지만 비판론자들이 말하는 과학적 추론이 지능이 높은 동물만이 실험을 통과한 데 대한 설명이 될

오랑우탄, 보노보, 코끼리, 돌고래, 범고래, 영장류인 레서스 붉은털 원숭이rhesus macaques가 거울자기인식 실험을 통과했으며, 심지어 유럽까치와 비둘기, 앵무새도 합격자 명단에 이름을 올린다. 2015년에는 개미가 테스트에 통과했다는 논문이 ≪저널 오브 사이언스≫에 실렸고, 10cm 크기의 청줄청소놀래기bluestreak cleaner wrasse(사진)도 테스트의 모든 단계를 통과했다는 논문이 ≪플로스 바이올로지≫ 2019년 2월호에 게재된 바 있다. 고릴라의 경우 1000여 개의 수화와 2000단어를 이해한 것으로 유명한 코코Koko만이 합격을 했지만, 그 이유는 눈맞춤을 공격의사로 여기는 고릴라의 습성 때문이라는 것이 공통된 해석이다.

수 없다. 이런 이유로 대다수의 비교심리학자들은 그들의 주장에 귀를 기울이지 않는다. (지능이 높은 동물만이 통과했다는 것은 자의식과 관련된 무언가가 있다는 것을 의미한다는 쪽으로 비교심리학자들이 입을 모으며, 그 무엇이 무언지를 밝히는 데 신경과학자들도 합류하고 있다.)

보르네오섬 야생동물구조관리센터에서 있었던 일이다. 야생 적응훈련을 받던 암컷 오랑우탄 키칸Kikan의 발바닥에 작은 돌 조각이 박혀 관리인이 연필로 제거하고 무화과나무 잎에서 유액을 짜내 상처를 감싸줬다. 치료 전 과정을 뚫어지게 바라보던 키칸은 치료가 끝나자 무리와 어울려 놀기 시작한다. 일주일 후 그 관리인을 발견한 키칸이 반가운 듯 다리에 매달린다. 하지만 관리인이 다른 오랑우탄을 돌보느라 관심을 보이지 않자 무화과나무 잎을 가져와 치료 전 과정을 재연해 보임으로써 자신의 상처를 치료해 준 데 대한 기억을 공유하자는 듯한 제스처를 취했다. 그리고 3개월 후에는 자신의 치유된 발바닥을 치켜들어 관리인에게 보여준다.

키칸이 제스처로 기억내용을 실연해 보였다는 것이, 그리고 치유된 발바닥을 치켜들어 보여줬다는 것이 무엇을 의미하는가? 자신의 경험을 인식했다는 데서 그치지 않고 지속적인 경험주체로서의 자신을 인식했다는 것을(자신의 지속되고 있는 삶에 대한 개념을 가졌다는 것을) 말해주는 것은 아닌가? 그렇다는 것이 그렇지 않다는 것보다는 설명력을 가진다고 보아야 할 것이다.

개는 어떠한가? 애석하게도 개는 거울 속의 자신을 다른 동물로 인식하거나 관심을 보이지 않았다. 1022개의 명사를 기억해냈을 뿐 아니라 문장구문, 동사, 목적어, 전치사 등의 기초문법까지 습득한 천재 견공 체이서를 대상으로 실험을 했어도 통과하지 못했을 것이다. 하지만 그것이 개에게 자기인식 능력이 없다는 것을 의미하지는 않는다.

개에게는 시각이 제1감각이 아니다. 주변시야가 사람보다 넓지만 잘 알려진 바와 같이 고도근시에 사람만큼 다양한 색을 구분하지 못하며, 깊이 지각이 가능하지만 주위 환경을 읽는 데 사용한다. 미국 애견가클럽American Kennel

Club에 따르면 87% 정도의 개가 TV화면에 관심을 보인다. 하지만 그들이 보는 것은 인간이나 침팬지와 달리 화면 속 대상의 윤곽과 움직임이다. 후각을 제1감각으로 사용하는 개에게 거울자기인식 실험은 공정할 수 없다. 시각적 사건보다 후각적 자극에 민감한 개에게는 동물행동학자 베코프_{Mark Bekoff}가 그랬듯이 거울 대신 소변으로 실험을 하는 것이 공정할 수 있다는 뜻이다. (개는 소변 냄새로 수많은 정보를 단번에 읽어 내는데, 암컷의 소변으로는 번식 생리 상태, 유전적 근연도를 그리고 수컷의 소변으로는 조직 내의 서열, 힘, 번식력, 나이 등을 알 수 있다고 한다.[98])

베코프는 콜로라도 볼더 동물보호소에서 로트와일러와 저먼세퍼트 믹스견 이드로_{Jethro}를 자신의 산장으로 데려와 '노란 눈 실험_{yellow snow test}'이라 이름 붙인 간단한 실험을 진행한다. 겨울이 되면 이드로를 앞세워 눈 위를 걷다가 이드로가 소변을 보면 소변이 묻은 눈을 퍼 담아 이드로 몰래 멀리 떨어진 곳에 옮겨 놓았다. 그러고는 그곳에서 멀지 않은 곳에 다른 개의 소변이 묻은

침팬지는 시력이 좋을 뿐만 아니라 인간에 비견될 만큼의 색 구분 능력을 가졌고 '깊이 지각_{depth perception}'도 가능하다. 침팬지 새끼들에게 2차원의 장난감사진과 3차원의 실제 장난감을 보여준 결과 인간의 아기들처럼 후자에 관심을 보였으며, 성장한 수컷 침팬지는 TV 화면 속 암컷의 성기를 어루만지기도 했다. 침팬지의 경우 거울자기인식 실험 대상으로 손색이 없다는 얘기다.

눈을 가져다 놓고 5년 동안 이드로의 반응을 관찰했다. 결과는 만족스러웠다. 다른 개의 소변은 킁킁대며 냄새를 맡고 보통의 개가 그러듯이 그 위에 소변을 보고 자리를 떴지만, 자신의 소변은 스치듯이 아주 잠깐 냄새를 맡고 지나쳤기 때문이다.

베코프는 위의 실험결과가 이드로에게 '내 발', '내 얼굴'과 같이 '자아 신체감'에 더해 '내 영역', '내 잠자리'와 같이 '내 것'과 '남의 것'에 대한 인식이 있다는 것을, 즉 상당한 수준의 자기인식이 있다는 것을 보여준다는 해석을 내놓는다. 베코프의 실험으로 개에게 '내 것'에 대한 인식이 있다는 것을 부정하기 어려워졌다. 하지만 그로부터 베코프의 해석대로 개에게 '나'에 대한 인식이 있다는, 즉 자기인식이 있다는 결론을 내릴 수 있는지가 문제다. 이 물음을 놓고 심리학자 코렌Stanley Coren은 부정적인 견해를 보여 '내 것'에 대한 인식이 있다는 것이 "나는 타잔, 너는 제인"이라고 했을 때의 타잔에게 있는 자기인식이 있다는 것을 의미하지 않는다고 주장한다.[99]

베코프의 '노란 눈 실험' 이후 개를 대상으로 자기인식 실험이 줄을 이으며, 바나드 대학의 호로비츠 Alexandra Horowitz 교수가 진행한 실험에서도 실험에 동원된 36마리의 개가 자기 냄새를 구별해냈다. 자기 냄새와 타자의 냄새를 구별할 수 있는 능력이 타자의 슬프거나 행복한 감정을 읽어내는 데 역할을 한다는 것이 연구진의 설명이다. (반려견을 키우는 독자라면 우는 시늉을 하고 반려견의 반응을 살펴보기 바란다.)

코렌이 지적한 바와 같이 내 것에 대한 인식이 있다는 이유만으로 자기인식 능력이 있다고 단정하기 어렵다. 하지만 그렇다고 베코프의 실험을 폄하할 수는 없다. 자기인식이 가능함에도 내 것에 대한 인식이 없을 수는 없다. 즉, 개에게 내 것에 대한 인식이 없다면 자기인식이 없다고 보아야 하며, 따라서 개에게 생명권이 없다는 주장이 가능해진다. 하지만 베코프이 실험이 말해주듯이 개에게 내 것에 대한 인식이 있다고 보아야 하므로 내 것에 대한 인식이 없다는 이유로 개의 자기인식을, 따라서 생명권을 부정할 수 있는 가능성은 차단됐다고 보아야 한다.

노란 눈 실험에 만족할 수 없다면 코렌이 (베코프의 '노란 눈 실험'보다) 심리학자 프리맥David Premack의 '마음읽기 실험theory of mind'에 후한 점수를 줬듯이,[100] 마음읽기 실험이 좋은 대안일 수 있다. 성인에게는 내가 이렇게 행동하면 타인이 어떻게 생각하고 반응할 것이라 예측할 수 있는 마음읽기 능력이 있으며, 마음읽기 능력은 자기인식 없이는 가능하지 않다고 보아야 한다. 하지만 어린아이에게 숨으라고 하면 손으로 두 눈을 가린다. 내가 볼 수 없으면 남도 볼 수 없을 것으로 여기기 때문이다. 즉, 코렌이 지적한 바와 같이 4세 미만의 아이가 그와 같은 행동을 보이는 이유는 타자의 관점이 자신의 관점과 다를 수 있다는 것을 이해하지 못하기(마음읽기 능력이 충분하지 않기) 때문이다.

개는 어떠한가? 코렌은 개와 공 가져오기 놀이를 해볼 것을 제안하고, 평상시와 같이 공을 던져 몇 차례 물어오게 한 후 의도적으로 등을 돌릴 것을 권한다. 개와 공 가져오기 놀이를 해본 사람이라면 코렌이 경험했던 것과 유사한 경험을, 즉 개가 앞쪽으로 돌아와 공을 내려놓는 것을 본 경험을 했을 것이다. 필자의 반려견 루이 역시 공을 던진 후 다른 곳을 쳐다보면 공을 발 아래 물어다 놓고 공을 쳐다보라는 듯 짖어댄다. 그래서 공으로 시선을 돌리면 짖는 것을 멈추고 필자의 얼굴이 향한 방향으로 몇 걸음 미리 나아가 뛸 자세를 취한다. 이와 같은 행동을 취하는 것으로 미루어 루이에게 자기인식 능력이 있다는 것이 합리적인 유추일 것이다. 상대가 공을 던지기 전에 공을 봐야 한다는 것을, 공이 있는 쪽으로 얼굴이 향해 있지 않으면 공을 볼 수 없다는 것을, 얼굴이 향한 방향으로 공을 던진다는 것을 터득했다는 것은 마음읽기 능력이 있다는 것을 시사하기 때문이다.

이상에서 알아본 바와 같이 거울자기인식 실험을 통과한 동물들의 자기인식능력을 부정하기 어려우며(갤럽은 그들에게 죽음에 대한 인식이 있을 가능성까지 열어 놓는다), 개의 경우도 노란 눈 실험과 마음읽기 실험을 통과했다는 점에서 제한된 수준이나마 자기인식 능력을 가졌다고 보아야 할 것이다. 이들 동물에게도 자신의 지속되고 있는 삶에 대한 최소한의 인식이 있다는 증거일 수 있으며, 따라서 자기인식 능력이 없다는 이유로 동물의 생명권을 부정하기는 어렵다고 보아야 한다.[102]

"미국에서 노킬운동을 촉발한 에드 더빈은 "유기동물보호소는 집 없는 동물의 마지막 방어선이다. 만일 보호소가 유기동물을 대신해서 싸워 주지 못한다면 보호소라고 부르면 안 된다. 보호소는 안전한 피난처여야 한다"고 주장했다. 더빈의 노력으로 미국의 동물보호단체는 노킬정책을 수용하고 있으며, 2020년 안락사 종식을 목표로 활동 중이다."[101] 노킬운동을 주도하고 있는 진영은 동물의 고통을 당하지 않을 권리뿐 아니라 생명권도 인정하는 동물권옹호론자로 분류할 수 있다. 사진은 1869년 영국에 설립된 고양이 보호소의 가스실이며, 일주일에 평균 300마리가 들어와 24시간 내에 80%가 안락사를 당했다고 한다.

3.6.2. 생명권을 가진 대상의 외연은?

자기인식능력이 없다는 이유로 동물의 생명권을 부정하는 진영에 대한 방어선을 구축했다. 하지만 거울자기인식, 노란 눈, 마음읽기 실험으로 구축한 방어선이 생각만큼 실하지 않다는 것이 문제다. 위의 방어선으로는 이들 실험을 통과하지 못한 동물들을 지켜낼 수 없을 뿐 아니라, 통과한 동물의 새끼인 아직 자기인식능력을 갖지 못한 동물들을 지켜낼 수 있을지가 불분명하기 때문이다. 더욱이 자기인식능력을 가졌다는 것이 곧 삶을 지속하고 싶은 욕구를 가졌다는 것을(삶을 지속하는 것이 이익이라는 것을) 의미하지 않는다.

그렇다면 문제 해결의 단초를 어디서 찾아야 하는가? 성인의 생명권을 부정할 수 없다. 따라서 그 이유를 규명하고 동물에게도 적용되는지를 알아보는 것이 정도正道일 것이다. 다음의 실제사건과 가상의 사건을 생각해보자.

〈포템파 촉탁살인 사건〉 1993년 11월 22일, 유방 절제술 후유증으로 통증에 시달리던 포템파Susan Potempa가 심하게 구타당한 시신으로 집 차고에서 발견된다. 경찰이 사건 현장에서 세 블록도 떨어지지 않은 곳에 살고 있던 18세의 윌리엄스Reginald Williams를 검거하며 포템파 사건은 큰 사회적 반향을 일으킨다. 숨지기 전 네 명의 이웃에게 자신을 죽여 달라고 요청했지만 거절당하자 현금 2100불을 건네고 윌리엄스에게 동의를 구해 숨졌기 때문이다. 포템파의 동의 하에 그녀를 숨지게 했는데도 일급 살인 혐의로 기소된 윌리엄스는 26년의 징역형에 처해진다.

〈의과대학생 사건 1〉 수술 후유증으로 통증에 시달리던 여성이 한 동네에 살던 의과대학생에게 현금 250만원을 건네며 대뇌의 기능을 불가역적으로 정지시켜달라고 부탁했다. 강한 마약성 진통제로도 통증이 조절되지 않는 시점이 올까 두렵지만 죽는 것이 두려워 내린 결정이라고 말한 뒤, 우리의 형법이 대뇌사cerebrium death를 사망개념으로 인정하지 않으므로 살인죄로 처벌받을 일은 없을 거라 안심시킨다.

여성은 의과대학생의 도움으로 바랐던 대로 지속적 식물 상태persistent vegetative state에 빠졌다.

〈의과대학생 사건 2〉 수술 후유증으로 통증에 시달리던 여성이 한 동네에 살던 의과대학생에게 현금 250만원을 건네며 1년 동안 깊은 수면상태에 빠뜨려 달라고 부탁했다. 강한 마약성 진통제로도 통증이 조절되지 않는 시점이 올까 두렵지만

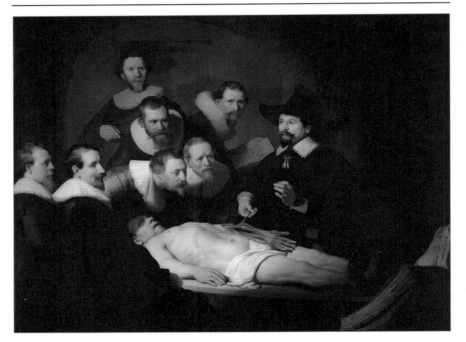

우리의 형법은 심장의 기능이 불가역적으로 소실되는 시점을 사망시점으로 간주한다. 따라서 형법상 지속적 식물 상태는 사망상태가 아니다. (의학적으로는 전뇌사whole-brain death를 사망개념으로 인정해, 뇌의 모든 기능이 불가역적으로 소실되는 시점을 사망시점으로 간주해 왔다. 따라서 뇌간의 기능이 유지되고 있는 지속적 식물 상태는 의학적으로도 사망상태가 아니다.) 이렇듯 포템파 촉탁살인 사건의 윌리엄스가 우리 법정에 선다면 의과대학생 사건 1의 의과대학생보다 중한 처벌이 불가피하다. (대뇌의 기능이 불가역적으로 소실되는 시점이 결정적인 사망시점이라는 대뇌사 또는 고등뇌사higher-brain death를 수용하면 지속적 식물 상태의 환자도 사망했다고 보아야 한다.) 하지만 도덕적으로는 윌리엄스를 차별할 수 없다고 보아야 한다. 사진은 네덜란드 화가 렘브란트Rembrandt van Rijn가 1632년에 그린 '튈프 교수의 해부학 강의'란 제목의 유화이다.

죽거나 지속적 식물 상태에 빠지는 것이 두려워서라고 그 이유를 설명한다. 의과대학생은 1년 동안 잠만 자느니 차라리 죽는 편이 낫다고 판단해 여성을 고통 없이 숨지게 했다.

포템파와 달리 의과대학생 사건 1의 중년여성은 사망하지 않았다. 따라서 의과대학생이 미국 법정에 섰다면 윌리엄스보다 경한 처벌을 받았을 것이다. (미국도 대뇌사를 사망개념으로 인정하지 않으며, 따라서 대뇌는 죽었지만 뇌간의 기능이 유지되고 있는 지속적 식물 상태를 사망 상태로 간주하지 않는다.)

　살인이 그른 이유가 단순히 상대를 숨지게 하기 때문이라면 도덕적 비난의 수위를 놓고도 동일한 해석을 내려야 한다. 즉, 의과대학생 사건 1의 의과대학생에게 윌리엄스보다 낮은 수위의 비난을 가해야 한다. 하지만 그럴 수 없으므로(윌리엄스가 비난 대상이라면 지속적 식물 상태에 빠진 여성의 삶의 질을 놓고 볼 때 의과대학생에게도 유사한 수위의 비난을 가해야 하며, 더욱이 대뇌의 기능이 소실되는 시점이 사망시점이라면 지속적 식물 상태의 환자는 사망했다고 보아야 한다), 살인이 그른 이유를 단순히 상대를 숨지게 하기 때문으로 볼 수 없다.

　포템파 촉탁살인 사건과 다음의 사건을 비교해보자. "헤어진 여자 친구를 목 졸라 살해한 혐의로 재판에 회부된 30대 남성이 끝까지 동반자살(촉탁살인)이라고 주장했지만, 법원은 받아들이지 않았다. … 검찰은 김씨가 헤어진 이후에도 P씨의 주택 문을 부수는 등 행패를 부리고, 강제로 성관계를 가진 사실이 수사기록에 적시돼 있는 점, 망인의 딸 또한 피고인을 범인으로 지목하고 있는 점 등을 증거로 제시하며 '촉탁살인'이 아닌 '살인'임을 주장했다. 앞선 공판에서 증인으로 나선 P씨의 지인은 "살인 이전에도 목을 졸라 의식을 잃은 P씨를 차량에 태워 산속으로 데려 갔으며, 독극물을 마실 것을 강요했다 …"고 증언했다. … 재판부는 촉탁살인이 아닌, 살인이라고 판단 … 징역 12년을 선고했다."[103]

　포템파 촉탁살인 사건의 담당판사는 윌리엄스에게 26년형을 선고했다. 그가 위의 사건을 맡았다면 김씨에게 몇 년 형을 선고했을지 궁금하지 않을 수 없다. (우리의 형법 제250조 1항은 '사람을 살해한 자는 사형, 무기 또는 5년 이상의 징역에 처한다'고 규정하고 있으며, 제252조 1항은 '사람의 촉탁 또는 승낙을 받아 그를 살해한 자는 1년 이상 10년 이하의 징역에 처한다'고 규정하고 있다.) 여하튼 김씨의 죄질이 윌리엄스의 그것보다 불량하다고 보아야 하며, 도덕적으로도 윌리엄스보다 높은 수위의 비난을 받아 마땅하다. 그들 사이에 도덕적 비난의 수위를 달리해야 한다는 것이 시사하는 바가 무엇인가? 살인이 그른 이유가 단지 상대를 숨지게 하기 때문이라면 비난의 수위를 달리할 수 없다. 다시 말해 김씨가 윌리엄스보다 높은 수위의 비난을 받아 마땅하다는 것이 살인이 그른 이유를 단순히 상대를 숨지게 하기 때문으로 볼 수 없다는 것을 말해준다.

살인이 그른 이유가 상대를 숨지게 함으로써 그로부터 다른 무언가를 앗아가기 때문이라면, 그 다른 무언가가 무엇인가? 네이글이 제시한 '박탈 논변 deprivation argument'을 생각해보자.

박탈 논변

"그[어떤 사람]가 죽은 이후의 시간은 그의 죽음이 그로부터 박탈한 시간이다. 그 시간은 그가 그때 죽지 않았으면 살았을 시간이다. 따라서 어떤 죽음이든 희생자가 죽지 않았으면 그 시점에 또는 그 이전의 시점에 영위했을 삶의 손실을 수반한다."[104]

미국의 철학자 마키스Donald Marquis도 박탈 논변에 동참해 성인을 죽이는 것이 심각하게 그른 이유는 죽지 않았으면 미래의 삶을 구성했을 모든 가치를 박탈하기 때문이라고 진단하고, 이를 낙태 반대 논거로 활용한다.[105] (마키스는 자신의 논의가 의무론에 국한된 것이라는 오해를 불식시키기 위해 '생명권right to life' 대신 '심각하게 그르다seriously wrong'는 표현을 사용한다.)

"살인이 그른 주된 이유는 피해 당사자에게 영향을 끼쳐서이지 가해자나 친구, 친척에게 영향을 끼쳐서가 아니다. 누군가가 목숨을 잃는다는 것은 그가 겪을 수 있는 가장 큰 손실 중 하나다. 목숨을 잃음으로써 미래를 구성하게 될 경험, 활동, 프로젝트, 즐거움 모두를 잃게 된다."106)

'미래에 펼쳐진 다양한 기회를 알 수 있는 능력이 X에게 있다'는 것을 'X의 죽음이 그에게 악이다(삶을 지속하는 것이 X에게 이익이다)'는 것의 필요조건으로 요구하지 않는다는 점에서 동물의 생명권을 옹호하고자 한다면 마땅히 박탈 논변에 눈독을 들여야 한다. 데그라치아와 50년간 채식주의자로 살아온 맥매한Jeff McMahan이 욕구에 기반한 이익 권리론의 대안으로 박탈 논변에 동참한 이유이다.

　　"그것[죽음]은 삶이 지속됐다면 누렸을 가치 있는 기회들을 박탈한다. … 수준 높은 개념능력이나 미래지향적 프로젝트를 가질 수 있어야 죽음에 의해 해를 입을 수 있는 것은 아니다. 감응력 하나만을 가졌어도 가치 있는 경험을 할 수 있고 죽음이 그와 같은 경험을 중단시킨다."107)

　　"태아나 영아 또는 인간 이외의 동물의 죽음이 나쁜 주요한 이유는 죽지 않았으면 그들의 삶을 구성했을 다양한 미래의 선들future goods을 그들로부터 박탈하기 때문이다. 그들은 위의 선들을 예견하거나 생각할 수 없고, 따라서 그들 선에 대한 욕구를 가질 수 없다. 하지만 죽음이 개입하지 않았다면 그들 선이 삶을 구성했을 것이므로, 그들 선을 잃거나 박탈당하는 것을 그들에게 불행으로 보는 것이 … 합당할 것이다. 이렇듯 어떤 개체가 자신의 삶이 그들 선으로 채워지길 욕구하지 않거나 욕구할 수 없다는 사실이 그 개체에게 죽음이 나쁘지 않다는 것을 보여주지 못한다."108)

설명된 바와 같이 자기인식능력을 가졌다는 것이 곧 살고 싶은 욕구를 가졌다는 것을 의미하지 않는다. 따라서 동물의 생명권을 옹호하고자 한다면 데그라치아와 맥매한이 그랬듯이 이익 권리론의 대안으로 박탈 논변을 고려하는 것이 자연스런 수순일 수 있다. 하지만 문제는 박탈 논변이 설득력을 가질 수 있는가이다. 박탈 논변을 옹호하기 위해서는 미래 선의 가치를 박탈한 만큼 죽음을 해악으로 보아야 한다는 것을 염두에 두고(그렇게 보지 않으면 어항에 갇힌 금붕어를 죽이는 것과 전도유망한 청년을 죽이는 것을 차별할 수 없다) 철학자 스트레톤Dean Stretton이 제시한 '동등성 반론equality objection'을 생각해보자.

동등성 반론

"A는 15세에 그리고 B는 75세에 살해당했으며, 둘 모두 살해당하지 않았다면 90세까지 살았을 것이라고 해보자. 그리고 A가 살았을 삶의 질은 적어도 B가 살았을 삶의 질만큼 높았을 것이라고 해보자. … 따라서 죽음이 A로부터 75년 상당 미래 선의 가치를 박탈한 반면 B로부터는 15년 상당 미래 선의 가치를 박탈했다. 만일 죽음이 해악인 이유가 미래 선의 가치를 박탈하기 때문이라면 그리고 그것을 박탈한 만큼 해악이라면, 죽음이 A에게 해악인 정도가 (적어도) B에게 해악인 정도보다 5배 크다는 결론에 이른다."109)

박탈 논변 옹호론자들은 죽음이 그른 이유가 미래 선의 가치를 박탈하기 때문이라고 주장한다. 따라서 마땅히 그것을 박탈한 만큼 죽음이 그르다는 입장을 취해야 한다. 이제 박탈 논변의 문제점 하나가 드러난 셈이다. 즉, 박탈 논변을 옹호하고자 한다면 A를 죽이는 것이 B를 죽이는 것보다 5배 그르다는(A가 B보다 훨씬 강한 생명권을 가졌다는) 상식에 반하는 입장을 취해야 한다.110) 하지만 생명권에 차등을 둘 수 없다는 것을 부정할 수 없으며, 주변부 사람들(치매환자 …) 문제도 해결해야 하는 부담을 안아야 한다. 75세 동갑인 C와 D 모두 90세까지 살 수 있으며, C는 치매를 앓고 있어 그가 살게 될 삶의 질이 D가 살게 될 그것보다 현저히 낮을 것이라고 해보자. 그럼에도 죽음이 D에게 해악인 정도가 C에게 해악인 정도보다 크지 않은 이유를, 즉 D가 C보다 강한 생명권을 가졌다고 볼 수 없는 이유를 밝혀야 한다.

'피임 반론contraception objection'에 노출될 수밖에 없다는 것도 박탈 논변에 의존해 동물의 생명권을 주장하기 어려운 이유이다.

피임 반론

박탈 논변이 설득력을 가진다면, 피임약을 복용하는 것이 성인을 죽이는 것만큼 그르다고 보아야 한다.

박탈 논변이 설득력을 가진다고 해보자. 그렇다면 성인을 죽이는 것이 피해자로부터 그의 삶을 구성했을 다양한 미래의 선을 박탈하는 것과 같이 피임도 정자와 난자로부터 그들의 삶을 구성했을 다양한 미래의 선을 박탈하므로 그르다고 보아야 한다. 신앙을 가진 박탈 논변 옹호론자는 그렇다고 주장할지도 모른다. 하지만 그와 같이 주장하는 것은 배란기에 성관계를 갖지 않는 여성도 비난의 대상이라는 것과 다르지 않다.111)

동물을 놓고도 의문을 제기할 수 있다. 토끼의 정자, 난자, 수정란을 죽이는 것도 그의 삶을 구성했을 다양한 미래의 선을 박탈하는 것이다. 따라서 박탈 논변을 수용하면 (토끼의 정자, 난자, 수정란의 미래를 구성했을 선보다 성인의 미래를 구성했을 선이 더 가치가 있다는 이유로 성인을 죽이는 것이 더 그르다는 입장을 취할 수 있지만) 토끼의 정자, 난자, 수정란을 죽이는 것도 그르다고 주장해야 한다. 그럴 용의가 있는가?

박탈 논변에 의존해 동물의 생명권을 주장하는 데 따르는 시련은 여기서 그치지 않는다. 박탈 논변이 욕구에 기반한 이익 권리론의 대안으로서 입지를 굳히기 위해서는 미래의 삶을 구성했을 경험들이 죽임을 당한 당사자의 경험이라야 한다는 전제가 충족되어야 한다. 즉, 툴리의 불연속 논변이 설득력을 가진다면 박탈 논변에 의존해 거울자기인식, 노란 눈, 마음읽기 실험

중 어떤 것도 통과하지 못한 동물의 생명권을 확보하겠다는 생각은 일찌감치 버려야 하며, 박탈 논변과 무관하게 위의 실험들을 통과한 동물들도 생명권을 보장받을 수 없다.

설명된 바와 같이 툴리는 1972년 논문에서 이익을 욕구의 기능으로 보아 삶을 지속하는 데 따른 이익을 취하기 위해서는 살고 싶은 욕구를 가질 수 있어야 한다는 입장을 취한다. "어떤 대상이 무엇을 원한다면 그 대상에게 그것에 대한 권리가 있으며, 따라서 타자가 그의 권리를 박탈하는 것이 그르

미국의 철학자 시놋-암스트롱Walter Sinnot-Armstrong과 밀러Franklin Miller는 살인이 그른 이유를 남아 있는 모든 능력을 박탈하기 때문이라는 데서 찾아 (사망했다고 선언될 때까지 어떤 능력도 남아 있지 않은 기증자로부터 장기적출을 금지하는) 죽은 기증자 규칙dead donor rule을 부정한다.112) 하지만 동물권옹호론자로서도 그들의 주장을 수용하기에는 부담스러운 것이 사실이다. 그들의 주장이 옳다면 어떤 능력이건 능력을 보유한 대상을 예컨대 해를 따라 움직일 수 있는 능력을 가진 어린 해바라기를 죽이는 것도 그르다고 보아야 하는 것은 아닌가? 인간에 비해 능력이 현저히 떨어지므로 해바라기를 죽이는 데는 문제가 따르지 않는다고 답변한다면, 20대를 죽이는 것이 노인을 죽이는 것보다 그를 가능성도 열어놔야 한다. 네덜란드의 초상화가 니콜라스 마스Nicolaes Maas가 1656년에 그린 유화에서 한 노파가 졸고 있다.

다는 것을 부정하기 어렵다."[113] 하지만 1983년 저서에서는 "단 한 번도 칼슘을 섭취하고 싶은 욕구를 가진 적이 없더라도 적정량의 칼슘을 섭취하는 것이 내 이익에 부합한다"고 봄으로써 위의 조건에 '하나의 동일한 의식주체가 다른 시점에 욕구를 가질 수 있어야 한다'는 조건을 추가한다.[114] 즉, 다음의 두 조건 중 하나만 충족시켜도 삶을 지속하는 데 따른 이익을 취할 수 있으며, 두 조건 모두를 충족시키지 못하는 존재는 위의 이익을 취할 수 없다는 것이, 따라서 그와 같은 존재에게는 계속 존재할 권리가 없다는 것이 1983년 이후 툴리의 입장이다.

첫째, 살고 싶은 욕구를 가질 수 있다.
둘째, 하나의 동일한 의식주체가 다른 시점에 살고 싶은 욕구를 가질 수 있다.

첫째 조건은 물론 둘째 조건에도 동의한다. 즉, 현 시점에 살고 싶은(칼슘을 섭취하고 싶은, 예방주사를 맞고 싶은 …) 욕구가 없더라도 하나의 동일한 의식주체가 미래의 어느 시점에 살고 싶은(칼슘을 섭취하고 싶은, 예방주사를 맞고 싶은 …) 욕구를 가질 수 있다면 현 시점에도 생명권이 있다는 데(칼슘을 섭취할 권리가 있다는 데, 예방주사를 맞을 권리가 있다는 데) 동의한다. 하지만 둘째 조건으로 태아, 영아, 동물을 사지로 내몰기에는 분명 한계가 있다.

보통의 성인을 고통 없이 죽이는 것과 한 시간 동안 고문하는 것 중 전자가 더 그른 반면, 갓 태어난 고양이를 대상으로는 한 시간 동안 고문하는 것을 더 그르다고 보아야 한다는 것이 툴리의 입장이었다. 그리고 그렇게 보아야 하는 이유가 갓 태어난 고양이에게 고문을 당하지 않을 권리는 있지만 '계속 존재할 권리'는 없기 때문이라고 했으므로, 툴리로서는 이들 두 권리를 차별해야 하는 이유를 설명해야 한다.

이들 두 권리 중 고통을 당하지 않을 권리는 자신을 연속적인 경험주체로 인식할 수 없어도 가질 수 있는 권리라는 것이 툴리의 설명으로,[115] "갓 태어난 고양이가 어떤 느낌을 경험하길 원치 않을 경우 그와 같은 느낌을 경험하게 하는 것이 그르다면, 갓 태어난 고양이에게 그와 같은 느낌을 경험하지 않을 권리가 있다는 결론에 이를 수 있다"는 것이다.[116] 특정 느낌에서 벗어나고픈 욕구를 가진 상태는 순전히 현상론적 언어phenomenalistic language로 기술될 수 있고, 따라서 자신에 대한 개념 없이도 그와 같은 욕구를 가질 수 있다는 데 동의한다. 문제는 생명권이다. 어떤 능력을 갖지 못했기에 새끼 고양이(새끼 침팬지, 새끼 코끼리 …)는 삶을 지속하는 데 따른(지속적으로 존재하는 데 따른) 이익을 취할 수 없고, 따라서 생명권을 가질 수 없다는 것인지 궁금하지 않을 수 없다. 즉, 툴리로서는 다음의 두 물음에 대한 답변을 내놓아야 한다.

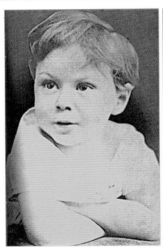

뇌의 신경망을 완전히 바꿔 재프로그래밍할 수 있는 시점에 이르렀다고 해보자. 교황의 뇌를 무신론 철학자 러셀Bertrand Russell, 1872-1970의 뇌로 재프로그래밍했다면, 그래서 과거 교황의 기억, 신념, 성격적 특성이 모두 사라지고 러셀의 것으로 대체됐다면, 교황의 육체는 살아 존재하지만 교황은 더 이상 존재하지 않는다고 보아야 한다. 툴리는 위의 예를 들어 A의 생물학적 삶은 지속되지만 A는 더 이상 존재하지 않을 수 있다고 주장하며, 이런 이유로 '생명권'을 '계속 존재할 권리'로 표현한다. 이들 두 표현을 혼용하기로 하자. 사진은 (左) 4살 때의 러셀과 (右) 딸Kate Russell, 아들John Conrad Russell과 함께 있는 러셀이다.

- 살고 싶은 욕구를 갖기 위해서는 어떤 조건을 충족시켜야 하는가?
- 동일한 의식주체가 미래의 어느 시점에 살고 싶은 욕구를 갖기 위해서는 어떤 조건을 충족시켜야 하는가?

툴리는 첫째 물음을 놓고 자기인식 능력이 요구된다는, 따라서 그와 같은 능력을 갖지 못한 갓 태어난 고양이에게는 생명권이 없다는 답변을 내놓는다.[117] (툴리는 자신을 연속적인 경험주체로 인식할 수 있는 능력을 자기인식 능력으로 단순화시킨다.[118]) 이렇듯 툴리의 답변대로라면 거울자기인식, 노란 눈, 마음읽기 실험을 통과하지 못한 동물은, 즉 자기인식 능력을 갖지 못한 동물은 살고 싶은 욕구를 가질 수 없고(삶을 지속하는 데 따른 이익을 취할 수 없고), 따라서 생명권을 갖지 못했다고 보아야 한다. 위의 실험들을 통과한 동물의 새끼는 어떠한가? 툴리에 따르면

> "의식이 있고 간단한 욕구를 가질 수 있지만 아직 계속 존재하고 싶은 욕구를 가질 수 있을 만큼 성장하지 못한 인간의 아기를 상상해보자. 그 아기가 향후에 행복한 삶을 누릴 것이고 자신이 낙태 당하지 않은 것을 다행으로 여길 것이라면, 그 아기를 죽이지 않는 것이 그 아기에게 이익인가, 아닌가? … 어떠한 욕구도 갖지 못한 상태에 있는 또는 심지어 의식도 없는, 하지만 행복한 삶을 누리고 과거에 엄마가 자신을 낙태하지 않은 것을 다행으로 여길 개체로 성장하게 될 인간 배아를 생각해보자. 죽임을 당하지 않는 것이 그 배아에게 이익인가, 아닌가?"[119]

메리가 전의식기前意識期였을 때 또는 삶을 지속하고 싶은 욕구가 없었던 아기였을 때 죽임을 당하지 않은 것을 다행으로 여기며 행복한 삶을 누리고 있다고 해보자. 그렇다면 전의식기 또는 아기였을 때 죽임을 당하지 않은 것을 메리에게 이익으로 보아야 하므로, 현재 메리의 이익을 전의식기 또는 아기 메리에게 적용하는 것이 상식일 수 있다. 하지만 툴리는 흥미롭게도 적용할 수

있다고 보는 것은 개념적 혼동conceptual confusion이라고 못을 박는다.[120]

툴리에 따르면 메리가 아기였을 때 즐겼던 경험을 또렷이 기억하고 있다면 메리와 아기 메리 사이에 인과적 그리고 심리적 연속성이 있다고 보아야 하며, 즉 그들을 하나의 동일한 인식주체로 보아야 하며, 따라서 아기 메리가 죽임을 당하지 않았던 데 따른 메리의 이익을 아기 메리에게 적용할 수 있다.

> "아기였을 때 즐겼던 어떤 경험을 메리가 또렷이 기억할 수 있다고 해보자. 그와 같은 종류의 인과적 그리고 심리적 연속성을 고려할 때, 메리와 그 아기를 하나의 동일한 인식주체로 보는 것이 완전히 합리적이며, 따라서 그 아기가 죽임을 당하지 않았던 것이 메리에게 이익이라면 죽임을 당하지 않았던 것이 그 아기에게도 이익이었다고 보는 것이 완전히 합리적이다."[121]

하지만 메리가 영아기 때의 경험을 기억하지 못하므로 메리와 영아기의 메리 사이에는 인과적·심리적 연속성이 없다고 보아야 하며(그들을 하나의 동일한 인식주체로 볼 수 없으며), 따라서 영아기의 메리가 죽임을 당하지 않았던 데 따른 메리의 이익을 영아기의 메리에게 적용할 수 없다는 것이 불연속 논변의 골자이다.

어떤 유기체가 자기인식 능력이 없다면(자신을 연속적인 경험주체로 인식한 적이 없다면) 미래의 어느 시점에 그 유기체가 살고 싶은 욕구를 가져도 그 욕구는 하나의 동일한 의식주체에서 일어난 것으로 볼 수 없고, 따라서 그 미래의 유기체가 가질 욕구를 충족시키는 것이 현재의 유기체의 이익에 부합한다고 할 수 없다는 것이 툴리의 주장이다. 욕구를 가질 능력이 없는 유기체가(예컨대 개구리의 알이) 계속 존재하면 미래의 어떤 시점에(개구리로 성장한 시점에) 욕구를 가질 수 있다. 하지만 툴리의 불연속 논변을 적용하면 그 욕구는 비록 하나의 동일한 생물학적 유기체에서 일어났지만 다른 의식주체에서 일어난 것으로 보아야 한다.[122]

‘현재의 유기체가 자신을 연속적인 경험주체로 인식할 수 있다’는 것이 ‘현재의 유기체와 미래의 유기체가 동일한 의식주체이다’는 것의 필요조건이라는 데는 동의한다. 하지만 문제는 그로부터 영아에게 그리고 자기 인식을 가진 동물의 새끼에게 생명권이 없다는 결론이 도출되는가이다.

　툴리는 메리와 아기 메리 사이의 인과적·심리적 연속성을 부정한다. 즉, 메리가 살고 싶은 욕구를 가졌어도 그 욕구는 아기 메리와 동일한 의식주체에서 일어난 욕구가 아니며, 따라서 메리가 죽임을 당하지 않은 데 따른 메리의 이익을 아기 메리에게 적용할 수 없다는 것이다. 하지만 심리학적 관점에서 보면 툴리의 주장은 분명 설득력이 떨어진다. 아기 메리와 메리 사이에 인과적, 심리적 연속성이 없어야 툴리의 주장이 성립하지만 아기(영아기) 때의 환경이 훗날의 인격에 영향을 끼친다는 것이 심리학자들의 보편적인 견해이며, 이는 특정 아기와 그 아기가 성장해 존재하게 된 어른 사이에 인과적, 심리적 연속성 없이는 가능하지 않다고 보는 것이 상식이기 때문이다.

툴리의 주장대로라면 ‘낙태와 영아살해 옹호A Defense of Abortion and Infanticide’라는 그의 논문 제목이 말해주듯이 생후 2년 된 아기에게도 생명권이 없다고 보아야 하며, 따라서 여아살해 풍습을 따라 여아를 죽이는 것도 (고통 없이 죽이면) 문제될 것이 없다고 보아야 한다. 뿐만 아니라 자기인식 능력을 가진 동물 새끼의 생명권은 물 건너갔다고 보아야 한다. (툴리는 동물 성체에게 연속적인 경험주체로 인식할 수 있는 능력이 있는지에 대해, 즉 그들에게 생명권이 있는지에 대해 언급하지 않는다. 하지만 그의 논의 전반을 놓고 볼 때 부정적으로 보았다는 해석이 가능하다.) 그림은 1800년대에 여아를 생매장하는 중국인들의 모습이다.

철학자인 툴리로서는 심리학자들의 견해를 부정하는 것이 쉽지 않을 것이다. 그의 불연속 논변은 미생未生으로 보아야 할 것이나, 박탈 논변 역시 미생으로 보아야 한다. 불연속 논변을 직접적으로 공략해야 하지만 쉽지 않으며, 따라서 심리학자들의 견해를, 즉 위의 상식을 입증해야 하기 때문이다.

툴리와 입장을 같이 하는(동물의 고통을 당하지 않을 권리는 인정하지만 죽임을 당하지 않을 권리를 부정하는) 사람들에게 길이 없는 것은 아니다. 영아기의

'질료형상론hylomorphism, matter-from theory'에 따르면 인간을 비롯해 모든 살아 있는 유기체는 '질료matter'와 '형상form'의 복합체이고, 질료와 형상은 서로 상호보완적 관계에 있으며, 내 영혼(형상)이 내 육신에 들어온 시점에 나는 처음 존재했다. 문제는 영혼이 들어오는 시점이다. 가톨릭 신학의 사상적 지주인 토마스 아퀴나스Thomas Aquinas, 1225~1274 등 과거의 신학자 및 교회법학자들은 태동 시점을 지목했다. 하지만 1869년에 제255대 교황 비오 9세(사진의 흰옷)가 수태와 함께 영혼이 들어온다고 선포함으로써 새로운 전통을 창조한다. 한편 영국의 철학자 로크가 제시한 '개인정체성에 대한 기억이론memory theory of personal identity'에 따르면 동일한 기억을 가졌다는 것이 형이상학적으로 동일한 사람이라는 것의 필요충분조건이며, t_{0+1} 시점의 개체(사람)가 t_0 시점에 일어난 사건을 기억한다면 t_{0+1} 시점의 개체는 t_0 시점에 그 사건을 목격했거나 일으킨 개체와 동일한 개체이고, t_{0+2} 시점의 개체가 t_{0+1} 시점에 일어난 사건을 기억한다면 t_{0+2} 시점의 개체는 t_{0+1} 시점에 그 사건을 목격했거나 일으킨 개체와 동일한 개체이다. 따라서 t_{0+2} 시점의 개체가 t_0 시점에 일어난 사건을 기억하지 못해도 '정체성의 이행transitivity of identity'에 따라 t_{0+2} 시점의 개체와 t_0 시점의 개체는 동일한 개체이다. 이렇듯 질료형상론이나 기억이론이 설득력을 가져도 툴리의 주장은 위험에 처하게 된다. 그렇다면 메리의 살고 싶은 욕구를 아기 메리와 동일한 의식주체에서 일어난 욕구로 보아야 하기 때문이다. (필자로서는 '질료형상론'이나 '개인 정체성에 대한 기억이론'에도 만족할 수 없다. 이들 이론에 의존해서는 자기인식 능력을 갖지 못한 동물의 생명권은 포기하고 자기인식 능력을 가진 동물 새끼의 생명권을 확보하는 데서 만족해야 하기 때문이다.)

메리보다 유아기의 메리가 그리고 유아기의 메리보다 10대의 메리가 성인 메리와 인과적·심리적 연속성이 크다는 것을 부정하기 어려우며, 따라서 툴리의 '불연속 논변' 대안으로 맥매한이 제시한, 박탈 논변의 한 형태인 '시간 상대적 이익 설명time-relative interest account'을 고려할 수 있다.[123]

시간상대적 이익 설명에 따르면 어떤 존재의 죽음이 나쁜 것인지는 그가 얼마나 가치 있는 삶을 잃게 되었는지의 물음에 더해 그가 미래의 삶과 심리적으로 얼마만큼 밀접하게 연결되어 있는지의 물음도 결부된 문제이다. 즉, 죽지 않았더라도 현 상태와 미래의 삶이 심리적으로 밀접하게 연결되어 있지 않다면 미래의 삶을 잃은 것을 큰 손실로 볼 수 없는 반면, 심리적으로 밀접하게 연결되어 있다면 큰 손실로 보아야 한다는(삶을 지속하는 데 따른 전자 경우의 이익보다 후자 경우의 이익이 크다는) 뜻으로서, 예컨대 7살 아이의 죽음이 그에게 나쁜 정도가 두 살배기의 죽음이 그에게 나쁜 정도보다 크다는 것이다.

이렇듯 시간상대적 이익 설명을 자의식을 가진 동물에게 적용하면 새끼는 물론 성체도 삶을 지속하는 데 따른 이익이 크다고 보기 어려우며, 따라서 그들을 죽여도 큰 손실을 입혔다고 볼 수 없다. 즉, 위의 설명을 수용하면 (툴리만큼 강한 입장을 취할 수는 없지만) 동물을 죽이는 데 따른 부담을 크게 덜 수 있다.

하지만 철학자 할먼Elizabeth Harman이 제시한 예를 들여다보면 시간상대적 이익 설명을 수용하기 어려운 이유를 알 수 있다. 동물은 심리적으로 먼 미래의 삶보다 가까운 미래의 삶에 더 밀접하게 연결되어 있으며, 먼 미래 삶과 연결된 정도는, 예컨대 5년 후 삶과 연결된 정도는 무시할 만 것이라고 해도 무방할 것이다. 따라서 시간상대적 이익 설명을 수용하면 5년 후에 특정한 좋은 경험을 함으로써(나쁜 경험을 피함으로써) 현 시점에 취할 수 있는 이익은 무시할 만하다고 해도 무방할 것이다.[124] 이제 할먼이 제시한 다음의 예를 생각해 보자.

"빌이라는 소가 심각한 질병에 걸렸다. 당장 치료하지 않으면 곧 경미한 고통을 느낄 것이며, 고통이 서서히 증가해 결국 몇 달 동안 극심한 고통에 시달리다 죽게 될 것이다. 반면 내일 당장 마취를 하고 수술을 하면 2주 회복기간 동안 수술을 하지 않을 경우 느낄 고통보다 더 큰 고통을 느낄 것이지만, 이 후 고통 없는 건강하고 평범한 삶을 살게 될 것이다."[125]

"토미라는 말이 심각한 질병에 걸렸다. 당장 치료하지 않으면 향후 5년 동안 특별히 고통을 느끼지 않고 평범한 삶을 살아갈 것이지만, 이 후 몇 달 동안 극심한 고통에 시달리다 죽게 될 것이다. 반면 내일 당장 마취를 하고 수술을 하면 2주 회복기간 동안 수술을 하지 않을 경우 향후 5년 통틀어 느끼게 될 고통보다는 덜 한 고통을 느낄 것이다. 이 후 병이 완치돼 15년 동안 건강하고 평범한 삶을 살게 될 것이다."[126]

빌과 토미가 이와 같은 상황에 놓였다면 수술을 해주는 것이 그들의 전반적인 이익에 부합한다고 보아야 한다. 즉, 그들에게 수술을 해주는 것이 옳다고 보아야 하지만, 시간상대적 이익 설명을 적용하면 두 수술 모두를 금지해야 하거나 수술을 해줘야 하는 이유를 설명할 수 없다. 이렇듯 위의 두 예만 봐도 시간상대적 이익 설명을 불연속 논변의 대안으로 고려할 수는 없는 일이다.

고대 그리스의 쾌락주의 철학자 에피쿠로스Epicurus, BC 341~270와 고대 로마의 유물론자이자 에피쿠로스학파였던 루크레티우스Lucretius, BC 96년경~55년경의 도전에 대응해야 한다는 것도('X가 나쁘거나 불쾌하다는 것을 A가 경험할 수 없음에도 X가 A에게 나쁠 것일 수 있다'는 명제가 참임을 입증해야 한다는 것도) 박탈 논변 옹호론자에게는 큰 부담이 아닐 수 없다. 에피쿠로스에 따르면,

죽음이란 우리에게 아무 일도 아니라는 생각에 익숙해지십시오. 좋거나 나쁘기

위해서는 지각이 있어야 하지만 지각이 없는 상태에서 죽음이 찾아오기 때문입니다. … 따라서 가장 두려운 악인 죽음은 우리에게 아무 것도 아닙니다. 우리가 존재할 때 죽음이 오지 않으며 죽음이 올 때 우리는 존재하지 않기 때문입니다.[127)]

에피쿠로스의 주장이 박탈 논변 옹호론자에게는 큰 도전이 아닐 수 없다. 에피쿠로스가 죽음을 옳게 진단했다면 죽음에 의해 죽지 않았으면 살았을 시간을 박탈당한다고 볼 수 없고, 따라서 죽음이 우리가 겪을 수 있는 가장 큰 손실 중 하나일 수 없기 때문이다. '죽음death'은 '살아 있는 상태being alive'와 '죽은 상태being dead'('의식이 있는 상태'와 '의식이 없는 상태', '경험 가능한 상태'와 '경험 가능하지 않은 상태', '죽어가는 과정'과 '분해되는 과정')를 가르는 시간적 연속성이 없는 순간이므로(살아 있는 상태가 끝나고 죽은 상태가 시작되는, 살아 있는 마지막 시점에 오고 죽은 처음 시점에 오는 순간이므로), 에피쿠로스가 말한 '죽음'을 루크레티우스와 미국의 철학자 로젠바움Stephen Rosenbaum이 그랬듯이 '죽은 상태'의 의미로 이해하고,[128)] 로젠바움을 따라 에피쿠로스의 주장을 다음과 같이 정리해보자.[129)]

a. P가 언젠가 경험할 수 있는 사태a state of affairs라야(또는 사건event이라야) 그 사태가 P에게 나쁘다.
b. P가 죽는 것이 P가 언젠가 경험할 수 있는 사태라야 P에게 나쁘다. ('a'로부터)
c. 어떤 사태가 P가 죽기 전에 시작돼야 그 사태를 P가 언젠가 경험할 수 있다.
d. P가 죽은 상태는 P가 죽기 전에 시작되는 사태가 아니다.
e. P가 죽은 상태는 P가 언젠가 경험할 수 있는 사태가 아니다. ('c'와 'd'로부터) 그러므로
f. P가 죽은 상태는 P에게 나쁘지 않다. ('b'와 'e'로부터)

'b'와 'd'는 다른 전제(들)로부터 도출되며 'd'는 정의상 참이다. 따라서 위의

논변을 공략하고자 한다면 'a'와 'c'에 초점을 맞춰야 한다. 먼저 'a'에 대한 가장 대표적인 반론 하나를 생각해보자.

후각이 발달하지 않은 뱀에게 스컹크의 악취가 해가 될 수 없는 이유를 생각해봐도 'a'에 이의를 제기하기 어려워 보인다. 하지만 네이글은 어떤 일이 발생했다는 사실을 우리가 알지 못해도 그 일이 우리에게 나쁠 수 있다는 이유로 'a'에 반기를 든다. 그에 따르면 어떤 사람이 친구에게 배신당하고, 등 뒤에서 조롱당하고, 면전에서 공손한 사람에게 경멸당하고 있다는 사실을 모른다고 해도, 따라서 그러한 사실로 인해 고통을 당하지 않는다고 해도 그러한 일들이 그 사람에게 나쁠 수 있으며,[130] 어떤 똑똑한 사람이 사고로 뇌손상을 입어 지적 능력이 영아수준으로 떨어졌고, 그래서 자신이 처한 상황을 알지 못해도 사고로 인해 해를 입었다고 보아야 한다.[131]

하지만 위의 예들이 'a'에 대한 반론은 될 수 없다. 미국의 철학자 실버스타인Harry Silverstein이 지적했듯이 그리고 로젠바움이 동의했듯이, 'a'가 말하는 것은 어떤 사태나 사건을 (또는 어떤 사태나 사태가 인과적으로 초래한 결과를) 현 시점에 경험해야 그 사태나 사건이 나쁘다는 것이 아닌, 언젠가 경험할 수 있어야 나쁘다는 것이기 때문이다. 다시 말해 '우리가 경험할 수 없는 것이 우리에게 나쁠 수 있다'는 것을 인정하지 않고도 '우리가 경험을 못 하고 있는 것이 우리에게 나쁠 수 있다'는 것을 인정할 수 있으므로, 네이글의 반론은 성립하지 않는다.[132]

'c'에 대한 대표적인 반론을 들라면 실버스타인의 '4차원적 시공간 논변four-dimensional spatiotemporal argument'을 들 수 있다. 실버스타인은 '공간적으로 떨어진 사건'과 '시간적으로 떨어진 미래의 사건'의 유사성에 초점을 맞춰 미래의 사태나 사건이 시간을 넘어 지금 존재한다는 형이상학적 견해를 수용함으로써 'c'를 부정한다. 그에 따르면 공간적으로 떨어진 사건은 존재하고 시간적으로 떨어진 사건은 존재하지 않는다는 견해는 3차원의 공간 틀에서 벗어나지 못한 편향적인 견해로서, 4차원적 시공간 틀을 채택해 공간적으로 떨어진 사건이 비록 여기에 존재하지는 않지만 존재하는 것과 같이 사후의 사건을 포함한 미래의 사건도 비록 지금 존재하지는 않지만 존재한다고 보아야 한다. 예컨대 "공간적으로 떨어져 있는 친구의 죽음이 비탄의 대상인 것과 마찬가지로 A의 죽음['c'에서 P의 죽음] 역시 그에게 비탄의 대상으로 보아야 한다."133)

　하지만 'c'에서 어떤 사태 또는 사건이 죽기 전에 시작돼야 한다고 했을 때 그 의미를 존재해야 한다는 의미로 국한시킬 수 없다는 것이 문제다. 즉,

미국의 철학자 콰인Willard Quine은 (완전한 정지와 운동은 없다는) 정지와 운동 상대성relativity of rest and motiom 독트린과 아인슈타인의 특수 상대성 이론 그리고 다음의 이유를 들어 시간적 사건을 공간적 사건과 동등하게 취급해야 한다고 주장하며, 실버스타인은 콰인의 주장에 근거해 에피쿠로스에 대한 반론을 제시한다. "아인슈타인의 상대성 이론과 무관하게 시간을 공간과 동등하게 취급해야 할 강력한 이유들이 있다. 우리는 엘사 랜체스터Elsa Lanchester를 찰스 로튼Charles Laughton의 미망인이라고 부른다. 하지만 그녀가 찰스 로튼의 미망인이 되는 데 찰스 로튼은 없었으며, 그녀가 찰스 로튼의 미망인이었던 한 찰스 로튼은 결코 있은 적이 없었다. 게다가 우리는 엘사 랜체스터가 찰스 로튼과 결혼했다고 말하지만, 찰스 로튼이 그의 미망인과 결혼했다고 결론을 짓지 않는다. 우리는 영국 왕이 55명 있었다고 말하지만, 한 번에 3명보다 많은 왕이 있은 적이 없었고 앞으로도 그럴 것이다. … 이러한 혼란을 가장 간략하게 적절히 설명할 수 있는 것은 사람 그리고 그 밖의 물리적 대상들physical objects 모두 4차원적 시공간에서 영원히 그리고 끝이 없이 동시에 존재한다고 보는 것이다. 물리적 대상의 시간적인 부분 또는 단계들은 시간적으로 짧은 부분 또는 단계들이다. 엘사 랜체스터가 과부인 상태는 그녀의 일부, 즉 나중의 일부이다."134) 사진은 콰인의 1975년 여권 사진이다.

실버스타인의 주장에는 사건의 존재 여부가 사후 사건과 같이 시간적으로 떨어진 사건에 대한 경험 또는 감정 문제와 결부된 유일한 물음이라는 것이 전제가 되고 있지만,135) 이는 로젠바움이 지적한 바와 같이 어떤 사건이나 사태가 '존재한다'는 것과 '발생한다'는 것의 차이를 놓친 것으로 패착이 아닐 수 없다.

로젠바움이 제시한 다음의 예를 생각해보자. 1940년대 초반, 영국 사람들은 독일이 영국을 침략할까 공포에 떨었지만 그런 사건은 발생하지 않았으며, 히틀러가 영국을 지배할까 두려움에 떨었지만 그런 사태는 벌어지지 않았고 앞으로도 벌어지지 않을 것이다. 그들에게 공포와 두려움의 대상이었던 위의 사건과 사태가 존재했는가? 시간을 넘어 히틀러가 영국을 침략하는 사건이 존재했다고 (또는 존재한다고) 해도 그와 같은 사건은 발생한 적이 없고 따라서 영국인은 결코 경험하지 못했다. 즉, 'c'에 대한 실버스타인의 반론은 성립하지 않는다고 보아야 한다.136)

물론 위의 반론들로부터 벗어날 수 있다는 것이 에피쿠로스의 주장이 완벽하다는 뜻은 아니다. 예컨대 젊어서 죽는 것이 늙어서 죽는 것보다 나쁘다는 맥매한의 직관이 옳다면 에피쿠로스의 주장에 문제가 있다고 보아야 하며,137) 보다 결정적으로는 죽음이 나쁘다는 데 근거해 살인이 그른 이유를 설명할 수 없게 된다는 영국의 철학자 블랙쇼Bruce Blackshaw와 로저Daniel Rodger의 견해를 부정할 수 없다.138) 하지만 그것이 박탈 논변의 손을 들어줘야 한다는 의미도 아니다. 박탈 논변을 옹호하기 위해서는 반대 논거들에 대한 직접적인 답변을 제시해야 하는 부담은 차치하더라도 위의 직관들을 신뢰해야 하는 이유를 밝혀야 하기 때문이다.

동물의 생명권을 옹호하고자 한다면 박탈 논변에 의존하는 것이 좋은 전략일 수 있다. 동물권 옹호론자인 필자로서도 박탈 논변에 관심을 갖지 않을 수 없었지만, 이상에서 알아본 바와 같이 동등성 반론과 피임 반론에 노출될 뿐 아니라 툴리와 에피쿠로스라는 거대한 성벽도 무너뜨려야 한다는 점에서 관심을 유지할 수 없었다. 물론 심리적 연속성에 대한 심리학자들의 보편적인 견해를 부정하기 어렵다는 점에서 불연속 논변은 미생으로 보아야 하며, 시간상대적 이익 설명이 불연속 논변의 대안이 될 수도 없다. 사정이 이렇다면 문제 해결의 실마리를 어디서 찾아야 하는가?

앞서 제시한 포템파 촉탁살인 사건의 윌리엄스와 의과대학생 사건 2의 의과대학생을 비교해보자. 둘 모두 상대를 숨지게 했다. 하지만 의과대학생은 상대의 자기결정권을 박탈했다는 점에서 윌리엄스보다 높은 수위의 비난을 받아야 한다. (더욱이 생명권이 포기나 양도 가능한 권리라면 윌리엄스는 비난의 대상도 아니다.) 하지만 그가 더 부도덕한 이유가 단지 위의 이유 때문만은 아니다.

미국의 철학자 스타인박Bonnie Steinbock은 (레건이 선호이익과 복지이익을 구분했듯이) '어떤 존재가 원하거나 추구하는 것은 그 존재에게 이익이다'는 의미에

실버스타인으로서는 어떤 사건이 존재한다는 것은 곧 발생했다는 것을 의미한다는(어떤 사건이 존재할 때는 그 사건이 발생했을 때이며 오직 그때뿐이라는) 답변을 고려할 수 없다. 그와 같이 답변한다는 것은 사건이 시간을 넘어 존재한다면 사건이 시간을 넘어 발생한다고 말하는 것과 다르지 않기 때문이다. 즉, 그와 같이 답변하는 것은 사건이 시간을 넘어 발생한다고 말하는 것과 다르지 않고, 따라서 로젠바움이 지적한 바와 같이 엉뚱하게도 과거의 사건과 미래의 사건이 차이가 없다고 말하는 것과 다르지 않다.139)

서의 이익과 '어떤 존재의 선이나 복지를 증진시키는 것이 그 존재에게 이익이다'는 의미에서의 이익을 구분하고, 권리가 전자의 이익뿐 아니라 후자의 이익도 보호하는 기능을 가졌다고 진단한다.[140] 즉, 어떤 존재의 삶을 구성하는 경험들이 대체로 즐길 만한 것이라면 삶을 지속하는 것이 그 존재에게 이익이라는 것이 그녀의 주장으로, 예컨대 임신 후기의 태아, 신생아, 태어난 지 얼마 안 된 아기, 정신적 장애를 가진 사람, 동물과 같이 다양한 활동과 경험을 통해 자신의 삶을 즐길 수 있는 존재에게는 삶이 지속되는 것이 이익이고(단지 삶이 비참한 경우에만 삶을 지속하는 것이 당사자에게 이익일 수 있을지 의문을 가질 수 있고), 따라서 그들에게는 생명권이 있는 반면,[141] 배아와 전의식기 태아의 삶이 그들에게 선이 아닌 것은 식물이나 정자sperm에게 삶이 선이 아닌 것과 같으며, 따라서 그들에게는 생명권이 없다는 것이다.[142]

전의식기 태아의 삶이 그들에게 선일 수 없다는 데 동의한다. 하지만 다양한 활동과 경험을 통해 자신의 삶을 즐길 수 있는 존재에게는 삶이 지속되는 것이 이익인 반면 삶이 비참한 존재에게는 이익이 아닐 수 있다는 설명으로는 부족하다고 보아야 한다.

스테이크를 즐겼던 갑수와 을수가 사업이 부도가 나서 빈털터리가 됐고, 끼니라도 때우기 위해 산으로 들어가 양서류와 파충류 심지어 설치류까지 닥치는 대로 잡아먹으며 연명하고 있다고 해보자. 스타인박의 해법대로라면 삶을 지속하는 것이 그들에게 이익인지 의문을 가져야 한다. 즉, 그들의 삶을 구성하고 있는 경험들이 즐길 만한 것인지를 판단하고, 즐길 만한 것이라면 삶을 지속하는 것이 그들에게 이익인 반면, 그렇지 않다면 이익이 아닌지 짚어봐야 한다.

둘의 삶을 구성하고 있는 경험들 모두 즐길 만한 것이 아니라고 해보자. 하지만 갑수는 스테이크에 대한 욕구 등 이전에 가졌던 욕구들을 내려놓지 않은 반면('X의 삶은 즐길 만한 것이 아니다'는 입장과 'X는 어떤 욕구도 내려놓지 않았다'는 입장은 양립 가능하다), 을수에게는 어떤 욕구도 남아 있지 않고 단지 죽는 순간이 두려워 삶을 지속하고 있다고 해보자. 또한 갑수의 삶이 즐길 만한 것이 아니라는, 따라서 삶을 지속하는 것이 그에게 이익이 아니라는 이유로 친구가 그를 고통 없이 숨지게 했고, 같은 이유로 을수의 친구도 을수를 숨지게 했다고 해보자. 그렇다면 두 친구에 대한 평가를 달리해야 한다. 즉, 갑수의 친구에게 높은 수위의 비난을 가해야 하며, 그렇게 보아야 하는 이유는 친구를 숨지게 한 데 더해(친구의 살고 싶은 욕구를 좌절시킨 데 더해) 갑수가 가진 다른 욕구들도 좌절시켰기 때문이다.

심장의 박동 속도를 조절해 혈압을 낮추는 베타차단제는 발기부전을 유발할 수 있다. (고혈압 치료제인 암로디핀 성분과 발기부전 치료제 타다라필 성분을 반반씩 섞은 약이 개발돼 오남용 문제가 제기된 바 있지만) 발기부전과 오남용 문제를 유발하지 않는 저렴한 신약이 개발됐다고 해보자. 그렇다면 성욕이 왕성한 고혈압 환자에게는 신약을 처방해야 한다. 베타차단제를 처방한다는 것은 성생활에 대한 욕구를 좌절시키는 것이기 때문이다.

의과대학생 사건 2의 의과대학생이 포템파 촉탁살인 사건의 윌리엄스보다 더 큰 비난을 받아 마땅한 이유도 다르지 않다. 포템파는 자신이 가졌던 욕구들을 내려놓았던 반면, 의과대학생이 숨지게 한 여성은 어떤 욕구도 내려놓지 않았기 때문이다. 즉, 의과대학생이 숨지게 한 여성은 자신이 가졌던 욕구들을 내려놓지 않았으므로 삶을 지속하는 것이 그녀에게 이익으로 보아야 하며, 따라서 여성을 죽음에 이르게 한 데 더해 그녀의 이익을 침해한 의과대학생이 윌리엄스보다 높은 수위의 비난을 받아야 한다.

이렇듯 삶을 지속하고 싶은 욕구뿐 아니라 그 이외의 현재의 삶을 구성하는 욕구를 (그것이 어떤 욕구이든) 권리의 근간으로 보는 것이 스타인박의 설명보다 설명력을 가지며, '3장 3.5.'에서 제시한 고통을 당하지 않을 권리에 대한 해법에도 부합한다. 또한 위의 해석은 박탈 논변과 불연속 논변 그리고 시간 상대적 이익 설명이 안고 있는 문제점에서도 벗어날 수 있다. 따라서 앞서 소개된 마키스의 주장을 다음과 같이 수정하고자 한다.

"누군가가 목숨을 잃는다는 것은 그가 겪을 수 있는 가장 큰 손실 중 하나다. 목숨을 잃음으로써 미래를 구성하게 될 경험, 활동, 프로젝트, 즐거움 모두를 잃게 된다."(마키스)

→

누군가가 목숨을 잃는다는 것은 그가 겪을 수 있는 가장 큰 손실 중 하나다. 목숨을 잃음으로써 현재의 삶을 구성하고 있는 다양한 욕구가 좌절된다.

통증에 시달리는 환자가 의사를 찾아와 고통 없이 숨지게 해달라는 부탁을 했고, 의사 A는 거절한 반면 의사 B는 들어줬다고 해보자. 생명권이 포기나 양도 가능한 권리라면 두 의사 모두 비난 대상은 아니다. 즉, 생명권이 포기나 양도 가능한 권리라도 죽길 원하는 사람의 요구를 들어주는 것이(죽고 싶은 욕구를 충족시키는 것이) 의무의 범주에(남을 도와줘야 할 적극적인 의무의 범주에) 든다고는 할 수 없다. 하지만 '의사 B'를 '의사 A'보다 높이 평가해야 한다. '의사 A'와 달리 환자의 욕구를 충족시켜 줌으로써 의무 이상의 선행을 베풀었기 때문이다. 이렇듯 (남에게 해를 가하지 말아야 할 소극적인 의무를 놓고 뿐 아니라) 적극적인 의무를 놓고도 상대의 욕구를 충족시키는 것이 비난과 칭찬의 판단기준일 수 있다. 물론 적극적인 의무는 범주를 설정해야 한다. 따라서 예컨대 선한 사마리아인이 의무를 이행한 건지, 아니면 의무 이상의 선행을 베푼 건지는 논의 대상이 될 수 있다. 프랑스 화가 에메 모로Aimé-Nicolas Morot의 1880년 작품에서 강도를 만나 옷이 벗겨지고 사경을 헤매는 사람을 선한 사마리아인이 주막으로 데려가고 있다.

먹거나 뛰어 놀고 싶은 욕구는 먹고 뛰어놀면 사라진다. 또한 동물은 장기적인 욕구를 가질 수 없다. 따라서 죽임을 당하는 순간 어떤 욕구도 없을 수 있지 않느냐고, 따라서 고통 없이 죽이는 것은 문제될 것이 없지 않느냐고 반문할 수 있다. 하지만 특정 시점에 죽임을 당한 돼지에게 먹거나 뛰어 놀고 싶은 욕구가 없었더라도 그 시점 이전에 위의 욕구가 있었다면 죽임을 당한 시점에도 위의 욕구가 있었다고 보아야 한다. 즉, 데그라치아와 낙태 찬성론자 부닌David Boonin 그리고 호주의 철학자 스미스Michael Smith 등이 설명하는 바와 같이 욕구는 '성향적dispositional'일 수 있기 때문이다.

> "믿음 또는 욕구는 특정 시간에 의식적으로 드러내지 않고도 가질 수 있다. 믿음과 욕구는 의식적으로 마음을 두거나 드러내지 않은 동안에도 오랜 기간에 걸쳐 가질 수 있다는 점에서 성향적일 수 있다."143)

의과대학생 사건 2의 의과대학생이 여성이 바랐던 대로 1년 동안 깊은 수면상태에 빠지게 했다고 해보자. 그리고 1년 후에 여성이 깨어났다면, 수면 상태에서도 여성에게 욕구가 있었다고 보아야 한다. 즉, 등을 긁고 싶은, 발을 뻗고 싶은 욕구와 같이 순간적인 사건의 형태를 취하는 '일시적 욕구occurrent desire'가 아닌, 행복하고 싶은, 건강하고 싶은, 장수하고 싶은, 해외여행을 떠나고 싶은 욕구와 같이 오랜 기간에 걸쳐 가질 수 있는 '성향적 욕구dispositional desire'가 있었다고 보아야 한다.

이제 생명권을 가진 동물의 선별작업이 가능해졌다. (특정 느낌에서 벗어나고 싶은 소극적인 욕구negative desire를 가진 동물에게는 고통을 당하지 않을 권리가 있다고 보아야 하며) 그것이 어떤 욕구이든 적극적인 욕구positive desire를 가질 수 있는 동물에게는 죽임을 당하지 않을 권리가 있다고 보아야 한다. 즉, 거울자기인식, 노란 눈, 마음읽기 실험을 통과하지 못한, 따라서 삶을 지속하고 싶은 욕구를 갖지 못한, 하지만 먹고 싶은, 뛰어놀고 싶은 등의 욕구를 가진 동물에게는 죽임을 당하지 않을 권리가 있다고 보아야 하며, 위의 실험들을 통과한 동물의 새끼인 아직 자기인식능력을 가질 수 있을 만큼 성장하지 못한 동물들에게도 위의 기준을 적용해야 한다.

2019년에 내놓은 《낙태 논쟁, 보수주의를 낙태하다》에서 수정란 시점부터 생명권을 가진다는 보수주의자들의 주장을 부정하고, 태아가 생명권을 갖게 되는 시점에 대한 논의는 이 책으로 미룬 바 있다.[144] 이제 지금까지의 논의를 태아에 적용해보자.

태아가 고통을 당하지 않을 권리를 갖게 되는 시점은 특정 느낌에서 벗어나고 싶은 소극적인 욕구를 가질 수 있는 시점인 반면, 죽임을 당하지 않을 권리를 갖게 되는 시점은 그것이 어떤 욕구이든 적극적인 욕구를 가질 수 있는 시점이다. (영아의 경우 삶을 지속하고 싶은 욕구를 갖지는 못했지만 다른 욕구는 가졌다. 따라서 툴리의 주장과 달리 영아살해는 정당화될 수 없다고 보아야

짜장면에 대한 욕구가 일었지만 중국집이 문을 닫아 아쉬움을 뒤로하고 잠자리에 들었다. 짜장면에 대해 생각할 겨를 없이 바삐 지내다 3일 후에 짜장면을 먹었다고 해보자. 의식상실 상태인 수면 중에 짜장면에 대한 욕구를 가질 수 없음에도 그리고 3일 동안 짜장면에 대해 생각한 적이 없음에도(짜장면에 대한 욕구를 경험하지 않았음에도) 짜장면에 대한 욕구가 줄곧 있었고, 그 잠재적으로 존재했던 욕구가 3일 후 특정 조건들이 주어지며 발현됐다고 보아야 한다. 다시 말해 욕구는 믿음과 마찬가지로 성향적일 수 있다.

한다.) 먼저 후자의 권리를 갖게 되는 시점에 대해 생각해보자.

낙태 찬성론자인 부닌이 진단한 바와 같이 의식적 경험이 가능해야 욕구를 가질 수 있으며, 따라서 조직화된 뇌피질cortical brain 활동이 일어나는 25~32주까지는 욕구를 가질 수 없다는 것이 상식일 수 있다. 하지만 현재의 태아학 수준을 감안하면 32주는 물론 25주로 보는 것도 조심스러운 것이 사실이다.

던디대학교 심리학자 비올라Marx Viola와 에메셰Nagy Emese가 2015년 진행한 연구에서 "엄마가 배를 만지자 태아가 팔과 머리와 입을 더 많이 움직였고, 엄마가 음성을 들려주자 팔과 몸의 움직임이 줄어들었다. 위의 자극에 대해 임신 2기[12주~24주]에서보다 임신 3기[24주~36주]에서 더 높은 조절(하품), 휴식(팔짱 끼기), 자기 만지기(손으로 몸을 만지기)의 빈도수를 보였다."146) 이탈리아의 정신분석가이자 아동심리치료사 피온텔리Alessandra Piontelli가 진행한 연

동물에게 고통을 당하지 않을 권리는 있지만 생명권은 없다는 생각을 버리지 못했다면 다음의 경우를 상상해보기 바란다. 개에게 무척 친절한 금자 씨는 푸들을 입양해 나래라는 이름을 지어줬다. 쾌적한 환경에서 애지중지 키웠고, 그러던 중 고민거리가 생겼다. 연중행사인 해외여행 동안 나래를 차마 다른 사람에게 맡길 수 없었던 것이다. 고민 끝에 수의사를 집으로 불러 고통 없이 숨지게 한 뒤 여행을 떠났다. 여행에서 돌아와 이번에는 저먼 셰퍼드를 입양해 다미라는 이름을 지어주고 쾌적한 환경에서 애지중지 키웠다. 그러고는 해외여행을 떠나기에 앞서 다미도 고통 없이 숨지게 했다. 금자 씨는 12년째 같은 일을 반복하고 있다.145) 동물의 고통을 당하지 않을 권리는 인정하지만 생명권은 부정하는 동물권 옹호론자들은 금자 씨의 행위에 문제가 없다는 입장을 취해야 한다. 그럴 용의가 있는가?

구에서는 15주 미만의 태아에게서 하품을 하는 것이 관찰되지 않았지만,[147] 12주 이전의 태아도 몸을 움직일 수 있고, 12주 이후부터는 자세를 바꿀 수 있으며 빛과 소리에 반응한다는 것은 밝혀진 사실이다.

하지만 그것이 욕구를 가졌다는, 즉 성향적 욕구는 물론 일시적 욕구를 가졌다는 증거도 될 수 없다. 논의된 바와 같이 욕구를 갖기 위해서는 목적 지향적인 심리를 가질 수 있고, 목적으로 삼은 것과 결부된 감정을 가질 수 있어야 하지만, 대뇌피질과 뇌간이 통합되는 대략 20주까지는 위의 심리와 감정을 갖는 것이 가능하지 않을 것이기 때문이다.[148] 물론 대뇌피질과 뇌간이 통합된다는 것이 욕구를 가질 수 있다는 것을 의미하지는 않는다. 25주 이전까지는 그것이 가능하지 않다는 것이 현 수준에서는 상식일 수 있으나, 도덕적 위험 부담을 줄이는 차원에서 그리고 곧 생각해볼 태아의 고통을 당하지 않을 권리와 연계해 20주 이후의 낙태는 금지하는 것이 현실적인 대안일 수 있다.

2015년, 몬태나주가 임신 20주 이후에 낙태시술을 할 경우 태아를 마취시킬 것을 의무화하는 법안을 통과시켰다. 하지만 민주당 소속의 벌록Steve Bullock 주지사가 거부권을 행사한 바 있다. 이듬해인 2016년, 유타주가 같은 내용의 법안을 통과시켰고 공화당 소속의 허버트Gary Herbert 주지사가 승인한다. 하지만 미국 산부인과 학회American College of Obstetricians and Gynecologists가 24주까지는 고통을 느끼지 못한다는 성명을 발표하는 등 20주된 태아는 고통을 느끼지 못한다는 반발이 이어진다.

조직화된 뇌피질 활동 없이 적극적인 욕구를 가질 수 없다는 데는 나름 공감할 수 있다. 하지만 빛과 소리에 반응하고 자세를 바꿀 수 있는데도 24주 이전에는 고통을 느끼지 못한다는 것은, 따라서 특정 느낌에서 벗어나고 싶은 소극적인 욕구를 가질 수 없다는 것은 성급한 판단일 수 있다는 생각을 지울 수 없다. 다시 말해 대뇌피질과 뇌간이 통합되는 20주 이후에는 특정 느낌에서 벗어나고 싶은 욕구를 가질 수 있을 가능성을 열어 놓는 것이 태아학의 현주소를 감안하면 현실적인 대안일 수 있다.

　물론 그것이 20주 이후부터는 태아를 마취시킨 후 시술을 해야 한다는 뜻은 아니다. (태아를 마취하면 낙태 시술을 할 수 있다는 것은 그 시점의 태아에게 고통을 당하지 않을 권리는 있지만 죽임을 당하지 않을 권리는 없다는 말과 다르지 않다.) 유타대학교 모태의학전문의 에스플린Sean Esplin 박사에 따르면, 진통제나 마취제는 임신부를 통해 태아에게 전달해야 한다. 문제는 여기서 시작된다.

　태아를 마취할 목적이 아니라면 임신 20주 임신부의 경우 중등도 진정 상태(얕은 잠을 자는 수준이지만 말과 가벼운 자극에 적절히 반응하는 상태)에서

기독교인으로서는 영혼 문제가 마음에 걸릴 수 있다. 하지만 성경은 영혼이 들어오는 시점에 대해, 즉 인간생명의 시작점에 대해 침묵하며, 토마스 아퀴나스는 고대 그리스의 철학자 아리스토텔레스의 질료형상론을 수용해 남자 태아는 40일에 그리고 여자 태아는 90일에 영혼이 들어온다고 보았다는 것이 일반적인 해석이다. 하지만 발생학에서 괄목할 만한 성과를 이뤄낸 현 시점에 아퀴나스의 입장을 그대로 수용할 수는 없는 일이다. 신부이자 철학자이고 현대 질료형상론자인 단실Joseph Donceel이 주장한 바와 같이 영적 활동을 위해 없어서는 안 될 장기가 없는 질료에는, 즉 뇌, 특히 대뇌피질이 생성되지 않은 질료에는 영혼이 들어갈 수 없다고 보는 것이,[149] 또는 철학자 섀넌Thomas Shannon과 월터Allan Wolter를 따라 대뇌피질과 뇌간이 통합되는 대략 20주까지는 영혼이 들어갈 수 없다고 보는 것이 설득력을 가진다고 보아야 할 것이다.[150] (이들의 주장에 대한 설명 및 14일까지는 영혼이 들어올 수 없는 이유는 필자의 ≪낙태논쟁, 보수주의를 낙태하다≫를 참고하기 바란다.) 사진은 (左)이탈리아의 화가 하예즈Francesco Hayez가 1811년 그린 아리스토텔레스와 (右)스페인의 화가이자 조각가인 라푸엔테Luis Muñoz Lafuente가 1795년에 그린 토마스 아퀴나스다.

수술을 받지만, 태아를 마취하기 위해서는 약물투여량을 늘려 전신마취 상태에서 낙태시술을 받아야 한다. 뿐만 아니라 에스플린 박사가 지적한 바와 같이 태아를 마취시키기 위해 약물을 얼마만큼 투여해야 하는지에 대한 지식도 전무한 상태이다. 즉, 태아가 확실히 고통을 느끼지 못할 만큼 다량의 마취제를 투여한다면 임신부의 건강에 위험이 될 수 있으며, 임신부의 건강에 위험이 되지 않을 정도의 양을 투여하면 태아가 고통을 느낄 수 있다.

이렇듯 태아의 생명권을 고려하지 않더라도, 20주 이후부터는 마취를 한

초기 배아의 착상을 방해하는 사후 피임약은 복용시점이 빠를수록 성공률이 높아진다. '노레보Norlevo'와 같은 레보노제스트렐 성분의 사후 피임약은 72시간을 넘어 복용하면 효과를 기대하기 어렵다. 그런 만큼 대다수의 국가에서 처방전이 필요 없는 일반의약품으로 분류하고 있지만, 우리는 전문의약품으로 분류해 약국판매를 불허하고 있다. 한편 '엘라원ellaOne'과 같이 울리프리스탈 아세테이트가 들어 있는 사후 피임약은 최대 120시간 이전에 복용하면 피임효과를 볼 수 있다. 하지만 우리의 경우 이 역시 대다수의 나라들과 달리 의사의 처방이 필요한 전문의약품으로 시판 승인한 바 있다. 미페프리스톤과 미소프로스톨 성분으로 이뤄진 먹는 낙태약 '미프진Mifegyne', 일명 'RU486'은 착상을 방해할 뿐 아니라 착상된 배아를 자궁벽에서 분리시키기도 한다. 미프진은 2017년 3월 기준 이탈리아, 독일, 프랑스, 영국, 중국, 베트남 등 세계 62개국에서 전문의약품으로 승인을 받았으며, 실질적으로 세계 119개국에서 합법으로 인정하고 있다. 세계보건기구는 미프진을 필수의약품 목록에 포함시키고 '안전한 인공임신중절을 위한 가이드라인'에서 임신 초기인 12주까지 가장 안전한 낙태 방법으로 약물을 권고하고 있으며, 오타리오주는 2017년 7월부터 무료로 공급하고 있다. 그럼에도 국내에서는 아예 반입을 금지해 유통 자체가 불법이다. 하지만 12주 태아에게 어떤 욕구도 있을 수 없으므로, 12주까지 안전하게 낙태를 유도하는 미프진의 유통 및 도입을 불허하는 것은 어불성설임에 틀림없다. 사진은 공화당의 닉슨 대통령이 지명했음에도 47년 전 '로우 대 웨이드' 판결에서 낙태 합법화에 표를 던진 블랙먼Harry Blackmun 판사이다.

후 시술을 해야 한다는 것은 (미국은 1973년 '로우 대 웨이드Roe v. Wade' 사건에 대한 연방대법원 판결로 24주까지 낙태를 허용하고 있으므로 20주 이후부터는 마취를 하는 것이 쟁점이 될 수 있지만) 고려 대상일 수 없고, 따라서 20주 이전의 낙태만을 허용할 것이 도덕적 위험을 줄이는 현실적인 해법일 수 있다.

2015년, 이 책의 전작으로 《인간, 위대한 기적인가 지상의 악마인가?》를 내놓은 바 있다. 이후 먼 길을 걸어 드디어 동물중심 평등주의를 향한 베이스 캠프를 차린 느낌이다. 싱어의 동물해방론과 레건의 동물권옹호론으로 여정을 시작했다. 동물의 지위 담론에 불씨를 당겼고 동물해방 아이콘으로서의 입지를 굳혔다는 점에서 싱어를 지나칠 수 없었다. 이익평등고려원칙으로 반종차별주의 전선을 구축하고 동물중심 평등주의를 선포한 것도 관심을 끌기에도 충분했다. 하지만 의무론자인 필자로서는 공리주의가 안고 있는 문제점을 간과할 수 없었고, 따라서 그의 동물해방론에 합류할 수 없었다.

레건에 주목했던 이유는 내재적 가치와 권리를 조우시키는 미답의 항로를 개척함으로써 종차별주의를 타파하고 동물중심 평등주의를 선포했기 때문이다. 같은 의무론자로서 레건의 동물권옹호론이 설득력을 가진다면 이 책을 쓰지 않고 그의 전도사로 만족했을 것이다. 하지만 애석하게도 그가 개척한 항로는 암초밭이었으며, 따라서 그의 동물권옹호론에도 합류할 수 없었다. '2부(3장)'에서 제3의 해법인 이익에 기반한 동물권옹호론을 옹호하고 동물중심 평등주의 대열에 합류한 이유이다.

독일의 철학자 아도르노Theodor Adorno는 "누군가가 도살장을 보고 저들은 그저 동물일 뿐이라고 생각한다면 그 곳에서 아우슈비츠가 시작된다"고 했다. "안됐지만 어쩌겠냐, 안 먹을 수는 없지 않느냐"는 것이 우리 대다수의 반응일 것이다. 하지만 그것으로 면죄부를 받겠다는 생각은 버려야 한다. 1960년 5월 11일, 아르헨티나에 숨어 살던 유대인 학살의 주범 아이히만Adolf Eichmann이 이스라엘 비밀경찰 모사드에 의해 납치된다. '죽음의 수용소에서 수백만 학살', '치클론-B 독가스 도입 및 운용' 등 15가지 범죄혐의로 법정에 섰지만, 자신은 히틀러의 명령을 수행한 일개 하수인에 지나지 않았다고 주장한다. 그러나 이를 지켜본 유대인 철학자 한나 아렌트Hannah Arendt는 '악의 평범성'을 주창하고, '사고하지 않는 것'을 악의 원인으로 규정한 바 있다. '생각 없음thoughtlessness' 이 아이히만이라는 괴물을 탄생시켰다는 것이다. 육식에 탐닉하고, 모피를 걸치고, 낚시와 사냥을 즐기고, 동물을 실험대상으로 삼고, 동물쇼를 관람하고, 심지어 야생동물까지 먹어 치우는 우리는 어떠한가? 사진은 (左)나치 친위대 복무 시절의 아이히만과, (右)1950년 리카르도 클레멘테Ricardo Klement란 이름으로 아르헨티나에 입국할 때 사용한 여권이다.

각주

1) 플라우덴Edmund Plowden 보도에 따르면 당시 재판부는 '전이된 악의(의도) 독트린'의 적용 여부를 놓고 사운더즈와 아처에게 이중 잣대를 적용한 이유를 다음과 같이 설명한다. "존 사운더즈는 사람을 살해하려는 의도로 독극물을 건넸으며, 독극물을 건네며 그로 인해 죽음을 발생시키고자 의도했다. 비록 그 죽음이 그가 직접 기도한 사람에게 발생하지 않고 다른 사람에게 발생했더라도, 그의 행위로 인해 죽음이 발생했을 때는 그가 살해한 것으로 간주해야 한다. 그가 그 죽음의 최초의 원인이기 때문이다"(*The Queen v. Saunders and Archer*, 2 Plowden 473, 474(1575, 1816 Edition)). "아처는 … 사운더즈의 처를 독살하는 데는 동의했지만 딸을 독살하는 데는 동의하지 않았다. 아처의 동의가 딸을 독살하는 데까지 미치지 않는다. 딸을 독살하는 일은 그가 내밀히 관여한 일과는 별개의 일이기 때문이다"(2 Plowden 473, 475).

2) Regan 1983, p. 313.

3) 혹여 동물에게 해당사항이 없는 이유가 이성, 도덕, 언어능력이 없다거나 신이 그렇게 창조했기 때문 아니냐는 의문이 든다면 필자의 ≪인간, 위대한 기적인가 지상의 악마인가?≫ 2장과 3장을 읽어보기 바란다.

4) dongA.com, 2019. 05. 18.

5) 주변부 사람들 논변에 대한 반론과 재반론은 필자의 ≪인간, 위대한 기적인가 지상의 악마인가?≫ 4장을 참조하기 바란다.

6) Regan 1979a, p. 189.

7) 전제와 결론으로 이루어진 일련의 진술을 논증 또는 논변이라 부르며, 논증을 거치지 않은 주장은 이성적으로 설득력을 가질 수 없다.

8) Singer 1980, p. 239.

9) Paske, p. 511.

10) 설명된 바와 같이 싱어도 공리주의자로서 권리 자체를 부정하고 "다른 먹거리가 있음에도 그들을[주변부 사람들을] 식용 목적으로 죽이는 것은 그르지만 굶는 것이 유일한 대안일 경우에는 그르지 않다"고 말한다.

11) 물론 약한 버전을 옹호하며 주변부 사람들에게 기본적인 권리가 없음에도 불구하고 동물에게 기본적인 권리가 있다고 주장하는 것은 자가당착으로 보아야 한다. 하지만 약한 버전 부정론자가 주변부 사람들에게 기본적인 권리가 없다는 이유로 동물의 기본적인 권리를 부정하는 것 역시 자가당착으로 보아야 한다.

12) Hart 1955, pp. 175~191. Hohfeld, *Fundametal Legal Conceptions as Applied in Judicial Reasoning*.

13) Hart 1982, p. 183.

14) MacCormick 1977, p. 17.

15) 이익 권리론자 맥코믹이 생명권을 포기나 양도 가능하지 않은 권리로 본 부분은 이해하기 어려운 것이 사실이다.

16) 생명권을 비롯해 모든 권리를 포기나 양도 가능한 권리로 보아야 하는 또 다른 이유는 필자의 ≪형사법과 살해의도≫를 참고하기 바란다.

17) 데일리한국, 2016. 02. 19.

18) MacCormick 1982, p. 158.

19) Kramer, pp. 6~7.

20) Scanlon 2013, pp. 400~405; Sreenivasan, pp. 465~494; Skorupski, *The Domain of Reasons*.

21) 'Feinberg 1980a'에 대한 반론은 길벗(Gilbert, pp. 83~109)과 웨너(Wenar, pp. 375~399)를 그리고 스리니바산에 대한 반론은 크레이머와 슈타이너(Kramer and Steiner, pp. 281~310)를 참고하기 바란다.

22) 이익 권리론은 '어떤 특정 권리에 상응하는 의무를 강요하거나 면제해줄 수 있는 능력과 자격이 X에게 있다'는 것과 'X가 그 특정 권리를 가졌다'는 것의 상관관계를 놓고 전자가 후자의 필요조건도 충분조건도 아니다'고 주장한다는 공통분모도 가진다. 따라서 이익 권리론이 옳다면 의지 권리론자들은 권리의 기능에 대해 완전히 오판을 한 것으로 보아야 한다.

23) Steiner, p. 214.

24) Nelson, pp. 136~144.

25) McCloskey, pp. 115~127. 프레이의 주장은 앞으로 논의될 것이다.

26) Feinberg 1974, p. 51.

27) Feinberg 1984a, pp. 33~34.

28) Feinberg 1984a, p. 34.

29) Feinberg 1974, p. 51.

30) Regan 1982, p. 133, p. 136.

31) 뉴시스, 2016. 02. 07.

32) 어떤 존재가 권리를 가졌다면 그 존재는 도덕적 지위를 가졌고 따라서 그 존재의 이익은 도덕적 고려 대상이다. 또한 어떤 존재가 이익을 취할 수 없다면 그 존재의 이익은 도덕적 고려 대상일 수 없다. 즉, 어떤 존재가 도덕적 고려 대상이라면 그 존재는 이익을 취할 수 있다. 이렇듯 이익을 취할 수 있다는 것을 권리를 가졌다는 것의 충분조건이 아닌 필요조건으로 보아야 하며 (어떤 존재가 권리를 가졌다면 그 존재는 이익을 취할 수 있는 존재로 보아야 하며), 따라서 동물이 이익을 취할 수 있다는 것을 입증한다고 해도 그로부터 동물에게 권리가 있다는 결론은 얻을 수 없다.

33) Tooley 1984, p. 125. 이익원리를 특정이익원리로 구체화시켜야 한다는 데 대해 동물권 옹호론자이자 윤리적 채식주의ethical vegetarianism를 주장한 레이첼스 등 철학자들이 동의한다(Rachels 1983).

34) Tooley 1972, p. 40.

35) Tooley 1983, p. 100.

36) 연합뉴스, 2019. 03. 28.

37) 사진출처: VDACS.

38) 문화일보, 2010. 10. 02.

39) JTBC 뉴스, 2014. 11. 17.

40) Feinberg 1974, p. 49.

41) Feinberg 1974, pp. 49~50. 논의될 바와 같이 툴리 역시 이익을 욕구의 기능으로 설명한다 (Tooley 1972, p. 40).

42) 파인버그가 자신의 주장을 본문과 같이 정리한 것으로 보아 식물의 권리를 염두에 두지 않고 무의식적인 목적과 목표 조건을 제시했다는 추측이 가능하다. 따라서 그의 입장을 이해하는 데 있어 무의식적인 목적과 목표 조건에 큰 의미를 부여하지 않아도 무방하다.

43) Dworkin 1994, p. 15. 사진출처: Amazon Books.

44) Tooley 1973, p. 60.

45) 아시아경제, 2018. 04. 11.

46) Lang, p. 129.

47) 사진출처: Amazon Books.

48) Tooley 1983, p. 118.

49) Perry and Manson, p. 110.

50) 물론 이들 심리와 감정이 특정 행동양식으로 표출되지 않을 수 있다. 하지만 이는 동물의 욕구를 인정하는 진영이 아닌 부정하는 진영에 부담일 수밖에 없다. 동물의 행동을 관찰하는 것만으로 는 위의 심리와 감정이 없다는 결론을 내릴 수 없기 때문이다.

51) Block, Flanagan and Guzeldere, p. 1.

52) Chalmers, p. 3.

53) Vimal, pp. 9~27.

54) 철학자 맥브라이드Russ Mcbride의 경우 유기체에 적용될 때의 의식과 심적 상태에 적용될 때의 의식 사이의 문법적 차이점은 인정하지만 존재론적 차이점은 부정한다(Mcbride, pp. 181~191). 하지만 그의 견해에 대해 부정적인 평가가 이어지며, 두 개념 사이에 존재론적 차이점도 존재한다 는 공감대가 형성되어 있다.

55) Carruthers 2000, Chapter 7~8.

56) DeGrazia 1996, p. 101.

57) Nagel 1974, p. 436.

58) Nagel 1974, p. 438.

59) Nagel 1974, pp. 438~439.

60) 암스트롱은 1980년 저서에 실린 논문 "마음의 본질The Nature of Mind"에서 본문의 입장을 취한다.

61) Descartes 1649, p. 61.

62) Nadler & Steve, p. 42.

63) Spencer, p. 201.

64) Primatt, p. 7.

65) Descartes 1649, p. 61.

66) Underwood, pp. 208~211.

67) Descartes 1637, p. 45.

68) 사고가 언어에 의존한다는 주장에 대한 반론은 다음의 논문들을 참조하기 바란다. Malcolm, Norman 1973, "Thoughtless Brutes", *Proceedings and Addresses of the American Philosophical Association* 46, September, pp. 5~20; Heinrich & Bernd 2000, "Testing Insight' in Ravens", In C. Heyes & L. Huber(eds.) *The Evolution of Cognition* (Cambridge, Mass: MIT Press); Hauser & Marc 2000, *Wild Minds: What Animals Really Think* (New York: Henry Holt and Co); Pepperberg, Irene 2002, *The Alex Studies: Cognitive and Communicative Abilities of Grey Parrots* (Cambridge, MA: Harvard University Press); Savage-Rumbaugh, Sue., Shanker, Stuart. and Taylor, Talbot 1998, *Apes, Language, and the Human Mind* (Oxford: Oxford University Press); Tetzlaff, Michael and Rey, Georges 2009, "Systematicity in Honeybee Navigation", In R. Lurz (ed.) *Philosophy of Animal Minds* (Cambridge: Cambridge University Press).

69) 동물학자 그랜딘Temple Grandin과 존슨Catherine Johnson이 지적한 바와 같이 자폐증 환자의 경우 언어 없이 생각이 가능하다(Grandin & Johson, p. 255). 종교학자 페터슨Anna, Peterson이 인용하고 있다(Peterson, p. 160).

70) Gopnik, Meltzoff and Kuhl, p. 13. 페터슨이 인용하고 있다(Peterson, p. 160).

71) 종교학자 페터슨이 지적한 바와 같이 데카르트의 주장으로는 동물이 인간의 언어를 배우는 데 대한 설명이 가능하지 않다고 보아야 한다(Peterson, p. 160).

72) Dawkins 1985, p. 48.

73) Singer 2009, p. 11.

74) Dawkins 2008, p. 937.

75) Dawkins 1985, p. 62.

76) Dawkins 1985, p. 51.

77) Sanford, Ewbank, Molony, Tavernor, Uvarov, pp. 334~338.

78) Dawkins 1985, p. 55.

79) Molony, pp. 266~272.

80) Cochrane, pp. 298~299.

81) 손아람 작가(한겨레 2018. 10. 03).

82) Short, pp. 125~133.

83) Matthews, p. 437.

84) The Science Times, 2019. 08. 21.

85) 머니투데이, 2018. 06. 24.

86) 머니투데이, 2018. 06. 24.

87) 머니투데이, 2018. 06. 24.

88) 머니투데이, 2018. 06. 24.

89) Science Daily, 2019. 07. 12.

90) Sapontzis, p. 186.

91) 사이언스 온, 2010. 03. 02.

92) The Science Times, 2019. 08. 23.

93) 연합뉴스, 2013. 01. 18.

94) 서울신문, 2016. 01. 22.

95) 중앙일보 미국, 2012. 01. 19.

96) kbd 광주방송, 2017. 08. 24.

97) 한국일보, 2018. 04. 03.

98) 하지홍, 34쪽.

99) Coren 책 중 "The Self-aware Dog".

100) 프리맥이 'theory of mind'라 이름 붙인 '마음읽기'를(Premack, pp. 515~526) 심리학자 프리스Uta Frith 등은 '추정mentalising'이라고 칭한다(Frith, pp. 433~438).

101) 경향신문, 2014. 05. 22.

102) 철학자 시몬스Aaron Simmons가 지적한 바와 같이 인식이 있느냐의 물음은 전부냐 전무냐의 문제가 아니다. 예컨대 나무에 대해 생물학자가 일반인보다 그리고 일반인이 개보다 상세하게 인식할 것이다(Simmons, p. 380).

103) 법률사랑 로폼, 2013. 11. 08.

104) Nagel 1993, p. 67.

105) Marquis, p. 183.

106) Marquis, p. 192.

107) DeGrazia 2002, p. 61.

108) McMahan 1998, p. 477.

109) Stretton, p. 150.

110) Stretton, p. 151.

111) 수정란보다 난자가 영아(성인)로 성장할 확률이 현저히 떨어진다. 따라서 박탈 논변 옹호론자로서는 난자가 영아가 될 확률은 무시할 만한 것이라고 답변할 수 있다. 하지만 위의 답변은 설득력을 가질 수 없으며, 그 이유는 필자의 ≪낙태 논쟁, 보수주의를 낙태하다≫ 5~7장을 참고하기 바란다.

112) Sinnot-Armstrong and Miller의 논문 전반.

113) Tooley 1972, p. 40.

114) Tooley 1983, p. 118.

115) Tooley 1983, p. 73.

116) Tooley 1972, p. 40.

117) Tooley 1983, p. 73.

118) Tooley 1983, pp. 104~105. 툴리는 1972년 논문을 증보한 논문 몇 편을 내놓으며, 그들 중복된 내용을 담고 있는 논문들은 수많은 선집에 재수록된다. 중복된 내용의 경우 (이전에 읽었던 논문의 페이지를 찾는 번거로움을 덜기 위해) 특정 논문에서 발췌하지 않고 필자의 입장에서 편리한 논문에서 발췌했음을 밝혀 둔다.

119) Tooley 1984, p. 128.

120) Tooley 1984, p. 128.

121) Tooley 1984, pp. 128~129.

122) Tooley 1983, p. 120.

123) McMahan 2002, pp. 165~174.

124) Harman, p. 734.

125) Harman, p. 534.

126) Harman, p. 535.

127) Epicurus, 124b~127a.

128) Lucretius, p. 254.

129) Rosenbaum, pp. 121~122. 에피쿠로스가 말한 죽음을 '죽어가는 것dying'의 의미로 이해할 수 없다. 죽어가면서는 의식이 있으므로 죽음의 의미를 그와 같이 해석한다면 죽음을 경험할 수 있으며 따라서 에피쿠로스의 전반적인 입장에 배치되기 때문이다.

130) Nagel 1993, p. 64.

131) Nagel 1993, p. 65.

132) Silverstein, p. 107; Rosenbaum, pp. 126~127.

133) Silverstein, pp. 110~111.

134) Quine, pp. 7~8. 실버스타인이 인용하고 있음.

135) Silverstein, p. 111.

136) Rosenbaum, pp. 130~131.

137) McMahan 2002, p. 104.

138) Blackshaw and Rodger, p. 478.

139) Rosenbaum, p. 131.

140) Steinbock 1992, p. 56.

141) Steinbock 1992, pp. 57~58.

142) Steinbock 1992, p. 58.

143) DeGrazia 1996, p. 101. 부닌도 '성향적 욕구'와 '일시적 욕구'를 구분하며(Boonin, p. 70), 스미스 역시 욕구가 성향적일 수 있다고 진단한다(Smith, p. 114).

144) 사진 출처: 교보문고 인터넷서점.

145) 철학자 호프Christina Hoff가 미발표 논문인 '인간의 삶과 동물의 삶Human Lives and Animal Lives'에서 제시한 예를 각색했음을 밝혀 둔다.

146) Viola and Emese, p. 1.

147) Piontelli, p. 33.

148) 물론 25~32주를 뒷받침하는 연구 결과가 없는 것은 아니다. 2017년, 돗토리대학교 의과대학의 마에다Kazuo Maeda와 엠Tatsumura M.이 빛과 소리에 태아가 몸을 움직였고 심박수도 빨라졌다는 연구결과를 내놓은 바 있다. 그들에 따르면 임신부의 배에 대고 1000헤르츠 80데시빌의 소리를 들려준 결과 28주 된 태아가 반응을 보였고, 60데시빌의 소리에는 40주 된 태아가 반응을 보였다. 또한 가이드 넘버 25인 카메라 스피드라이트를 태아의 머리가 있는 쪽에 대고 작동시킨 결과 23주 된 태아가 반응을 보였으며, 40주 된 태아 77%가 반응을 보였다(Maeda and M., pp. 1~2). 이 연구결과를 토대로 마에다와 엠은 엄마의 목소리를 1000헤르츠로 주파수를 올려야 태아가 들을 수 있다는 점을 들어 태교에 대해 부정적인 입장을 취한다. 하지만 골전도 이어폰을 생각해봐도 위의 연구가 신체 내의 울림을 간과한 것 아니냐는 의문을 갖지 않을 수 없다.

149) Donceel, p. 83.

150) Shannon and Wolter, p. 620.

[부록]

PART 2에 대한 의문점 해소하기

a. 레이몬드 프레이Raymond Frey: 동물은 욕구를 가질 수 없다

본문에서 언급됐듯이 데카르트의 '언어 테스트'는 유명을 달리했음에 틀림없다. 하지만 그 유산이 살아남아 동물에게 심각한 위협이 되고 있다는 데 주목해야 한다. 동물은 언어능력이 없기에 욕구를 가질 수 없다고 주장한 프레이가 그 유산으로, 그는 데카르트로부터 언어 바톤을 넘겨받아 동물들에게 무저갱의 지옥을 선사한다.

논의된 바와 같이 (도덕적 지위의 핵심인) 도덕적 권리를 가질 수 있는지는 이익을 취할 수 있는지에 달렸고, 이익을 취할 수 있는지는 욕구를 가질 수 있는지에 달렸다고 보아야 한다. 프레이도 선호공리주의자로서 여기까지는 동의한다. 하지만 욕구를 가질 수 없다는 이유로 "동물은 이익을 취할 수 없고 도덕적 권리를 갖지 못했다"고 주장함으로써 동물권 부정론자로서의 정체성을 드러낸다.[1]

동물도 인간과 마찬가지로 물을 필요로 한다. 그럼에도 인간에게는 물을 마시는 것이 이익인 반면 동물에게는 그렇지 않은 이유가 무엇인가? 프레이에 따르면 동물이 물을 필요로 하는 것은 트랙터가 오일 없이 기능을 유지할 수 없는 것과 같은 차원으로 이해해야 하며, 물 없이 생존 가능하지 않은 것도 식물이 물 없이 생존 가능하지 않은 것과 같은 차원으로 이해해야 한다.[2] 즉, 'A에게 X가 유용하다'고 했을 때의 이익과 'A는 X와 이해관계가 있다'고 했을 때의 이익을 구분하고, 필요와 관계된 이익인 전자의 이익은 트랙터와 같은 인공물에게도 해당하지만 욕구와 관계된 이익인 후자의 이익은 인공물에게는 해당하지 않는다는 것이 프레이의 설명으로, 후자의 이익을 권리와 관계된 이익으로 보아야 한다는 것이다.

필요와 관계된 이익이 권리의 근간이 될 수 없다는 데 동의한다. 하지만 문제는 동물이 욕구와 관계된 이익을 취할 수 없다고 보아야 하는 이유이며, 이에 대해 프레이는 다음의 답변을 내놓는다. "동물에게 욕구가 있다고 생각하지 않는다. 그 주된 이유는 동물이 믿음을 가질 수 있다는 데 대한 의문 때문이다."[3]

a. 어떤 것에 대한 욕구를 갖는 데는 그것에 대한 믿음이 요구된다.

'X에 대한 믿음을 가졌다'는 것이 'X에 대한 욕구를 가졌다'는 것의 필요조건이라는 것이 프레이의 주장이다. 하지만 상식으로는 납득하기 어려운 것이 사실이다. 희대의 명화 절도범 토미크와 귀여운 활어 도둑 달수를 생각해 보자.

"토미크가 범행을 저지른 날 밤 파리 현대미술관에서는 3명이 경비를 서고 있었지만, 문제는 고장 난 알람 시스템이었다. … 당시 경비원들은 미세한 움직임에도 알람이 계속 울리자 두 달 전 알람을 끄고, 선임에게 이 사실을 알렸다고 밝혔다.

… 그 덕분에 페르낭 레제의 '샹들리에가 있는 정물화'를 훔치려 미술관에 잠입한 토미크는 알람이 울리지 않자 1시간가량을 더 서성이면서 다른 작품까지 훔쳤다."4)

"경남 거제의 한 횟집 수족관에서 생선이 자꾸 없어지는 일이 생겼다고 합니다. 그런데, 절도범이 바로 천연기념물인 수달이었습니다. … 횟집에 수달 한 마리가 나타납니다. 능숙하게 수조 뚜껑을 밀더니 활어 한 마리를 훔쳐 달아납니다. … 거의 매일 찾아와 횟집 주인은 달수라는 별명을 지어주었습니다. … 횟집에 수달이 처음 나타난 건 지난해 9월, 인근 고현천에 사는 수달이, 바다매립으로 먹이가 줄어들자 횟집의 활어를 사냥하기 시작한 겁니다."5)

도미크가 파리 현대미술관에 잠입한 이유를 설명하기 위해서는 욕구와 믿음

포유류보다 지능이 떨어진다고 알려진 악어도 미끼를 사용해 사냥을 한다는 것이 밝혀진 바 있다. 프레이와 앞으로 논의될 데이빗슨Donald Davidson의 주장대로라면 악어가 미끼를 사용하는 것이 먹잇 감에 대한 욕구 때문이 아니라고 보아야 하며, 1890년에 그려진 위의 그림에서 코끼리가 탐험가이자 사냥꾼이었던 베이커Samuel Baker를 향해 달려든 것이 어떤 욕구 때문도 아니었다고 보아야 한다. 프레이와 데이빗슨이 동물을 너무 과소평가했다는 생각을 지울 수 없는 이유이다. 필자의 옷방에 장난감 박스를 놓아두었는데, 문이 완전히 닫혀 있지 않으면 반려견 루이가 밀고 들어가 장난감 박스를 뒤진다. 하지만 그러는 사이 문이 닫혀 영락없이 갇히는 신세가 되고 만다. 그럴 때면 어김없이 (문을 열어달라는 듯) 끝이 처지고 여운을 남기는 특유의 톤으로 짖어대는 것을 어떻게 이해해야 하는가? 방에서 나가고 싶은 욕구 때문이 아니라면 갇힌 상황에서만 매번 같은 톤으로 짖어대는 이유가 무엇인지 도무지 모를 일이다.

을 들여다봐야 한다고 해보자. 즉, '샹들리에가 있는 정물화'를 훔치려는 욕구와 파리 현대미술관이 '샹들리에가 있는 정물화'를 소장하고 있다고 믿음이 그에게 있었기 때문이라고 해보자. 그렇다면 달수가 활어를 훔친 것을 놓고도 동일한 해석을 가해야 하는 것은 아닌가? 즉, 달수가 활어를 훔친 이유는 활어를 먹고 싶은 욕구와 수족관에 활어가 있다는 믿음이 있었기 때문으로 보아야 하는 것은 아닌가? 프레이의 주장이 놀라운 이유이다. 달수를 놓고는 위의 해석이 가능하지 않다는 것이 그의 주장이기 때문이다.

욕구와 믿음이 도미크가 파리 현대미술관에 잠입한 이유에 대한 설명이 될 수 있다. 하지만 활어도둑 달수를 놓고는 의문점을 남기므로, 활어를 먹고 싶은 욕구 없이 달수가 활어를 훔쳤다고 보아야 하는 이유에 대한 프레이의 설명을 들어야 한다. 프레이에 따르면,

"내가 희귀본 수집가라고 해보자. 그리고 내게 구텐베르크 성서를 갖고픈 욕구가 있다고 해보자. 그 책을 갖고픈 욕구는 내게 그 책이 없다는 믿음과, 그래서 내 수집품에 결함이 있다는 믿음으로 거슬러 올라간다. 여기서 거슬러 올라간다는 것의 의미는 다음과 같다. 수집품에 구텐베르크 성서가 없다는 믿음과 구텐베르크 성서를 갖고픈 욕구가 어떻게 연관되었는지를 누군가가 물어온다면, 그런 믿음 없이는 그런 욕구가 없었을 것이라는 답변보다 더 직접적이고 나은 답변이 있겠는가? 내 수집품에 구텐베르크 성서가 있다는 믿음이 있었다면, 그래서 내 수집품이 완벽하다는 믿음이 있었다면, 지금 내가 믿고 있는 수집품의 큰 결함을 보완하기 위해 그 성서를 욕구하지 않을 것이다."[6]

수집품에 구텐베르크 성서가 빠졌다는 믿음 없이, 그리고 구텐베르크 성서를 수집하는 것이 이익이라는(수집품의 결함을 보완해준다는) 믿음 없이, 구텐베르크 성서를 갖고픈 욕구는 가능하지 않다고 했으므로, 즉 어떤 것에 대한 욕구를 갖는 데는 그것에 대한 믿음이 필요하다고 했으므로, 동물의 욕구를 부정

하기 위해서는 동물이 믿음을 가질 수 없는 이유를 밝혀야 한다. 여기가 언어능력이 등장하는 대목으로, 어떤 것에 대한 믿음을 갖는 데는 언어와 언어능력이 필요하다고 주장함으로써 동물의 욕구를 부정하기 위한 본격적인 행보를 시작한다.

"동물에게 욕구가 있다고 생각하지 않는다. 그 주된 이유는 동물이 믿음을 가질 수 있다는 데 대한 의문 때문이다. 그리고 이 의문은 믿음을 가질 수 있다는 것과 언어, 언어능력이 없다는 것이 양립 가능하지 않다는 생각에 상당부분 기인한다."[7]

이제 프레이의 전반적인 입장이 파악된 셈이다. 즉, 욕구를 갖는 데는 믿음이 그리고 믿음을 갖는 데는 언어능력이 요구되지만 언어능력을 갖지 못한 동물은 믿음을 가질 수 없고 따라서 욕구를 가질 수 없다는 것이 프레이의 입장이다.

하지만 프레리독을 생각해보면 동물의 언어와 언어능력에 대해 프레이가 속단을 했다는 생각을 지울 수 없다. '제3장 3.5.1.'에서 설명된 바와 같이 프레리독의 경고음에는 침입자의 종류뿐 아니라, 인간이 대상일 경우는 몸의 크기와 모양, 옷 색깔에 대한 정보도 담겨 있다. 이렇듯 동물에게도 원시언어proto-language는 있다고 보아야 하므로 동물에게 언어가 없다는 것은 속단임에 틀림없다. 물론 프레이의 주장이 옳다면 원시 언어를 가졌다는 것이 욕구를 가졌다는 것을 보장하지 못한다. 동물은 언어가 없기에 특정 문장이 참임을 믿을 수 없고, 따라서 명제적 태도인 욕구를 가질 수 없다는 것이 그의 주장이기 때문이다.

"내가 믿는 것이 무엇인가? 내 수집품에 구텐베르크 성서가 없다는 것을 나는 믿는다. 즉, '내 수집품에 구텐베르크 성서가 없다'는 문장이 참임을 나는 믿는다. '내가 무엇을 믿는다'는 형식의 믿음을 가질 때 거기서의 그 무엇은 선언문이며,

내가 믿는 것은 그 문장이 참이라는 것이다."[8]

이렇듯 프레이에 따르면 믿음은 그 대상을 문장으로 가진 정신 상태로서, 내 수집품에 구텐베르크 성서가 없다고 믿는 것은 '내 수집품에 구텐베르크 성서가 없다'는 문장이 참이라고 믿는 것이며, 박쥐가 신종 코로나바이러스의 중간숙주라고 믿는 것은 '박쥐가 신종 코로나바이러스의 중간숙주다'는 문장이 참이라고 믿는 것이다. 다시 말해 믿음을 가졌다는 것은 '이차적인 믿음second-order belief', 즉 '믿음에 대한 믿음belief about belief'을 가졌다는 의미라는

명제적 태도란 "문장이 말하고자 하는 의미를 표현하는 명제 p와 그 명제에 대한 태도, 곧 희망이나 의지, 욕구 등이 합쳐진 것이다. 다시 말해 개인 S가 특정한 태도 A를 명제 p에 가지는 것으로, 예를 들어 "서울이 400년간 건재할 것(p)이라고 영희(S)는 희망(A)한다"고 표현할 수 있다."[9] 예컨대 '오늘 도시락 반찬은 개고기다', '경월이는 거짓말을 연습한다' 등의 특정 명제에 대한 심리상태로 지니게 되는 태도로서 '옥숙이는 오늘 도시락 반찬이 개고기이길 바란다', '옆집 아저씨는 경월이가 사실을 말했다고 믿는다'와 같은 태도가 명제태도의 예가 될 수 있다. 1883년 이탈리아의 극작가 카를로 로렌치니Carlo Loremzini가 출간한 ≪피노키오의 모험Le Avventure Di Pinocchio≫ 삽화 속 피노키오 모습이다.

것이 프레이의 주장이다.

b. 믿는다는 것은 특정 문장이 참임을 믿는 것이다.

프레이로서는 동물을 차별하기 위한 안전장치를 마련한 셈이다. 참인 문장을 구별할 수 있어야 믿음을 가질 수 있다면, 즉 믿음을 갖는 데는 '이차적인 믿음'인 '믿음에 대한 믿음'을 가질 수 있는 능력이 요구된다면, 동물은 원시언어를 가졌어도 믿음을 가질 수 없다는 주장이 가능해지기 때문이다.

> "문이 잠겼다고 고양이가 믿는다"고 누군가가 말한다면, 그 사람은 고양이가 "문이 잠겼다"는 선언문을 참으로 여긴다고 생각하는 것이다. 하지만 고양이 또는 인간의 영아를 비롯해 언어가 없는 존재가 선언문을 품을 수 있고 특정문장을 참으로 여길 수 있다는 것을 신뢰해야 할 만할 이유를 찾을 수 없다."[10]

하지만 묻지 않을 수 없다. 참인 문장을 구별할 수 있는 능력 없이 믿음을 가질 수 없는 이유가, 믿는다는 것의 의미를 문장이 참임을 믿는다는 의미로 국한시켜야 하는 이유가 무엇인가? 이에 대해 프레이는 (앞으로 논의될 데이빗슨과 마찬가지로) 믿음을 갖는 데는 참인 믿음과 거짓인 믿음을 구별할 수 있는 능력이 요구된다는 답변을 내놓는다.

> ""신발끈이 묶였다고 고양이가 믿는다"고 누군가가 말한다면, 그 사람은 고양이가 "신발끈이 묶였다"는 문장을 참으로 여긴다고 생각하는 것이다.[11] 신발끈이 묶였다는 믿음과 신발끈이 풀렸다는 믿음을 구분한 후 후자가 아닌 전자의 믿음을 참으로 여기는 과정을 거치지 않고 어떻게 고양이가 신발끈이 묶였다는 믿음을 가질 수 있을지 나로서는 도무지 모를 일이다."[12]

믿음을 갖는 데는 참인 믿음과 거짓 믿음을 구별할 능력이 요구되는 이유가 참인 믿음과 거짓 믿음을 구분할 능력 없이는 믿음에 대한 개념을 가질 수 없기 때문이라는 (따라서 믿음을 믿음으로 개념화할 수 없기 때문이라는) 것이다. 믿음은 잘못됐을 가능성을 인식해야 가질 수 있는 정신 상태라는 데는 동의한다. 하지만 문제는 믿음에 대한 개념 없이는 믿음을 가질 수 없는 이유이다. (설명될 바와 같이 이 물음이 프레이의 발목을 잡는다.)

프레이로서는 한 가지 문제를 더 해결해야 한다. 문장뿐 아니라 사태state of affairs도 참이거나 거짓일 수 있다면 (사태에 대한 믿음을 갖는 데는 언어능력이 요구되지 않으므로) 믿음을 갖는 데는 언어능력이 요구된다는(참인 문장을 구별할 능력이 요구된다는) 주장은 설득력을 잃게 된다. 다시 말해 프레이가 "사태를 기술하는 문장은 참이거나 거짓이지만, 사태는 참이거나 거짓일 수 없다"고 단언한 것은 당연한 수순이라 할 수 있다.13) (설명될 바와 같이 이 답변역시 프레이의 발목을 잡는다.)

문장만이 참이거나 거짓일 수 있다고 했으므로, 프레이로서는 언어 없이 문장에 대한 믿음을 갖는 것은 가능하지 않다는, 따라서 동물은 문장에 대한 믿음을 가질 수 없고 따라서 믿음을 가질 수 없다는 주장이 가능해졌다. "참인 또는 거짓인 믿음을 갖는 데는 언어가 요구되며, 고양이에게 그와 같은 믿음이 없는 이유는 언어가 없기 때문이다."14)

c. 언어 없이 문장에 대한 믿음을 가질 수 없다.

'a', 'b', 'c' 모두 참이라고 했으므로, 프레이는 다음과 같이 일사천리로 동물의 욕구를 부정하는 행보를 이어간다.

a. 어떤 것에 대한 욕구를 갖는 데는 그것에 대한 믿음이 요구된다.
b. 믿는다는 것은 특정 문장이 참임을 믿는 것이다.

c. 언어 없이 문장에 대한 믿음을 가질 수 없다.

d. 동물은 언어를 갖지 못했다.

e. 동물은 문장에 대한 믿음을 가질 수 없다. ('c'와 'd'로부터)

f. 동물은 믿음을 가질 수 없다. ('b'와 'e'로부터)

g. 동물은 욕구를 가질 수 없다. ('a'와 'f'로부터)

h. 동물은 이익을 취할 수 없다. ('g'로부터)

　　그러므로

i. 동물은 권리를 가질 수 없다. ('h'로부터)

'c'가 참임을 부정할 수 없으며, 언어능력을 가졌다는 것의 의미를 참인 문장을 구별할 능력을 가졌다는 의미로 국한시켰으므로 'd' 역시 부정하기 어렵다. 또한 'e'~'g'는 다른 전제들로부터 도출되며, 논의된 바와 같이 'h'도 'g'로부터 도출된다고 보아야 한다. 이렇듯 'a'와 'b'가 참이라면 성공적으로 동물의 권리를 부정했다고 보아야 한다.

　'a'와 'b' 모두 참이라면 언어능력이 없는 동물뿐 아니라 전언어기의 인간 아기도 욕구를 가질 수 없다고 보아야 한다. 바꿔 말하면 전언어기의 아기가 욕구를 가질 수 있다면 적어도 'a', 'b' 둘 중 하나는 거짓으로 보아야 한다. 전언어기의 아기에게 욕구가 없는가?

　신종 코로나바이러스를 의도적으로 퍼뜨리고 싶은 욕구가 전언어기의 아기에게 있을 수는 없다. 하지만 젖을 물리면 울음을 그치고 젖을 떼면 다시 울기 시작하는 것을 어떻게 이해해야 하는가? 기저귀를 갈아주면 울음을 그치는 것을 어떻게 설명할 수 있는가? 젖을 먹고픈 욕구 때문이라는, 특정 느낌에서 벗어나고픈 욕구 때문이라는 설명보다 설명력이 있는 인과적 설명이 가능할지 의문이다. 물론 위의 예들이 프레이에 대한 직접적인 반론은 될 수 없다. 하지만 'a'와 'b' 두 전제 중 적어도 하나는 거짓일 가능성이 열려 있다는 점을 염두에 두고 이들 두 전제에 대해 생각해보기로 하자.

프레이의 해석이 구텐베르크 성서를 수집하고픈 욕구에 대한 설명은 될 수 있다. 하지만 음식을 먹고픈 욕구나 고통에서 벗어나고픈 욕구와 같은 기본적인 욕구에도 적용되는지가 문제다.

동물에게 믿음이 개입되지 않은 욕구가 있다면 프레이의 주장은 (반상의 돌로 치면 한 집만을 확보한) 미생未生일 수밖에 없다. 따라서 그는 믿음이 개입되지 않은 욕구를 '단순욕구simple desires'라 칭하고 (생존에 필요한 한 집을 더 확보하기 위해) 지금까지의 주장과 무관하게 동물의 단순욕구를 부정하는 행마를 시작한다. 하지만 그의 행마가 완생完生을 안겨줄 만큼 안정적일지 의문이다. 그에 따르면 동물에게 단순욕구가 있다면 자신이 그 욕구를 가졌다는 것을 알든지 모르든지 둘 중의 하나이며, 전자의 경우라야 동물의 단순욕구에 의미를 부여할 수 있다. 하지만 그 가능성은 배제해야 하므로 동물의 단순욕구는 (식물과 같이 의식이 없는 대상에게도 적용할 수 있는) '현금 가치cash value'가 없는 욕구이다.15)

하지만 레건이 지적한 바와 같이 프레이가 '욕구를 가졌다'는 것과 '욕구를 가졌다는 것을 알고 있다'는 것의 차이를 간과했다고 보아야 한다. 즉, 대부분의 경우 우리는 단순히 욕구를 가지며(경험하며), 그 사실에 대해 크게 신경을 쓰지 않는다. 단지 가끔 여러 이유로 (단순히 욕구를 갖기보다는) 욕구를 가진 것에 대해 반성할 필요성을 느끼며, 이 경우가 욕구를 가졌다는 것을 알고 있는 경우로서 동물에게 해당되지 않는 경우이다.16)

더욱 진한 먹구름이 드리운 전제는 'b'다. 설명된 바와 같이 프레이는 'b'를 참으로 보아야 하는 이유를 문장이 유일하게 참이거나 거짓일 수 있기 때문이라고 설명한다. 하지만 프레이가 판을 너무 크게 벌였음에 틀림없다. 그와 같이 주장해서는 진리론theory of truth이라는 깊은 철학적 논쟁에 연루될 수밖에 없기 때문이다. 예컨대 진리대응론correspondence theory of truth을 따라 사태state of affairs도 참일 가능성을 열어두어야 한다면 'b'는 설득력을 잃게 된다. 여기서 진리대응론의 설득력 여부를 논하자는 얘기가 아니다. 프레이가 진리대응론에 대응하지 않고 우회전략을 택했으므로 후방에 적을 두고 전투를 벌여야 한다는 뜻이다. 후방의 적은 그렇다 치고 'b'자체가 가진 화력을 점검해 보기로 하자.

프레이를 따라 믿는다는 것은 특정 문장이 참임을 믿는 것이라고 해보자. 그렇다면 전언어기의 인간 아기는 믿음을 가질 수 없다고 보아야 한다. 하지만 그렇게 보아서는 전언어기의 아기가 언어를 습득하게 되는 메커니즘을 설명할 수 없다는 것이 문제다. 레건이 지적한 바와 같이 "우리가 공_{ball}이라고

믿음에 대한 개념 없이 믿음을 가질 수 없다는 것은 아전인수격 해석임에 틀림없다. 필자의 반려견 루이를 다시 생각해보자. 방에 갇히면 어김없이 문을 열어달라는 듯 특유의 톤으로 짖어댄다. 프레이의 주장대로라면 그 이유가 '짖어대면 누군가가 문을 열어준다'는 믿음 때문일 수 없다. '짖어대면 누군가가 문을 열어준다'는 선언문이 참이라고 믿을 수 있는 능력이 루이에게 없기 때문이다. 하지만 프레이의 주장을 상식으로는 납득하기 어려운 것이 사실이다. 누군가가 문을 열어줄 거라는 믿음 없이 짖어댄다는 해석과 짖어대면 문을 열어준다는 과거의 경험에 기초한 믿음을 가지고 짖어댄다는 해석 중 후자의 해석이 설명력을 가진다고 보아야 하는 것은 아닌가? 백보 양보해 믿음에 대한 개념 없이 믿음을 가질 수 없다고 해보자. 그럼에도 그로부터 동물은 믿음을 가질 수 없다는 결론을 얻을 수는 없다. 커러더스가 지적한 바와 같이 그 믿음을 갖는 데 필요한 개념이 인간이 가진 개념과 동일한 개념이라야 하는 것은 아니기 때문이다.[17]

말 했을 때, 아기 제인에게 우리가 지칭하는 특정 무언가가 있다는 믿음이 없다면 어떤 식으로 공이라는 단어를 가르치려 해도 헛수고일 수밖에 없다. 아기 제인은 공이라는 단어의 의미를 전혀 이해하지 못할 것이다."[18] 다시 말해 어떤 믿음도 가질 수 없는 상태에서는 언어를 습득할 수 없다고 보아야 하며, 따라서 전언어기의 아기가 언어를 습득한다는 사실이 전언어기 아기도 믿음을 가질 수 있다는 것을, 즉 '이차적인 믿음' 없이도 '일차적인 믿음first-order belief'을 가질 수 있다는 것을 말해준다.

무한후퇴의 늪으로 빠져들 수밖에 없다는 것도 'b'가 안고 있는 치명적인 문제가 아닐 수 없다. 프레이에 따르면 수집품에 구텐베르크 성서가 없다는 믿음은 '수집품에 구텐베르크 성서가 없다'는 문장이 참이라는 믿음이다. 그렇다면 같은 이유로 '수집품에 구텐베르크 성서가 없다'는 문장이 참이라는 믿음은 '수집품에 구텐베르크 성서가 없다'는 문장이 참이라는 문장이 참이라는 믿음으로 보아야 하며, 이런 식으로 믿음에 대한 해석이 무한히 계속된다. 믿음을 가졌다는 것을 프레이 식으로 해석해서는 공리주의 철학자 노크로스Alastair Norcross가 꼬집은 바와 같이 무한후퇴의 늪으로 빠져들 수밖에 없다.[19]

'b'의 난맥상은 여기서 그치지 않는다. 설명된 바와 같이 프레이는 참인 믿음과 거짓 믿음을 구별할 수 있는 능력을 가졌어야 믿음에 대한 개념을 가질 수 있다는 것을 (b)에 대한 논거로 제시한다. 하지만 문제는 '믿음을 가질 수 있다'는 것과 '믿음에 대한 개념을 가질 수 있다'는 것 사이의 간극이다. 믿음에 대한 개념 없이도 (따라서 믿음을 믿음으로 개념화하지 않고도) 믿음을 가질 수 있다는 것이 상식임에도 믿음에 대한 개념을 가질 수 있는지를 문제 삼아야 하는 이유가 무엇인가? 이에 대한 설명 없이는 프레이의 주장이 성공적일 수 없으나, 그로부터 이에 대한 답변을 들을 수 없다는 것은 실망이 아닐 수 없다. 여기가 데이빗슨을 주목해야 하는 대목이다. 그가 프레이와 달리 위의 간극을 메우려 시도했기 때문이다.

b. 도널드 데이빗슨Donald Davidson: 동물은 욕구를 가질 수 없다

동물은 언어가 없기에 특정문장이 참임을 믿을 수 없으며, 따라서 명제적 태도인 욕구를 가질 수 없다는 것이 프레이의 주장이었다. 20세기 후반 분석철학계를 대표하는 데이빗슨 역시 두 편의 논문('이성적인 동물들Rational Animals'과 '사고와 말Thought and Talk')을 통해 명제적 태도를 지닐 수 없다는 이유로 동물의 욕구를 부정한다.

하지만 데이빗슨은 동물이 명제적 태도를 지닐 수 없는 이유를 놓고 프레이와 달리 연관된 믿음들(연관된 믿음들의 밀집 네트워크a dense network of related beliefs[21])없이는 욕구, 믿음, 의도 등 어떤 명제적 태도도 지닐 수 없다는 설명을 가한다. 즉, 그에 따르면 고양이가 떡갈나무에 올라갔다고 내가 믿는다고 했을 때, 필요조건인 '연관된 믿음들을 가졌다'는 조건을 충족시킨 결과 그렇게

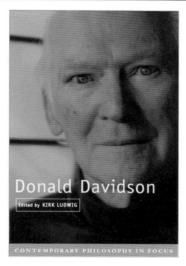

데이빗슨에 따르면 "이성적인 동물이라는 것은 명제적 태도를 지녔다는 뜻이다. 혼선을 겪거나 모순된, 어리석은, 정당치 않은, 그릇된 명제적 태도라도 문제가 되지 않는다."[20] 명제적 태도를 지녔다는 것을 이성적이라는 징표로 여겼으므로, 동물의 명제적 태도를 부정했다는 것은 동물의 이성을 부정했다는 의미이다.

믿게 된 것이다.

"고양이가 떡갈나무에 올라갔다고 믿기 위해서는 고양이와 떡갈나무, 이 고양이 와 이 나무, 장소, 모습, 고양이와 나무의 습성 등에 관한 여러 참인 믿음들을 가져야 한다."22)

"고양이가 떡갈나무에 올라갔는지 궁금하다면, 떡갈나무에 올라가서 두렵다면, 떡갈나무에 올라가길 바란다면, 떡갈나무에 올라갔다면 좋겠다고 생각한다면, 떡갈 나무에 올라가게 하려고 의도한다면 [고양이와 떡갈나무, 이 고양이와 이 나무, 장소, 모습, 고양이와 나무의 습성 등에 관한 여러 참인 믿음을 가진 것이다]. 믿음이, 정확히는 참인 믿음이 명제적 태도들에 중심적인 역할을 한다."23)

이렇듯 욕구, 믿음을 비롯해 어떤 명제적 태도도 연관된 특정 믿음들 없이는 가능하지 않다는 것이 데이빗슨의 주장으로, 동물의 앞날에 또 다른 먹구름 이 드리우는 대목이다.

a. 욕구(명제적 태도)를 갖는 데는 연관된 믿음들을 가질 수 있는 능력이 요구된다.

연관된 믿음들 없이 욕구를 가질 수 없다면, 어떤 요구조건(들)이 충족돼야 믿음들을 가질 수 있는가? 바로 이 물음에 대한 답변으로 데이빗슨은 동물권 부정론자 명부에 이름을 올린다. 위의 물음을 놓고 프레이와 마찬가지로 '믿음에 대한 개념'이 요구된다는 답변을 내놓았기 때문이다.

b. "믿음을 갖는 데는 믿음에 대한 개념을 가질 수 있는 능력이 요구된다."24)

북아메리카에 서식하는 까마귀과의 철새 큰어치bluejay를 생각해보자. 검정색

테두리의 오렌지색 날개를 가진 제왕나비를 먹고 홍역을 치른 경험이 있는 큰어치는 더 이상 제왕나비를 사냥하지 않으며(제왕나비는 애벌레 시절 독성식물 밀크위드를 먹고 축적한 독을 품고 있다), 심지어 검정색과 오렌지색의 조합을 경고색으로 여겨 제왕나비의 날개 색을 모방했지만 독이 없는 부왕나비도 외면한다. 홍역을 치를 경험이 있는 큰어치만 두 번 다시 제왕나비를 사냥하지 않는다는 사실로 미루어 큰어치에게 믿음에 대한 개념이 있다는 것이 상식일 수 있다. 하지만 데이빗슨은 그 상식을 거부한다.

> "고양이와 다른 사물들을 구별할 수 있다고 해서 고양이에 대한 개념을 가진 것은 아니다. 쥐는 고양이와 나무, 사자, 뱀을 잘 구별할지도 모른다. 하지만 고양이를 구별할 수 있다는 것과 고양이에 대한 개념을 가졌다는 것은 별개의 이야기다."25)

사물을 구별할 수 있는 능력을 가졌다는 것이 믿음에 대한 개념을 가질 수 있다는 것을 보여주지 못한다고 했으므로 그 이유를 밝혀야 한다. 여기가 프레이가 공통분모를 이루는 대목이다. 믿음에 대한 개념을 갖는 것은 믿음에 대한 믿음을 갖는 것이기 때문이라는 것이 데이빗슨의 주장이기 때문이다.26) (설명된 바와 같이 프레이도 'b'가 참이라고 주장하며, 'b'에서의 '믿음에 대한 개념을 가진다'는 것을 '믿음에 대한 믿음을 가진다'는 의미로, 즉 믿음을 믿음으로 개념화한다는 의미로 해석한다.)

하지만 프레이의 경우 논의된 바와 같이 'b'가 참임을 입증하지 못했으므로, 'b'를 제시한 것이 오히려 치명적인 부메랑으로 돌아온다. 데이빗슨을 주목해야 하는 이유이다. 프레이와 달리 'b'에 대한 설명에 방점을 찍었기 때문이다. 먼저 '사고와 말'에서의 그에 대한 설명을 들어보기로 하자.

> "믿음에 대한 개념을 갖지 못했음에도 믿음을 가질 수 있는가? 다음의 이유로 그럴 수 없다고 생각한다. 잘못된 믿음일 수 있다는 것을 이해하지 못한다면 믿음을

가질 수 없으며, 그 가능성을 이해하는 데는 … 참인 믿음과 거짓 믿음의 차이를 파악할 수 있는 능력이 요구된다."[27]

이렇듯 데이빗슨에 따르면,

1. 믿음을 갖는 데는 잘못된 믿음일 수 있다는 것을 이해할 수 있는 능력이 요구된다.
2. 잘못된 믿음일 수 있다는 것을 이해하는 데는 참인 믿음과 거짓 믿음의 차이를 파악할 수 있는 능력이 요구된다.
   그러므로
3. 믿음을 갖는 데는 믿음에 대한 개념을 가질 수 있는 능력이 요구된다('b'가 참이다).

'2'는 개념적으로 참이다. 하지만 '1'을 참으로 본 것은 성급했다는 생각을 지울 수 없다. 또한 'b'를 옹호하기 위해 '1'과 '2'를 제시한 것이 방향을 옳게 설정한 것인지에 대해서도 의문을 갖지 않을 수 없다. 그에 대한 논의는 잠시 미루고 '이성적인 동물들'에서의 'b'에 대한 설명을 들어보기로 하자.

'사고와 말'에서의 성급함 때문인지 데이빗슨은 '이성적인 동물들'에서 '1'에 대한 논의를 연장하고, '1'과 무관하게 '놀람surprises'이라는 뜻밖의 개념을 도입해 'b'를 옹호한다. 즉, 어떤 존재가 놀랄 수 있는 능력을 갖지 못했다는 것은 그 존재가 놀랄 수 있는 능력을 갖기 위한 필요조건인 참인 믿음과 거짓 믿음을 구별할 수 있는 능력을 갖지 못했다는 것을 뜻한다는 것이 데이빗슨의 주장으로, 욕구와 믿음의 관계를 놓고 볼 때 그의 주장은 참인 믿음과 거짓 믿음을 구별할 수 있는 능력 없이 욕구를 가질 수 없다는 말과 다르지 않다. 즉, 동물이 욕구를 가질 수 있는지의 물음을 놓고 보면 프레이와의 차이점을 읽을 수 없다.

하지만 데이빗슨을 주목해야 하는 이유는 놀라는 데는 참인 믿음과 거짓 믿음을 구별할 수 있는 능력이 요구된다는 데서 그치지 않고 반성적 사고가 요구된다고 보았기 때문이다.

> "믿었던 것과 믿게 된 것 사이의 차이를 인식해야만 놀랄 수 있다. 하지만 그와 같은 인식은 믿음에 대한 믿음이다. 내가 놀랐다면 무엇보다도 이전에 가졌던 믿음이 거짓이라고 믿게 된 것이다. … 내가 말하려는 것은 어떤 믿음이건 그것을 갖기 위해 필요한 일반적인 믿음들의 경우는 자신의 믿음이 옳았는지에 대한 믿음을 포함하고 있는 놀랄 수 있는 능력 없이는 가질 수 없다는 것이다."28)

데이빗슨은 누군가가 놀랐다는 것은 그가 일차적인 믿음들 중 적어도 하나는 거짓이었다는 이차적인 믿음을 갖게 된 것이라고 진단함으로써 프레이와의 차별을 꾀한다. 즉, 놀라는 데는 믿음에 대한 개념을 갖는 것이 요구되며, 믿음에 대한 개념을 갖기 위해서는 (참인 믿음과 거짓 믿음을 구별할 능력에 더해) 객관적인 진리와 주관적인 견해의 차이를 이해할 수 있는 능력이, 즉 "내 믿음으로부터 독립된 객관적인 실재objective reality"를 이해할 수 있는 능력이 요구된다는 것이다.29)

놀라는 데는 믿음에 대한 개념을 갖는 것이 요구되며, "믿음에 대한 개념을 갖는 것은 객관적인 진리에 대한 개념을 갖는 것이다"고 했으므로,30) 묻지 않을 수 없다. 즉, 믿음에 대한 개념을 가졌다는 것은 객관적 진리와 주관적인 견해, 참인 믿음과 거짓 믿음의 차이를 파악한 것이라면, 그리고 믿음에 대한 개념 없이 믿음을 가질 수 없다면, 믿음에 대한 개념을 갖는 데는 어떤 것이 요구되는가? 이 물음을 놓고 데이빗슨은 "언어를 가져야 한다"는 답변을 내놓는다.31)

c. 믿음에 대한 개념을 갖는 데는 언어가 요구된다.

설명된 바와 같이 데이빗슨에 따르면 믿음에 대한 개념을 갖는 데는 객관적인 진리에 대한 개념을 갖는 것이 요구되며, 여기서 '이성적인 동물들'에서의 'c'에 대한 설명이 시작된다. 즉, 믿음에 대한 개념을 갖는 데는 객관적인 진리에 대한 개념을 갖는 것이 요구되며, 객관적인 진리에 대한 개념을 갖는 데는 언어가 요구된다는 것이 데이빗슨의 설명이다. 그렇다면 언어 없이는 객관적 진리에 대한 개념을 가질 수 없는 이유가 무엇인가? 데이빗슨은 그 이유를 직접적으로 제시하지 않고, 언어를 통하지 않고 어떻게 믿음에 대한 또는 객관적인 진리에 대한 개념을 가질 수 있을지 알 수 없다는 말과 함께 다음의 설명을 가한다.

> "주관적, 객관적 차이를 파악하기 위해 필요한 것이 무엇인가? 명백히 언어적 의사소통이면 족하다. 타자의 말을 이해하기 위해서는 그녀가 생각하는 것과 같은 것을 생각할 수 있어야 한다. 그녀의 세계를 공유해야 하고, 그녀의 모든 말에 동의할 필요는 없지만 이견을 보이기 위해서는 그녀와 같은 명제, 같은 주제, 같은 진리기준을 품어야 한다. 그러니까 의사소통은 각 의사소통자가 공유된 세계에 대한 개념을, 즉 상호주관적인 세계에 대한 개념을 가졌는지 그리고 상대가 그와 같은 개념을 가졌다고 맞게 생각하는지에 달렸다. 하지만 상호주관적 세계에 대한 개념은 각 의사소통자가 믿음을 가질 수 있는 대상인 객관적인 세계에 대한 개념이다. 그래서 상호주관적 진리에 대한 개념이 믿음에 토대가 되기에 족하며, 그래서 사고 전반에 토대가 되기에 족하다고 주장하는 바이다. 그리고 상호주관적 진리에 대한 개념을 갖는 것은 완전히 언어적 의미의 의사소통에 달렸다는 것이 충분히 이치에 맞을 것이다."[32]

하지만 데이빗슨은 상호주관적 진리에 대한 개념을 통해서만 주관적, 객관적 차이를 인식할 수 있는 이유를 설명하지 못했음을 인정하며, 대신 상호주관적 진리에 대한 개념 없이 어떻게 위의 차이를, 즉 객관적인 진리를 인식할

수 있을지 의문을 던지는 것으로 논의를 마무리한다.[33]

　이상에서 알아본 바와 같이 동물이 욕구를 가질 수 없는 이유로 데이빗슨은 'a', 'b', 'c'를 제시하며, 따라서 그의 주장은 다음과 같이 정리될 수 있다.

a. 욕구(명제적 태도)를 갖는 데는 연관된 믿음들을 가질 수 있는 능력이 요구된다.
b. 믿음을 갖는 데는 믿음에 대한 개념을 가질 수 있는 능력이 요구된다.
c. 믿음에 대한 개념을 갖는 데는 언어가 요구된다.
d. 동물은 언어를 갖지 못했다.
e. 동물은 믿음에 대한 개념을 가질 수 없다. ('c'와 'd'로부터)
f. 동물은 믿음을 가질 수 없다. ('b'와 'e'로부터)

전언어기의 아기가 언어 없이 언어를 습득할 수 있다는 사실만 놓고 봐도 'c'가 참임을 입증하기가 쉽지 않을 것임을 짐작할 수 있다. '사고와 말'에서 데이빗슨은 타자의 말을 해석하는 활동을 통해서만 믿음에 대한 개념을 가질 수 있다는 설명을 내놓는다. 하지만 믿음에 대한 개념으로 동물과 전언어기 인간의 비언어적 행동을 설명했다는 점에서, 커더스가 지적한 바와 같이 위의 설명은 논점을 절취하고 있다고 보아야 한다.[34]

그러므로

g. 동물은 욕구를 가질 수 없다. ('a'와 'f'로부터)

위의 논변은 타당하다. 즉, 전제 모두가 참이라면 동물은 욕구를 가질 수 없다고 보아야 한다. 여섯 전제들 중 'd'가 참임을 부정할 수 없으며(동물에게 믿음에 대한 개념을 가질 수 있는 능력을 기대할 수 없으므로 원시적인 언어가 있다는 이유로 'd'를 부정할 수 없다), 'e'와 'f'는 다른 전제들로부터 도출된다. 이렇듯 'a', 'b', 'c' 세 전제가 참이라면 데이빗슨으로서는 위의 논변으로 동물의 욕구를 성공적으로 부정했다고 보아야 한다. 이들 세 전제가 참인가?

사회적 기업인 '탐스TOMS' 신발을 사고 싶은 욕구가 일었다고 해보자. 탐스 신발과 연관된 믿음들이 없었다면, 예컨대 탐스에서 신발을 생산한다는, 탐

믿음에 대한 개념을 갖는 데는 언어가 요구된다는 것이 데이빗슨의 주장이었다. 언어를 습득한 이후에야 비로소 믿음에 대한 개념을 가질 수 있다는 뜻으로, 영유아를 생각할 때 위의 주장에 이견을 보이기 어렵다. 즉, 발달심리학자들에 따르면 대다수의 아이들이 4살이 되어서야 비로소 믿음에 대한 개념을 갖게 되며, 훨씬 이전에 이미 언어를 습득하기 때문이다. 하지만 데이빗슨이 믿음을 갖는 데는 믿음에 대한 개념을 갖는 것이 요구된다고 주장했다는 것이 문제다. 다시 말해 데이빗슨의 주장이 옳다면 언어를 습득하고 믿음에 대한 개념을 갖기 이전의 상당기간 동안 믿음을 가질 수 없다고 보아야 한다. 하지만 세 살배기가 초콜릿에 대한 믿음을 가질 수 없다는 데 동의할 사람은 없을 것이다. 데이빗슨에 동의하기 어려운 하나의 이유이다.

스 신발이 편하다는, 탐스는 소비자가 신발 하나를 구입하면 똑 같은 신발을 후진국에 기부한다는 등의 믿음들이 없었다면 가능하지 않았다는 것이 'a'의 요지이다.

탐스 신발과 연관된 믿음 없이 탐스 신발을 사고 싶은 욕구가 일 수 없다. 다시 말해 'a'를 부정하는 것은 사실상 가능해 보이지 않는다. 하지만 'a'에 안주하기에는 아직 이르다.

믿음이 개입되지 않은 단순욕구를 동물이 가질 수 있다고 해보자. 그렇다면 프레이가 안았던 부담을 데이빗슨도 그대로 안을 수밖에 없다. 즉, 동물이 단순욕구를 가질 수 있다면 'a'에 의존해 동물의 욕구를 부정하는 것은 후방에 적을 두고 진격하는 것과 다를 바 없으나, 데이빗슨으로부터 동물의 단순욕구를 부정해야 하는 이유를 들을 수 없다. (프레이로부터는 그 이유를 들을 수 있었으나 논의된 바와 같이 그의 설명에 만족할 수 없었다.)

'b'는 어떠한가? 설명된 바와 같이 데이빗슨은 'b'가 참임을 보여주기 위해 '사고와 말'에서 다음의 주장을 개진한다.

1. 믿음을 갖는 데는 잘못된 믿음일 가능성을 이해하는 것이 요구된다.
2. 잘못된 믿음일 가능성을 이해하는 데는 참인 믿음과 거짓 믿음의 차이를 파악할 능력이 요구된다.
   그러므로
3. 믿음을 갖는 데는 믿음에 대한 개념을 갖는 것이 요구된다('b'가 참이다).

위의 논증은 타당하다. 즉, '1'과 '2'가 참이라면 결론인 'b'도 참이다. 하지만 '1'을 전제로 내세운 것은 성급한 결정임에 틀림없다. 커러더스가 지적했듯이, 잘못된 믿음일 가능성을 염두에 두지 않은 믿음도 다른 증거에 의해 압도당하기 전까지는 진정한 믿음일 가능성을 열어 놓아야 하기 때문이다.[35] 다시 말해 데이빗슨으로선 잘못된 믿음일 가능성을 염두에 두지 않은 단순한 유형의 믿음을 믿음으로 간주할 수 없는 이유를 밝혀야 하지만, '사고와 말'에 서뿐 아니라 '이성적인 동물들'에서도 그에 대한 설명을 들을 수 없다는 것이 문제다.

보다 심각한 문제는 위의 논증을 제시한 것은 헛수를 둔 것과 다르지 않다 는 데 있다. 데이빗슨에 따르면 믿음에 대한 개념을 갖는 것은 믿음에 대한 믿음을(일차적인 믿음이 참이거나 거짓이었다는 이차적인 믿음을) 갖는 것이다. 따라서 데이빗슨의 논의에서 믿음에 대한 개념을 갖는 데는 참인 믿음과 거짓 믿음을 구별할 능력이 요구된다는 것이 전제가 되고 있다. (참인 믿음과 거짓 믿음을 구별할 능력 없이 믿음에 대한 믿음을, 즉 일차적인 믿음이 참이거나 거짓이었다는 이차적인 믿음을 가질 수 없다는 것은 개념적으로 참이다.) 이제 위의 논증이 헛수인 이유를 알 수 있다. '믿음을 갖는 데는 믿음에 대한 개념을 갖는 것이 요구된다'는 것 이외의 어떤 정보도 '1'과 '2'에 담겨 있지 않기 때문이다. 다시 말해 위의 논증은 '믿음을 갖는 데는 믿음에 대한 개념을 갖는 것이 요구된다'는 데서 나아가지 못하고 있다.

'사고와 말'에서의 주장이 데이빗슨을 따라다니는 거장이라는 수식어에 걸맞지 않는다면 '이성적인 동물들'에서 개진한 다음의 주장은 어떠한가?

ㄱ. 믿음을 갖는 데는 놀랄 수 있는 능력이 요구된다.

ㄴ. 놀라는 데는 믿음에 대한 개념을 가질 수 있는(일차적인 믿음이 거짓 믿음이었 다는 이차적인 믿음을 가질 수 있는) 능력이 요구된다.
그러므로

ㄷ. 믿음을 갖는 데는 믿음에 대한 개념을 가질 수 있는 능력이 요구된다('b'가 참이다).

위의 논증 역시 타당하다. 즉, 'ㄱ'과 'ㄴ'이 참이라면 'b'가 참이라는 결론에 이른다. 'ㄱ'에서의 놀랄 수 있는 능력이란 내 믿음과 별개인 실체나 객관적인 진리를 알 수 있는 능력 또는 내 믿음이 객관적인 진리에 부합하지 않는다는 것을 알아챌 능력 수 있는 능력이라는 것을 상기하고 다음의 경우를 생각해보자. 욱순 씨는 "대한민국의 수상은 아베다"고 적힌 피켓을 들고 시위를 벌이고 있다. 보다 못해 주위 사람들이 욱순 씨에게 초등학교 교과서를 펼쳐 보이며 대한민국은 헌법상 대통령제를 채택하고 있다고 알려줬다. 그럼에도 대한민국은 의원내각제를 채택하고 있고 대한민국의 수상은 아베라는 욱순 씨의 믿음은 확고했다. 답답한 나머지 그녀의 마음에서 정보가 어떻게 처리되는지를 들여다봤고, 결과는 놀라왔다. 믿음을 가지면 그것이 어떤 것이건 곧바로 진리로 입력돼 잘못 믿었을 가능성을 인식할 수 없다는 것이었다.

욱순 씨의 심리구조가 이와 같다면 그녀는 믿음을 가진 것이 아니라는 것이, 그리고 그녀에게 믿음을 가질 수 있는 능력이 없다는 것이 우리가 말하는 믿음의 단면이라고 해야 할 것이다. 다시 말해 내 믿음이 객관적인 진리에 부합하지 않는다는 것을 알아챌 능력이 놀랄 수 있는 능력이라고 한다면, 'ㄱ'이 참임을 부정하기 어렵다. 하지만 놀랄 수 있는 능력을 그와 같이 해석하는 것이 옳은지 의문이며, 그와 연계해 'ㄴ'에 대해서도 의문을 갖지 않을 수 없다.

데이빗슨에 따르면 '내 믿음과 별개인 실체나 객관적인 진리를 알 수 있는 능력'이 놀랄 수 있는 능력이다. 따라서 'ㄴ'은 '일차적인 믿음이 거짓 믿음이었다는 이차적인 믿음을 가질 수 있는 능력을 가졌다'는 것이 '내 믿음과 별개인 실체나 객관적인 진리를 알 수 있는 능력을 가졌다'는 것의 필요조건이라는 말과 다르지 않다. 하지만 전자의 능력과 후자의 능력 중 전자의 능력을 갖는 데 더 높은 수준의 반성적 사고가 요구된다는 점에서, 전자의 능력을 가졌다는 것을 후자의 능력을 가졌다는 것의 충분조건으로 보아야 하는 것은 아닌가?

놀랄 수 있는 능력을 내 믿음과 별개인 실체나 객관적인 진리를 알 수 있는 능력으로 해석하는 것이 옳은지도 의문이다.

"문현성 감독이 이선균과 안재홍을 캐스팅한 것에 대해 "신선한 조합"이라고 말했다. 20일 오전 서울 강남구 신사동 CGV압구정에서 코미디 영화 '임금님의 사건수첩'(문현성 감독, 영화사람 제작) 제작보고회가 열렸다. 문현성 감독은 이선균과 안재홍을 캐스팅한 이유에 대해 "제작자와 캐스팅 조합을 하다가 이선균과 안재홍 이야기가 나왔을 때 많이 놀랐다"고 말문을 열었다. 그는 "우리끼리 한 이야긴데 우리가 스스로 놀란 상황이었다. 우리가 생각해도 너무 신선한 조합이었고 주변 반응도 뜨거웠다. 캐스팅까지 성사되니 너무 기분 좋은 행운이었다"고 웃었다."[36]

문현성 감독은 제작자와 캐스팅 조합을 하다가 이선균과 안재홍 이야기가 나왔을 때 많이 놀랐다고 했다. 데이빗슨에 따르면 놀랄 수 있는 능력이란 내 믿음과 별개인 실체나 객관적인 진리를 알 수 있는 능력이다. 즉, 놀랐다는 것은 내 믿음과 별개인 실체나 객관적인 진리를 알았다는 것을 의미하며, 이는 다시 일차적인 믿음이 거짓 믿음이었다는 이차적인 믿음을 가졌다는 것을 의미한다. 하지만 문성현 감독이 놀란 이유는 이선균과 안재홍 이야기가 나오지 않을 것이라는 일차적인 믿음이 거짓 믿음이었다는 이차적인 믿음을 가졌기 때문이 아닌 기대하지 않은 뜻밖의 신선한 조합이 나왔기 때문이다.

데이빗슨이 말하는 놀랄 수 있는 능력, 즉 일차적인 믿음이 거짓 믿음이었다는 이차적인 믿음을 가질 수 있는 반성적 사고능력이 동물에게 없는지도 의문이다. 반려견과 공던지기 놀이를 해 본 경험이 있는 독자라면 필자의 경험이 낯설지 않을 것이다. 필자가 A방향을 보며 공을 던지면 반려견 루이가 어김없이 달려가 공을 물어왔다. 다시 A방향을 보며 던지는 동작을 취하면 이번에는 공이 손에서 채 떠나기도 전에 A 방향으로 뛰기 시작했다. 이런 식으로 몇 번을 반복한 다음 A 방향을 보며 반대 방향인 B 방향으로 공을 던졌다. 그러자 A 방향으로 뛰어가다 급히 멈추고 어리둥절 두리번거리고는 B 방향에 떨어진 공을 발견하고 달려가 물고 왔다. 그런 다음 다시 A 방향을 보며 공을 던지는 동작을 취했는데 갈팡질팡하다 B 방향으로 공이 날아가는 것을 확인하고 뛰기 시작했다. 다시 A 방향을 보며 던지는 동작을 취하자 이번에는 공이 손에서 채 떠나기도 전에 B 방향으로 뛰기 시작했다.

데이빗슨의 해석을 따른다면 언어가 없는 루이에게 일차적인 믿음이 거짓 믿음이었다는 이차적인 믿음을 가질 수 있는 능력이 있을 수 없다. 그렇다면 루이의 행동을 어떻게 이해해야 하는가? A 방향을 보며 던지는 동작을 취했는데도 공이 손에서 채 떠나기도 전에 B 방향으로 뛴 것을 어떻게 이해해야 하는가? A 방향이 아닌 B 방향으로 공을 던질 것이라는 믿음을 가지고(일차적인 믿음이 거짓 믿음이었다는 이차적인 믿음을 가지고) B 방향으로 뛰었다는 해석과 그와 같은 믿음 없이 B 방향으로 뛰었다는 해석 중 전자의 해석이 설득력을 가지는 것은 아닌가? 루이의 행동이 동물은 (인간의) 언어를 갖지 못했어도 경험을 통해 일차적인 믿음이 거짓 믿음이었다는 이차적인 믿음을 가질 수 있다는 것을 보여주는 것은 아닌가?

동물의 전략적 속임수를 생각해보자. 동물학자 세이파쓰Robert Seyfarth와 체니Dorothy Cheney의 연구에 따르면 버빗원숭이는 포식자의 종류에 따라 다른 경고음을 내는데, 표범을 목격한 개체가 경고음을 내면 나머지 개체들은 표범이 오르기 어려운 나무로 이동한다. 반면 독수리 경고음을 들으면 위를 쳐다보며 잎이 무성한 나무 사이로 몸을 숨기고, 뱀 경고음을 들으면 개코원숭이 경고음을 들었을 때와 다른 방식으로 피신한다. 흥미로운 점은 버빗원숭이가 양치기 소년 우화를 떠올리게 한다는 점이다. 무리 간의 영역싸움 중 열세에 처한 무리의 개체가 나무 위로 올라가 거짓으로 표범 경고음을 내면 혼비백산 싸움을 멈추고 영역은 이전의 상태로 유지된다. 하지만 싸움이 재발했을 경우 이전에 거짓 경고음을 냈던 개체가 다시 경고음을 내면 모두가 무시하고 몸을 숨기지 않는다.37)

A 방향을 보며 공을 던지는 동작을 취했음에도 B 방향으로 뛰어간 루이의 행동이, 가짜 경고음에 속아본 경험이 있는 버빗원숭이들이 가짜 경고음을

무시하는 것이, 날개 부러진 시늉을 했지만 포식자가 반응을 보이지 않으면 한 번 더 같은 동작을 취하고 그래도 반응이 없으면 포기하고 날아가는 물떼새의 행동이 동물은 경험을 통해 일차적인 믿음이 거짓 믿음이었다는 이차적인 믿음을 가질 수 있다는 하나의 증거일 수 있다. 즉, 'ㄴ'자체에 대한 의문점을 차치하더라도, 'ㄴ'에 의존해 동물의 믿음을 부정하기에는 역부족으로 보아야 하며, 위의 예들이 믿음에 대한 개념을 갖는 데는(일차적인 믿음이 거짓 믿음이었다는 이차적인 믿음을 갖는 데는) 언어가 요구된다는 주장에 대해서도 ('ㄷ'에 대해서도) 심각한 의문점을 던지고 있다.

동물의 전략적 속임수 하면 물떼새과 조류의 '날개 부러진 시늉broken-wing display'을 빼놓을 수 없다. 꼬마물떼새little ringed plover와 파이핑물떼새piping plover는 포식자가 둥지 쪽으로 다가가면 새끼를 보호하기 위해 날개가 부러진 척하며 포식자를 조금씩 다른 쪽으로 유인한다. 포식자가 반응을 보이지 않으면 한 번 더 같은 동작을 취하고, 포식자가 둥지에서 충분히 멀어졌거나 둥지에 너무 근접했다 싶으면 날개를 펴고 날아간다. 날개 부러진 시늉을 했지만 포식자가 반응을 보이지 않으면 한 번 더 같은 동작을 취하고 그래도 반응이 없으면 포기하고 날아가는 것 역시 일차적인 믿음이 거짓 믿음이었다는 이차적인 믿음을 가졌다는 증거일 수 있다. 파이핑물떼새는 포식자가 아닌 소가 둥지로 다가오면 날개 부러진 시늉을 포기하고 둥지에 머문다. 하지만 너무 근접했다 싶으면 소의 얼굴로 날아가 날개를 파닥여 다른 방향으로 유도한다. 파이핑물떼새의 행동을 어떻게 이해해야 하는가? 날개 부러진 시늉이 소의 시선을 끌지 못한 경험 때문이라면, 일차적인 믿음이 거짓 믿음이었다는 이차적인 믿음을 가졌다는 증거는 아닌가? 사진은 카메라를 들고 다가가자 물떼새과의 킬디어killdeer가 새끼를 보호하기 위해 날개 부러진 시늉을 하고 있는 모습이다.

c. 조엘 파인버그_{Joel Feinberg}: 동물은 인간과 동등한 권리를 갖지 못했다

본문의 논의를 통해 동물의 권리를 인정해야 한다는 쪽으로 승부추가 기울었음을 확인할 수 있었다. 또한 주변부 사람들 논변으로 인해 동물의 권리를 차별하기 어렵다는 것도 알 수 있었다. 하지만 동물중심 평등주의를 손에 넣었다고 하기에는 아직 이르다. 인간과 동물의 차등적 권리를 주장하는 동물권옹호론자들과의 결전이 남아 있기 때문이다.

노예제도를 옹호했던 사람들 모두가 흑인의 권리를 부정했던 것은 아니다. 그럼에도 흑인을 노예로 부릴 수 있다고 생각한 이유는 백인만큼 권리를 갖지 못했다고 보았기 때문이다. 마찬가지로 동물권옹호론자 모두가 인간과 동물의 동등한 권리를 주장하는 것은 아니며, 파인버그와 앞으로 논의될 메리 워런_{Mary Warren}이 그들 동물권옹호론자 대열에 본격 합류한다.

논의된 바와 같이 파인버그는 이익원리를 옹호함으로써 동물권옹호론자로서의 입지를 굳힌다. 그럼에도 인간과 동물의 동등한 권리를 부정하고 인간우월주의의 벽을 허물지 않았다. 동물권옹호론자라는 타이틀이 무색해지는 대목이다. 인간과 동물의 권리에 차등을 두어야 하는 이유가 무엇인가?

파인버그는 동물의 잔혹하게 취급당하지 않을 권리를 강한 권리_{strong right}로 규정하고, 불필요하게 고통을 안기지 말 것을 주문한다.[38] 인간에게 불필요한 고통을 당하지 않을 권리가 있다면 동물에게도 그와 같은 권리가 있다는 것이 그의 주장으로, 인간에게 고통이 악인 이유가 인간의 고통이기 때문이라거나 그로 인해 초래될 결과 때문이라면 인간의 고통을 당하지 않을 권리를 동물에게 적용할 수 없지만, 그 이유가 고통의 내재적 본성 때문이므로 동물에게도 적용해야 한다는 것이다.[39]

여기까지는 만족할 수 있다. 하지만 문제는 생명권에 대한 해석이다. 동물의 생명권을 약한 권리_{weak right}로 규정하고,[40] 인간의 목적에 부합하는지로 동물의 생사를 가르는 해석을 내놓았기 때문이다. (생명권이 절대권이라면 가진 정도에 차이가 날 수 없을 뿐 아니라 타자의 생명권을 박탈하지 말아야 할 의무가 면제되는 경우는 없다. 반면 두 '요구claim'가 충돌할 경우에는 한 쪽에 무게를 두는 것이 가능하다. 이런 이유에서 파인버그는 생명권을 '생명에 대한 요구claim to life'라고 표현한다.41) 둘 중 어떤 표현을 사용해도 지금의 논의에는 영향을 끼치지 못하므로 파인버그식 표현이 적절한지에 대한 논의는 생략하고자 한다.)

파인버그에 따르면 다른 동물들의 복지에 도움이 되지 않음에도 말, 개, 사자를 뚜렷한 목적 없이 재미로 죽이는 것은 그들의 권리를 침해하는 것이며, 아무런 타당한 이유 없이 동물을 죽이는 것은 비록 고통 없이 죽이더라도 재미로 죽이는 것보다 더 심각하게 그들의 권리를 침해하는 것이다.42) 동물의 생명권을 약한 권리로 규정했으므로 어색하지 않다. 문제는 인간의 목적에 부합하는 경우에 대한 입장이다.

파인버그는 동물에게도 약한 의미의 생명권이 있다는 것을 인정한다. 그들도 다른 생명체와 마찬가지로 자신을 보호하고 계속 존재하려는 성향을 가졌기 때문이라는 것이 그의 설명으로, 각 개체의 삶에 (비록 최소한의 가치지만) 가치를 부여하는 그 내재적 본성을 존중해야 한다는 것이다.43) 하지만 의문을 갖지 않을 수 없다. 그의 설명대로 자신을 보존하려는 내재적 본성이 약한 의미의 생명권을 부여한다면, 강한 생명력을 가진 사진의 질경이도 약한 의미의 생명권을 가졌다고 보아야 하는 것은 아닌가?

"[동물의 생명권은] 합리적으로 존중할 만한 인간의 목적에 압도당할 만큼 약한 권리이다. … 정당방위 차원에서 동물을 죽일 수 있고, 식용이나 모피를 얻기 위해서 죽일 수 있으며, 위생과 공중보건을 위해 또는 다른 동물들을 고통으로부터 보호하기 위해서도 죽일 수 있다."44)

동물권옹호론자 배지를 달고 육식, 동물실험, 모피에 대해 면죄부를 발부했으므로 동물의 생명권을 약한 권리로 해석해야 하는 명확한 이유를 제시해야 한다. 하지만 파인버그는 "인간의 삶이 동물의 삶보다 훨씬 가치가 있다"는 기대 이하의 평범한 답변을 내놓는다.45)

인간의 삶이 동물의 삶보다 가치가 있다고 해보자. 그렇다면 삶을 영위함으로써 취할 수 있는 인간의 이익이 동물의 이익보다 크다고 보아야 하며,46) 따라서 인간의 목적에 부합하는 경우에는 생명권을 가진 동물을 죽일 수 있다는 주장이 가능해진다. 하지만 문제는 인간의 삶이 동물의 삶보다 가치가 있다고 보아야 하는 이유다. 종차별주의의 벽을 넘지 못했다는 오해를 부를 수 있는 대목인 만큼 파인버그로서는 비장의 무기라도 꺼내야 할 형국이다. 그러나 실망스럽게도 인간을 가치 있게 만든 어떤 속성을 동물은 갖지 못했기 때문이라는 상식적인 답변을 내놓는다.47) 종차별주의자라는 누명을 쓸 수 없으므로 파인버그로서는 위의 답변이 유일한 선택지였을 수 있다. 파인버그가 지목하지 않은 그 인간의 삶을 가치 있게 만든 속성이 무엇인가?

설명된 바와 같이 인간의 유전적 또는 생물학적 특성을 들어서는 승산이 없다고 보아야 한다. 즉, 이성능력, 언어능력, 도덕능력, 자율성 등 고차원의 정신능력을 내세우는 것 이외에 다른 선택지는 없다고 해도 무방할 것이다. 하지만 그 유일한 선택지가 감당할 수 없는 대가를 치르게 한다는 것이 문제다. 철학자 맥긴Colin McGinn이 꼬집은 바와 같이,

"강하고 뛰어난 외계종의 약탈로부터 인간종이 자유로운 이유는 전적으로 우주공

간 때문이다. 악몽이 현실로 나타나지 않는 이유는 순전히 거리 때문이고, 우주여행이 인간종의 강등을 불러올 잠재적인 경로다. 그들 외계종이 달에 살지 않는 것은 순전히 행운이다."48)

인류의 역사는 곧 타종에 대한 착취의 역사라 해도 과언이 아닐 것이다. 고차원의 정신능력을 가졌다는 이유로 스스로에게 동물착취에 대한 면죄부를 부여해 왔지만, 고작 달에 갔을 정도의 정신능력에 고차원이라는 수식어가 적절한 건지 의문이다.

인간을 닮아 착취 성향이 강한 외계종이 지구를 정복했다고 해보자. 동물은 인간이 가진 고차원의 정신능력을 갖지 못했으므로 그들의 삶의 가치는 인간의 삶의 가치보다 떨어지고 따라서 약한 의미의 생명권만을 가졌다면, 인간은 외계종이 가진 고차원의 정신능력을 갖지 못했으므로 인간의 삶의 가치는 외계종의 삶의 가치보다 떨어지고 따라서 약한 의미의 생명권만을 가졌다고 보아야 한다. 그래서 외계종이, 예컨대 알파 센터우리인이 인간의 주장을 그대로 차용해 다음과 같이 선언하면 수긍하겠는가?

알파 센터우리인: "인간의 생명권은 합리적으로 존중할 만한 우리의 목적에 압도당할 만큼 약한 권리이다. 정당방위 차원에서 인간을 죽일 수 있고, 식용이나 가죽을 얻기 위해서 죽일 수 있으며, 위생과 공중보건을 위해 또는 다른 인간들을 고통으로부터 보호하기 위해서도 죽일 수 있다."

이성, 도덕, 언어능력을 들어 인간과 동물의 차등적 생명권을 주장한다는 것은 '알파 센터우리인 논변Alpha Centaurian argument'에 노출될 수밖에 없으며, '3.2.'에서 논의된 바와 같이 주변부 사람들 논변에도 노출될 수밖에 없다. 즉, 위의 능력이 없다는 이유로 동물의 삶의 가치가 인간의 그것에 미치지 못한다고 보아야 한다면, 위의 능력면에서 오히려 열세에 있는 주변부 사람들의 삶의 가치도 보통 성인들의 삶의 가치에 미치지 못한다고(보통 성인들의 목적을 위해 치매환자, 지적 장애아 등을 생체실험의 도구로 삼아도 된다고) 보아야 한다.

자율성을 들어 인간과 동물의 삶의 가치에 차별을 꾀하면 어떠한가? 하지만 이 역시 여의치 않다고 보아야 한다. 그런다는 것 역시 주변부 사람들 논변의 제물이 되겠다고 자청하는 것과 다르지 않기 때문이다. 즉, 장애를 가진 사람이나 신생아만 보더라도 자율성 면에서 동물보다 오히려 열세에 있다. 따라서 자율성이 떨어진다는 이유로 동물의 삶이 인간의 삶보다 가치가 없다고 보아야 한다면, 보통의 성인보다 자율성이 떨어지는 주변부 사람들의 삶도 보통 성인의 삶보다 가치가 없다고 보아야 한다.

인간의 삶이 동물의 삶보다 가치가 있다는 생각을 버릴 수 없다면, 하지만 신생아를 사지로 내몰 수는 없다는 생각이라면, 인간의 고통과 동물의 고통

인간과 동물의 차등적 권리를 주장하는 동물권옹호론자들로부터 "동물이 경험할 수 없는 것을 인간은 경험할 수 있다"는 말을 듣게 된다. 틀린 말은 아니다. 동물은 예컨대 내부정보로 땅 투기를 하는 짜릿한 경험을 할 수 없다. 하지만 동물권옹호론자 사폰티즈Steve Sapontzis가 "우리는 개, 새, 박쥐 또는 돌고래의 삶을 즐길 수 없다"고 지적했듯이,[49] 동물은 인간이 경험할 수 없는 것을 경험할 수 있다. 동물이 경험할 수 없는 것을 인간은 경험할 수 있다는 데 의존해 인간의 삶이 동물의 삶보다 가치가 있다고 주장할 수도 없다는 얘기다.

까지도 차별한 스타인박에 기대는 것을 고려해야 한다. 자율성 면에서 동물 뿐 아니라 신생아도 보통의 성인보다 열세에 있다는 것을 인정했지만, 동물을 대상으로 한 실험은 정당한 반면 신생아를 대상으로 한 실험은 부당하다고 주장했기 때문이다.

그렇게 보아야 하는 이유가 궁금해지는 대목이다. 하지만 스타인박은 신생아와 같이 자율성이 결여된 인간의 경우 특별히 돌보지 않으면 생존할 수 없는 반면 대부분의 동물은 지능이 낮고 자율성 등의 능력이 충분하지 않지만 우리가 돌보지 않아도 거뜬히 생존할 수 있기 때문이라는 다소 생경한 답변을 내놓는다.50) 다시 말해 우리가 돌보지 않으면 생존할 수 없는 사람들을 실험에 동원하는 것은 우리가 돌보지 않아도 생존할 수 있는 다른 종을 실험에 동원하는 것보다 그르다는 것이다.

하지만 묻지 않을 수 없다. 우리가 돌보지 않아도 생존가능한지의 여부가 문제라면 무균동물은 어떠한가? 인공적으로 조성된 무균상태에서 장기간 사육되어 면역력 저하로 격리함 밖에서의 생존률이 현저히 떨어지는 동물도 실험에 동원하지 말아야 하는 것은 아닌가?

스타인박은 이와 같은 반론의 여지를 차단하기 위해 다음과 같이 한 발짝 물러선다. "중증장애인을 보면 "내가 그였을 수 있다"고 생각한다. 나도 장애를 갖고 태어났었을 수 있다고 생각할 수 있지만 내가 원숭이로 태어났었을 수 있다고는 생각하지 않는다. 그래서 내가 원숭이의 처지가 됐다고 상상해도 내 정체성은 중증장애인에 더 가깝다고 느낀다."51) 한마디로 신생아는 인간종의 일원이므로 실험에 동원할 수 없는 반면 동물은 인간종이 아니기에 그러는 것이 가능하다는 것이며, 그녀의 입장은 철학자 스캔런과 스크러튼 Roger Scruton 등에 의해 "한 개체의 삶의 가치(도덕적 권리)는 그가 속한 유형에 달렸다"는 식으로 정리된다.52) 스크러튼에 따르면,

"우리가 이 세계를 이해할 수 있는 것은 동물과 식물을 분류할 때 종을 기준으로

삼고 특정 개체를 종의 전형으로 인식하기 때문이다. … 신생아나 지적 장애아도 우리가 속한 유형인 도덕적 존재유형에 속한 존재다. 따라서 도덕적 대화를 통해 집단 개념으로 마련해 의식적으로 서로에게 제공하는 보호막을 그들에게도 제공해야 한다."53)

하지만 스타인박의 주장은 이 책의 전작에서 밝혔듯이 심각한 반론에 노출될 수밖에 없으며,54) 특히 주변부 사람들 논변 옹호론자 테일러Angus Taylor가 꼬집었듯이 자가당착이라는 수모도 감수해야 한다. 즉, 처음엔 능력이 떨어진다

파인버그는 동물의 생명권을 약한 권리로 보아야 하는 또 다른 이유로 다음의 이유도 제시한다. 즉, 그에 따르면 동물의 생명권이 강한 권리라면 자연에서 포식자의 먹이 사냥에 개입해야 할 의무가 우리에게 있다고 보아야 한다.55) 다시 말해 큰 희생이 따르지 않는다면 다른 인간을 죽음으로부터 구해야 할 의무가 있다고 보아야 하며, 그 이유는 인간의 생명권이 강한 권리이기 때문이므로, 동물의 권리가 강한 권리라면 자연에서 포식자의 먹이 사냥에 개입해야 할 의무가 우리에게 있다고 보아야 한다는 것이다.56) 하지만 둘 사이에 유비관계가 성립하지 않는다고 보아야 한다. 즉, 다른 인간의 목숨을 구해도 누군가의 생명권을 박탈하는 경우가 아니지만, 자연에서 포식자의 먹이 사냥에 개입하는 것은 포식자의 생명권을 박탈하는(굶어 죽게 하는) 경우이다. 이렇듯 우리에게 다른 인간을 죽음으로부터 구해야 할 의무가 있더라도, 그로부터 자연에서 포식자의 먹이 사냥에 개입해야 할 의무가 우리에게 있다는 결론에 이른다고 할 수 없다.

는 이유로(도덕적으로 자율적일 능력이 없다는 이유로) 동물의 이익을 인간의 이익에 종속시켜야 한다고 주장하고, 나중엔 동물의 능력이 우월하다는 이유로(우리가 특별히 돌보지 않아도 생존할 수 있다는 이유로) 동물의 이익을 인간의 이익에 종속시켜야 한다고 주장한다는 점에서 그녀의 주장은 자가당착으로 보아야 한다.[57]

파인버그는 동물과 인간에 대한 의무 중 우리와 가까운(같은 종인) 인간에 대한 의무가 더 크다는 것도 동물의 생명권을 약한 권리로 보아야 하는 이유가 될 수 있다고 주장한다.[58] 하지만 그의 주장이 설득력을 가진다면 남성은 여성보다 남성에게, 백인은 흑인보다 백인에게 더 큰 의무를 가진다고 보아야 하며, 한문화가정 자녀는 다문화가정 자녀보다 한문화가정 자녀에게 더 큰 의무를 가진다고 보아야 한다. 즉, 위의 이유로도 동물을 죽이는 행위에 대해 면죄부를 발부할 수 없다고 보아야 한다.

d. 메리 워런Mary Warren: 동물은 인간과 동등한 권리를 갖지 못했다

낙태옹호론자로도 잘 알려진 워런은 권리를 가진 동물의 외연을 놓고 오히려 레건보다도 보수적인 입장을 취한다. 하지만 레건이 지목한 동물보다 더 많은 동물에게 권리가 있을 가능성을 열어 놓았음에도 아이러니하게 레건의 주장을 '강한 동물권 입장strong animal rights position'으로 그리고 자신의 주장을 '약한 동물권 입장weak animal rights position'으로 규정한다.[59] 동물이 가진 권리는 인간이 가진 권리보다 약하고, 따라서 동물에 대한 의무보다 인간에 대한 의무가 더 강하다는 것이 그 이유이다.[60]

파인버그가 인간과 동물의 차등적 권리를 주장했음에도 타당한 이유 없이 동물을 죽이는 데 대해 경종을 울렸듯이, 워런도 차등적 동물권 옹호론자로서의 정체성을 드러냈음에도 '잔혹 행위 금지 원칙anti-cruelty principle'을 내세워 동물에 대한 잔혹 행위에 경종을 울린다. 하지만 파인버그가 "동물에게 죽임을 당하지 않을 권리가 있지만 그 권리는 합당한 이유가 있다면 침해할 수 있는 권리다"고 말했듯이,[61] 워런 역시 잔혹 행위 금지 원칙을 내세워 (쾌고감수능력이 있는) 동물에게 고통과 죽임을 당하지 않을 권리가 있지만 합당한 이유가 있다면 그들의 권리를 침해할 수 있다고 주장한다.

잔혹 행위 금지 원칙

"인간과 생태계에 필요한 것을 채울 수 있는 도덕적으로 타당한 다른 방법이 없는 경우 이외에는 쾌고감수능력이 있는 대상에게 고통과 죽임을 안겨서는 안 된다."[62]

인간의 필요에 부합하는 대안이 있는데도 동물을 과밀사육하고 도살하는 것은 금지해야 하지만,[63] 인간의 필요에 의해, 즉 인간의 이익이 걸렸다면 그들의 권리를 침해할 수 있다는 것이 워런의 주장으로, 육식에 따른 영양적 (문화적, 경제적, 종교적) 이익을 취할 수 있는 사람들에게 동물을 사육하지 말라거나 사냥과 낚시를 하지 말라는 것은 오히려 그들의 권리를 침해하는 것과 다르지 않다는 것이다.[64]

파인버그에 이어 워런으로부터도 차등적 동물권옹호론의 민낯을 확인할 수 있는 대목이다. 자칫 평등적 동물권옹호론까지 싸잡혀 도매금으로 넘어갈 수 있는 만큼 인간의 이익이 걸렸다면 동물에 대한 어떤 행위도 정당하다고 보아야 하는 이유를 듣지 않을 수 없다.

워런은 초기 논문에서 파인버그를 따라 인간과 동물의 권리에 차등을 두어야 하는 이유를 인간이 삶이 동물의 삶보다 가치가 있다는 데서 찾는다.[65] 하지만 이후의 논문에서는 능력면에서 우월하다는 것이 특별한 가치를 지녔다는 것을 의미하지 않는다고 입장을 선회하며, 이후 현실적인 이유에서 인간과 동물의 권리에 차등을 두는 것이 불가피하다고 입장을 정리한다.[66] 즉, 유사한 상황임에도 동물을 죽이는 것은 허용되지만 인간을 죽이는 것은 허용될 수 없는 상황이 있고, 따라서 인간과 동물의 권리에 차등을 두는 것이 불가피하다고 입장을 새로이 정리한다.

인간을 죽일 수는 없지만 동물은 죽일 수 있는 그 유사한 상황이 어떤 상황인가? 이 물음을 놓고 워런은 스타인박의 바톤을 이어받아 인간과 쥐의 이익이 충돌하는 경우를 예로 든다. 즉, 집에 침입한 쥐에게 이치를 따져 부당하다고 설득할 수 없으므로 그냥 퇴치하는 것이 우리가 할 수 있는 유일한 선택지라고 스타인박이 말했듯이,[69] 워런 역시 쥐에게 이치를 따질 수는 없으므로 다른 마땅한 방법이 없다면 우리의 건강과 목숨을 지키기 위해 쥐를 죽이는 것이 정당하다고 주장한다.[70]

의문은 이어진다. 인간과 쥐의 이익이 충돌하는 상황과 유사한 상황임에도 인간을 죽일 수 없는 경우가 어떤 경우인가? 워런은 참을 수 없이 불결한

워런은 동물의 권리를 인정했음에도 생존과 무관한 낚시와 사냥에도 면죄부를 부여한다. 놀라운 것이 사실이며, 철학자로서 그녀의 명성을 생각할 때 그 이유에 대한 설명은 더욱 놀랍지 않을 수 없다. 그녀에 따르면 "사냥이 영적인 그리고 심리적인 복지에 중요한 역할을 한다는 사냥꾼들이 있다. 많은 사람들에게 사냥이 야생을 즐기는 방법을 배우고 야생의 일부인 것처럼 느끼는 주된 경로이다."[67] "잔혹하게 죽이거나, 종의 생존을 위태롭게 하거나, 생태계를 위협하거나, 인간 또는 반려동물, 농장동물을 위험에 빠뜨리지 않는다면" 정당하다.[68] 하지만 낚시꾼과 사냥꾼의 심리적인, 영적인 복지가 뭐가 그리 중요하다는 건지, 낚시와 사냥 이외에 잔혹 행위 금지 원칙이 말하는 심리적인, 영적인 복지를 얻을 수 방법이 없다는 건지 필자로서는 이해 불가다. 버마가 영국에 병합된 이듬해인 1886년에 찍은 사진에서 영국인들이 새사냥을 하던 중 휴식을 취하고 있다.

이웃을 상상해 볼 것을 권한다. 병원성미생물이 증식하기에 최적의 환경 속에서 살고 있는 이웃이 의도치 않게 내 가족의 복지를 위협한다고 해보자. 워런에 따르면 이와 같은 상황에 놓였더라도 무력이 아닌 대화로 해결하거나, 중재자를 내세우거나, 법의 힘을 빌리는 등의 해결책을 찾아야 한다.71) 즉, 이웃(인간)과 이익이 충돌할 경우에는 이치를 따져 해결할 수 있으므로 무력을 행사하지 말아야 하지만, 쥐(동물)와 인간의 이익이 충돌할 경우에는 그것이 가능하지 않으므로 무력을 동원해도 정당하다는 것이다.

워런이 상기시킨 바와 같이 쥐는 인간의 음식을 오염시키고 번식력이 강해 인간의 곡식을 축내며, 흑사병을 옮기는 등 인간의 건강과 생명을 위협한다. 뿐만 아니라 개체 수를 감안할 때 일일이 포획해서 인간이 거주하지 않는 지역에 방생한다는 것은 현실적인 방안일 수 없다. 따라서 쥐를 죽이는 것이 정당하다고 해보자. 하지만, 그 이유가 쥐의 권리가 인간의 권리보다 열등하기 때문이라는 결론을 내리기에는 아직 이르다. 즉, 워런이 자신의 주장에 대해 정당방위 반론이 제기될 것을 예상했듯이, 쥐를 죽이는 것이 정당한 이유는 (쥐의 권리가 열등하기 때문이 아닌) 정당방위가 정당화될 수 있기 때문이라는 반론이 가능하다.

워런으로서는 마땅히 정당방위 해석의 여지를 차단해야 한다. 따라서 쥐를 죽일 수 있는 이유를 정당방위 차원으로 해석하는 것은 과도한 해석이라는, 즉 상대가 급박하게 생명을 위협하는 경우가 아닌 이상 정당방위가 성립하기 어렵지만 쥐가 인간의 생명을 급박하게 위협하지는 않는다는 답변을 내놓는다. "쥐의 경우 그들의 존재 자체와 존재방식이, 즉 그들이 사는 곳, 그들이 먹는 것, 그들이 옮기는 병원성미생물이 인간의 복지에 위협이 된다."72)

워런의 주장이 설득력을 얻기 위해서는 무엇보다도 쥐의 경우와 불결한 이웃의 경우 사이에 유사성이 있어야 한다. 쥐와 불결한 이웃 모두 존재 자체와 존재방식이 인간의 복지를 위협하고 있으며, 급박하게 위협하지 않는다는 유사성도 가지고 있다. 하지만 불결한 이웃에게 무력을 행사할 수 없는 이유를 이치를 따져 문제를 해결할 수 있는 대상이라는 데서 찾았다는 것이 문제다. 다음의 예를 생각해보자.

잠에서 깬 비밀 요원 제임스는 낯선 아이와 함께 비좁은 방에 갇혔다는 것을 알았다. 상황파악에 들어갔고, 이내 놀라운 사실을 알게 된다. 낯선 아이가 무서운 속도로 자라는 소위 '팽창하는 아이'였던 것이다. 이미 아이와 벽 사이에 끼어 거의 꼼짝달싹 못하는 상황에 이르렀다. 이대로라면 수분 내에 짓눌려 죽게 될 것을 알았고, 아이는 무너진 벽으로 걸어나가 자유의 몸이 될 것도 알았다. 제임스는 늘 권총을 소지하고 다닌다.[73]

쥐와 불결한 이웃이 유사한 방식으로 인간의 생존을 위협하지만, 쥐와는 이치를 따질 수 없기에 무력을 행사할 수 있다는 것이 워런의 설명이었다. 그래서 쥐(동물)와 불결한 이웃(인간)의 권리가 평등할 수 없다는 것이나, 불결

2009년 9월 15일 저녁, 존스홉킨스대학교 화학과 3년생 폰톨리오의 집에 도둑이 들어 노트북 2대와 비디오게임기를 훔쳐갔다. 그날 자정이 넘은 시각이었다. 어디선가 덜거덕거리는 소리가 나자 신경이 곤두선 폰톨리오가 사무라이 검을 들고 소리 나는 쪽으로 소리 없이 다가간다. 숨을 죽이고 차고로 들어선 순간 침입자와 맞닥뜨렸고, 놀란 폰톨리오가 움직이지 말라고 경고한 후 룸메이트들에게 경찰에 신고하라고 소리친다. 하지만 침입자는 경고를 무시한 채 죽기 살기로 달려들었고, 29번이나 기소된 전력을 가진 침입자는 출소한지 이틀 만에 가슴과 왼쪽 팔에 깊은 자상을 입고 숨을 거둔다. 침입자가 무기를 소지하지 않았음에도 검찰은 폰톨리오의 정당방위를 인정해 기소를 하지 않았다. 마찬가지로 쥐를 퇴치할 수 있는 이유를 놓고도 쥐의 권리가 열등해서가 아닌 정당방위 차원으로 이해해야 한다는 해석이 가능하다.

한 이웃을 비교대상으로 삼은 것은 패착이 아닐 수 없다. 즉, 워런의 주장이 성립하기 위해서는 쥐와 마찬가지로 존재 자체와 존재방식이 인간을 위협하는 데 더해 이치를 따질 수 없는 인간을, 즉 팽창하는 아이와 같은 인간을 비교 대상으로 삼았어야 했다. 다시 말해 팽창하는 아이와 같은 인간에게도 무력을 행사할 수 없어야(아이에게 방아쇠를 당길 수 없어야) 동물과 인간의 권리가 평등하지 않다는 답변을 얻을 수 있다. 팽창하는 아이에게 무력을 행사하는 것이 유일한 생존 방법인데도 무력을 행사하지 말아야 하는가?

제3자가 창문을 통해 이 광경을 목격했다고 해보자. 그 역시 권총을 소지했어도 아이를 향해 방아쇠를 당기지 말아야 한다. 제임스 권총의 탄창이 비었어도 새 탄창을 던져줘도 안 된다. 다시 말해 제3자는 사태를 방관해야 하지만, 아이가 의도적으로 생존에 위협을 가하고 있지 않더라도 당사자인 제임스에게 그냥 죽으라고는 할 수 없다. 물론 팽창하는 아이는 쥐와 달리 급박하게 멜로리아의 생존을 위협하고 있다. 따라서 아이에게 방아쇠를 당기는 것은 정당방위 차원으로 이해해야 한다고 반문할 수 있다. 그렇다면 다음의 경우는 어떠한가?

금자 씨는 그 날도 밤이 깊어서야 퇴근길에 나섰다. 여는 때와 다름없이 골목길로 들어섰고, 검정색 차량이 만삭의 임신부를 치고 도주하는 장면을 목격하며 사건이 시작된다. 놀란 가슴을 부여잡고 임신부를 살펴보니 다행히 의식이 있었다. 전화로 도움을 청하려는 순간 도주했던 차량이 어둠 속에서 서서히 후진하며 모습을 드러냈다. 그리고는 정확히 금자 씨 발 앞에 멈춘다. 차문이 열렸고 무표정한 시선의 남자가 임신부를 차에 태우고는 금자 씨도 차 안으로 밀어 넣는다. 한참을 달려 허름한 건물에 주차를 마치고서야 남자가 입을 뗐다. 공소시효가 끝날 때까지 감금방에서 군만두를 먹으며 둘이 오순도순 지내라는 것이었다. 감금방의 문이 잠기기가 무섭게 임신부가 진통을 시작했고, 금자 씨의 도움으로 엄지손톱에 파란 반점이 있는 아이를 출산한다. 하지만 체력이 바닥난 산모는 하루를 넘기지 못하고 숨을 거뒀고, 금자 씨의 친절한 보살핌 덕분에 아이는 무럭무럭 자랐다. 한 달을 조금 넘긴 어느 날이었다. 뉴스를 보던 금자 씨가 화면에서 눈을 떼지 못한다. '애커바이러스'에 감염된 아이는 엄지손톱에 파란 반점이 있고 돌이 되기 전 어느 시점에 갑자기 집채만큼 팽창한다는 속보 때문이었다. 위안이 됐던 아이가 소위 '팽창하는 아이'였던 것이다. 당장은 아니더라도 어느 순간 아이에 짓눌려 죽게 될 것을 알았고, 아이는 무너진 벽으로 걸어나가 자유의 몸이 될 것도 알았다.

금자 씨의 생명을 위협하는 아이 역시 생존 자체와 생존방식이 인간의 생존을 위협하며, 이치를 따질 수 있는 대상도 아니다. 따라서 제임스를 위협하는 아이와 마찬가지로 쥐와 유사성이 있다고 해야 한다. 또한 제임스에게 그냥 죽으라고 할 수 없듯이, 금자 씨에게도 않아서 죽기만을 기다리라고 할 수 없다. 즉, 금자 씨가 아이에게 무력을 행사해도 아이를 부당하게 죽였다고 할 수 없다. 뿐만 아니라 아이가 급박하게 금자 씨의 생존을 위협하는 경우가 아니므로 정당방위로도 볼 수 없다.

워런이 원하는 결론인 인간의 권리가 우월하다는 답변을 얻기 위해서는 유사한 상황임에도 동물을 죽이는 것은 허용되지만 인간을 죽이는 것은 허용될 수 없는 경우가 있어야 한다. 워런은 쥐와 불결한 이웃의 경우를 예로 들지만 이상에서 알아본 바와 같이 두 경우 사이에 유사성이 떨어지므로 그녀의 시도는 불발로 끝났다고 보아야 한다.

동굴탐사태원들이 미지의 동굴을 탐험하던 중 안쪽에서 물이 차오르는 것을 발견했다. 대원들은 입구 쪽으로 내달렸고, 입구에 다다랐을 때 난감한 상황이 벌어진다. 뚱뚱한 대원이 앞장서 빠져나가다 출구에 몸이 낀 것이다. 살이 빠지길 기다리는 것이 순리일 것이나, 순리를 따른다면 뚱뚱한 사람을 제외한 나머지 대원 모두가 익사할 수밖에 없다. 반면 다이너마이트로 출구를 확보한다면 대원들은 생존할 수 있지만 뚱뚱한 사람은 목숨을 잃게 될 것이다.[74] 워런이 말한 쥐의 경우와 유사한 경우이다. 따라서 이 경우 다이너마이트로 출구를 확보해도 대원들을 비난할 수 없다면 워런의 주장은 성립하지 않는다. 하지만 대원들에게 앉아서 익사하라고 주문할 수는 없다. 다시 말해 다이너마이트로 출구를 확보해도 대원들을 비난할 수는 없으므로, 워런의 주장은 설득력을 가질 수 없다.

·각주

1) Frey 1980, p. 167.

2) Frey 1979, p. 39.

3) Frey 1979, p. 40.

4) 연합뉴스, 2017. 01. 31.

5) TV조선, 2017, 02. 13.

6) Frey 1980, pp. 86~87.

7) Frey 1979, p. 40.

8) Frey 1980, p. 87.

9) 두산백과.

10) Frey 1979, pp. 40~41.

11) Frey 1980, p. 87.

12) Frey 1980, pp. 89~90.

13) Frey 1980, p. 90.

14) Frey 1980, p. 90. 프레이의 주장을 다음과 같이 정리해보면 그의 이론체계에서 고양이가
   믿음을 갖는 것이 가능하지 않은 이유를 확인할 수 있다.
   　ㄱ. 믿음을 갖는데는 참인 진술과 거짓진술을 구별할 능력이 요구된다.
   　ㄴ. 참인 진술과 거짓진술을 구별하기 위해서는 언어가 사태를 어떻게 표상하는지를 (어느
   　　 정도) 이해할 수 있어야 한다.
   　ㄷ. 언어가 사태를 어떻게 표상하는지를 이해할 수 있는 능력이 동물에게 없다.
   　　 그러므로
   　ㄹ. 동물은 믿음을 가질 수 없다.

15) Frey 1980, p. 104.

16) Regan 1983, p. 278.

17) Carruthers 1992, pp. 130~133.

18) Regan 1983, p. 45.

19) Norcross, p. 653.

20) Davidson 1982, p. 318.

21) Davidson 1982, p. 320.

22) Davidson 1982, p. 321.

23) Davidson 1982, p. 321.

24) Davidson 1982, p. 324.

25) Davidson 1999, p. 8.

26) Davidson 1982, p. 324.

27) Davidson 1975/1984, p. 170.

28) Davidson 1982, p. 326.

29) Davidson 1982, p. 326.

30) Davidson 1982, p. 326.

31) Davidson 1982, p. 324.

32) Davidson 1982, p. 327.

33) Davidson 1982, p. 327.

34) Carruthers 1992, p. 128.

35) Carruthers 1992, p. 127.

36) 스포츠조선, 2017. 03. 20.

37) Seyfarth, Cheney, Marler, pp. 1070~1094.

38) Feinberg 1980b, p. 194.

39) Feinberg 1980b, p. 194.

40) Feinberg 1980b, p. 194.

41) Feinberg 1980, pp. 198~199. 어떤 권리가 '몰수 가능한 권리forgeitable right', '해제 가능한 권리defeasible right', '포기나 양도 가능한 권리alienable right' 셋 중 하나의 성격을 띠고 있다면 그 권리는 절대권일 수 없다.

42) Feinberg 1980b, p. 201.

43) Feinberg 1980b, pp. 201~202.

44) Feinberg 1980b, p. 201.

45) Feinberg 1980b, p. 203. 파인버그의 답변이 평범한 이유는 동물권 부정론자 커러더스가 "인간의 삶을 동물의 삶에 비견할 수 없다"고 주장했듯이(Carruthers 1992, p. 9), 그리고 레건도 인간의 삶의 가치가 동물의 그것보다 크다고 진단했듯이, 또한 싱어 역시 어떤 종류의 동물의 삶이 다른 종류의 동물의 삶보다 가치가 있다고 진단했듯이, 동물권 부정론자분 아니라 동물권 옹호론자도 입을 모아 위의 답변을 내놓고 있기 때문이다.

46) Feinberg 1980b, p. 194.

47) Feinberg 1980b, p. 203.

48) McGinn, p. 21.

49) Sapontzis, p. 219.

50) Steinbock 1978, p. 255.

51) Steinbock 1978, p. 255.

52) Scanlon 1998, pp. 185~186; Scruton, pp. 54~55.

53) Scruton, pp. 54~55.

54) 스타인박, 스캔런, 스크러튼의 입장이 안고 있는 문제점은 필자의 ≪인간, 위대한 기적인가 지상의 악마인가?≫ 136~151쪽을 참고하기 바란다.

55) Feinberg 1980a, p. 201.

56) Feinberg 1980a, p. 199.

57) Taylor, p. 127.

58) Feinberg 1980a, p. 202.

59) Warren 1987, p. 164.

60) Warren 2007, p. 229. 워런은 인간과 동물분 아니라 식물과 생태계의 도덕적 지위도 검토한 다. 이 책에서는 인간과 동물의 도덕적 지위에 관한 논의만을 생각해보고자 한다.

61) Feinberg 1980a, p. 194.

62) Warren 2007, p. 225.

63) Warren 2007, pp. 234~237.

64) Warren 2007, pp. 230~231.

65) 워런은 1983년 논문부터 동물의 삶의 가치가 인간의 그것보다 하등하다는 것이 동물과 인간이 차등적 권리를 가졌다는 것을 보여준다는 입장을 포기한다.

66) Warren 2007, p. 225.

67) Warren 2007, p. 237.

68) Warren 2007, p. 238.

69) Steinbock 1978, p. 253.

70) Warren 2007, pp. 116~117.

71) Warren 2007, p. 117.

72) Warren 2007, p. 117.

73) 본문의 예는 탐슨이 낙태를 논의하며 제시한 예를 바탕으로 구성한 것이다.

74) 본문의 예는 풋이 낙태를 논의하며 제시한 예이다.

Armstrong, David 1980. "The Nature of Mind", in *The Nature of Mind and Other Essays* (NY: Cornell University Press).

Bentham, Jeremy 1789. *The Principles of Morals and Legislation*.

Blackshaw, Bruce and Rodger Daniel 2019. "Meeting the Epicurean Challenge: a Reply to Christensen", *Journal of Medical Ethics*, Vol 45. No. 7.

Block, Ned, Flanagan, Owen and Guzeldere, Guven eds. 1997. *The Nature of Consciousness, Philosophical Debates* (Cambridge, Mass.: MIT Press).

Boonin, David 2002. *A Defense of Abortion* (Cambridge: Cambridge University Press).

Carruthers, Peter 1992. *The Animals Issue* (Cambridge: Cambridge University Press).

Carruthers, Peter 2000. *Phenomenal Consciousness* (Cambridge: Cambridge University Press).

Chalmers, David 1996. *The Conscious Mind: In search of a Fundamental Theory* (Oxford: Oxford University Press).

Cochrane, Alasdair 2007. "Animal rights and animal experiments: an interest-based approach", *Res Publica*, Vol. 13, No. 3.

Coren, Stanley 2004. *How Dogs Think, Understanding the Canine Mind* (Free Press).

Davidson, Donald 1982. "Rational Animals", *Dialectica*, Vol 36.

Davidson, Donald 1975/1984, "Thought and Talk", *Inquiries Into Truth and Interpretation* (Oxford University Press).

Davidson, Donald 1999. "The Emergence of Thought", *Erkenntnis*, Vol. 51.

Dawkins, Marian 1985. "The Scientific Basis for Assessing Suffering in Animals" In Peter Singer ed. *In Defense of Animal* (New York: Basil Blackwell). (본문의 인용문구와 페이지 수는 'In Defense of Animal'의 2006년 판을 한글로 번역한 ≪동물과 인간이 공존해야 하는 합당한 이유들≫(노승영 옮김, 시대의창 2012)의 것임.

Dawkins, Marian 2008. "The Science of Animal Suffering", *Ethology*, Vol. 114, No. 10.

DeGrazia, David 1996. *Taking Animals Seriously: Mental Life and Moral Status* (Oxford: Oxford University Press).

DeGrazia, David 2002. *Animal Rights: A Very Short Introduction* (New York: Oxford University Press).

Descartes, Rene 1637. Discourse on the Method. In John Cottingham, Robert Stoothoff, Dugald Murdoch (Translated) *Descartes: Selected Philosophical Writings*. (Cambridge: Cambridge University Press 1988).

Descartes, Rene 1649. Letter to Henry More (5 February 1649). In Anthony Kenny (Translated and Edited) *Descartes Philosophical Letters*, (Oxford: Clarendon Press 1970).

Donceel, Joseph 1970. "Immediate Animation and Delayed Hominization", *Theological Studies*, Vol. 31.

Dworkin, Ronald 1977. *Taking Rights Seriously* (Duckworth).

Dworkin, Ronald 1985. *A Matter of Principle* (Oxford University Press).

Dworkin, Ronald 1994. *Life's Dominion: An Argument About Abortion, Euthanasia, and Individual Freedom* (New York NY: Vintage Books).

Epicurus, "Letter to Menoeceus", in Russell M. Geer, ed., *Epicurus: Letters, Principal Doctrines, and Vatican Sayings* (Indianapolis, 1964).

Feinberg, Joel 1974. "The Rights of Animals and Unborn Generations" In *Philosophy and environmental crisis*, by William T. Blackston ed. (Athens/Georgia: University of Georgia Press).

Feinberg, Joel 1980a. *Rights, Justice, and the Bound of Liberty* (Princeton, NJ: Princeton University Press).

Feinberg, Joel 1980b. "Human Duties and Unborn Generations", in *Rights, Justice, and the Bounds of Liberty* (Princeton, N.J.: Princeton University Press).

Feinberg, Joel 1984a. *The Moral Limits of the Criminal Law: Vol. 1 Harm to Others* (Oxford: Oxford University Press).

Feinberg, Joel 1984b. *The Moral Limits of the Criminal Law: Vol. 1 Harm to Others* (Oxford: Oxford University Press).

Finsen, Susan 1992. "Commentary On The Dog In The Lifeboat", *Between the Species*, Spring.

Franklin, Julian 2005. *Animal Rights and Moral philosophy* (Columbia University press, New York).

Frey, Raymond 1979. "Rights, Interests, Desires, and Beliefs", *American Philosophical Quarterly*, Vol. 16, No, 3; repr. as "Why Animals Lack Beliefs and Desires", in Tom Regan and Peter Singer (eds.), *Animal Rights and Human Obligations*, 2nd edn. (Englewood Cliffs, NJ: Prentice Hall, 1989).

Frey, Raymond 1980, *Interests and Rights: The Case against Animals* (Oxford: Clarendon Press).

Frey, Raymond 1983. *Rights, Killing, and Suffering* (Oxford: Basil Blackwell).

Frey, Raymond 1999. "The Ethics of Animal and Human Experimentation", *Journal of Medical Ethics* 22 (4) 1996: repr. as "Animal Life Is Less Valuable than Human Life", *The Rights of Animals*, Tamara Roleff and Jennifer Hurley (eds.) (Greenhaven Press, Inc.).

Frith, U., Morton, J., & Leslie, A. M. 1991. The cognitive basis of a biological disorder: autism. *Trends Neurosci*, Vol. 14, No. 10.

Gilbert, Margaret 2004. "Scanlon on Promissory Obligation: The Problem of Promisees' Rights", *The Journal of Philosophy*, Vol 101.

Gopnik, Alison, Meltzoff, Andrew and Kuhl, Patrica 2000. *The Scientist in the Crib: What Early Learning Tells Us About the Mind* (New York: HarperCollins).

Grandin, Temple and Johnson, Catherine 2005. *Animals in Translation: Using the Mysteries of Autism to Decode Animal Behavior* (New York: Simon and Schuster).

하지홍 2008, ≪하지홍 교수의 개 이야기≫(살림).

Harman, Elizabeth 2011. "The Moral Significance of Animal Pain and Animal Death", in *The Oxford Handbook of Animal Ethics* (Oxford: Oxford University Press).

Harris, John 1974. "Williams on Negative Responsibility and Integrity", Philosophical Quartwerly, Vol 24.

Hart, Herbert 1955. "Are There Any Natural Rights?" *Philosophical Review* 64.

Hart, Herbert 1982. *Essays on Bentham: Studies in Jurisprudence and Political Theory* (Oxford: Clarendon Press).

Hohfeld, Wesley 1978. *Fundamental Legal Conceptions as Applied in Judicial Reasoning*

(Greenwood Press).

Jamieson, Dale 1990. "Rights, Justice, and Duties to Provide Assistance: A Critique of Regan's Theory of Rights", *Ethics* 100, January.

Jarrod, Bailey 2008. "An assessment of the role of chimpanzees in AIDS vaccine Research", *ATLA* 36.

Jasper, James and Nelkin, Dorothy 1991. *The Animal Rights Crusade* (New York: The Free Press).

Kagan, Shelly 2016. "Singer on Killing Animals" in edited by Tatjana Visak, Rpobert Garner, and afterword by Peter Singer *The Ethics of Killing Animals* (Oxford: Oxford University Press).

Kramer, Matthew 2011. *Some doubts about alternatives to the interest theory of rights*, http://ssrn.com/abstract=1934749 (Accessed: 10 September 2014).

Kramer, Matthew and Steiner, Hillel 2007. "Theories of Rights: Is There a Third Way?" *Oxford Journal of Legal Studies*, Vol. 27.

Lang, Gerald 2012. "Is there Potential in Potentiality?", *Philosophical Papers*, Vol. 41, No. 1.

Linzey, Andrew 1976. *Animal Rights: A Christian Assessment* (London: SCM Press).

Lucretius, *De Rerum Natura* (Cambridge, Mass., 1975).

Maeda, Kazuo and M, Tatsumura 2017. *"Fetal Response to Sound and Light: Possible Fetal Education?"*, *Journal of Neonatal Biology*, Vol. 6, Issue. 1.

Marquis, Donald 1989. "Why Aborion is Immoral", *The Journal of Philosophy*, Vol. 76, No. 4.

McConnell, Terrence 2000. *Inalienable Rights The Limits of Consent in Medicine and the Law* (New York: Oxford Press).

MacCormick, Neil 1977. "Rights in Legislation" in Hacker, P., and Raz, J. (eds.), *Law, Morality and Society: Essays in Honour of H.L.A Hart* (Oxford: Oxford University Press).

MacCormick, Neil 1982. *Legal Right and Social Democracy* (Clarendon Press).

Matthews, Gareth 1978, "Animals and the Unity of Psychology", *Philosophy* Vol. 53.

Mcbride, Russ 1999. "Consciousness and the state/transitive/creature distinction", *Philosophical Psychology* Vol 12, Issue 2.

McCloskey, H. J. 1965. "Rights", *The Philosophical Quarterly*, Vol 15, No. 59.

McGinn, Colin 1993. "Apes, Humans, Aliens, Vampires, and Robots" in Paola Cavalieri and Peter Singer (eds.), *The Great Ape Project* (St. Martin's Press, New York).

McMahan, Jeff 1998. "Preference, Death, and the Ethics of Killing", in Christoph Fehige and Ulla Wesselss, eds., *Preference* (Berlin and New York: Walter de Gruyter and Co).

McMahan, Jeff 2002. *The Ethics of Killing: Problems at the Margins of Life* (New York: Oxford University Press).

Mill, John Stuart 1863. *Utilitarianism* (Parker, Son, and Bourn: London).

Molony V, Kent J 1997. "Assessment of acute pain in farm animals using behavioral and physiological measurements", *Journal of Animal Science* Vol. 75.

Nadler, Steve 2000. *The Cambridge Companion to Malebranche* (New York: Cambridge University Press).

Nagel, Thomas 1974. "What is it like to be a bat?", *Philosophical Review*, Vol. 83.

Nagel, Thomas 1993. "Death", in John Fischer ed., *The Metaphysics of Death* (California: Stanford University Press).

Narveson, Jan 1977. "Animal Rights", *Canadian Journal of Philosophy*, VII.

Narveson, Jan 1987. "On a Case for Animal Rights", *The Monist*, Vol 70, No, 1.

Nelson, Leonard 1956, *A System of Ethics*, Translated by Norbert Guterman (Newhaven: Yale University Press).

Norcross, Alastair 1997. "Animal Experimentation" in *Oxford Handbook of Bioethics*, edited by Bonnie Steinbock (Oxford: Oxford University Press).

Norcross, Alastair 2004. "Puppies, Pigs, and People: Eating Meat and Marginal Cases", *Philosophical Perspectives*, Vol. 18.

Nozick, Robert 1997. *Socratic Puzzles* (Cambridge: Harvard University Press).

Paske, Gerald 1988. "Why animals have no right to life: A response to Regan", *Australasian Journal of Philosophy*, Vol. 66, No. 4.

Perry, Susan and Manson, Joseph 2008. *Manipulative Monkeys: The Capuchins of Lomas Barbudal* (Harvard University Press).

Peterson, Anna 2013. *Being Animal: Beasts and Boundaries in Nature Ethics* (New York: Columbia University Press).

Piontelli, Alessandra 2010. *Development of Normal Fetal Movements: The First 25 Weeks of Gestation* (Springer-Verlag GmbH).).

Pluhar, Everlyn 1995. *Beyond Prejudice: The Moral Significance of Human and Nonhuman Animmals* (Durham and London: Duke University Press).

Premack, D., Woodruff, G 1978. "Does the chimpanzee have a theory of mind?" *Behavioural and Brain Science*. Vol. 4.

Primatt, Humphry 1776, *A Dissertation on the Duty of Mercy and the Sin of Cruelty to Brute Animals* (Edinburgh: T. Constable, 1834).

Quine, Willard 1978, "Physical Object", 웨스턴 위싱턴 대학교Western Washington University 철학 학술세미나에서 발표한 타자 원고.

Rachels, James 1983. "Do Animals Have a Right to Life?" in Harlan Miller and William Williams eds., *Ethics and Animals*, (Clifton, N.J.: Humana Press).

Rawls, John 1988. *A Theory of Justice* (Oxford University Press).

Raz, Joseph 1986. *The Morality of Freedom* (Oxford University Press).

임종식 2014. ≪형사법과 살해의도≫(성균관대학교 출판부).

임종식 2015. ≪인간, 위대한 기적인가 지상의 악마인가?≫(사람의무늬, 성균관대학교 출판부).

임종식 2018. ≪낙태 논쟁, 보수주의를 낙태하다≫(사람의 무늬, 성균관대학교 출판부).

Regan, Tom 1975. "The Moral Basis of Vegetarianism", *Canadian Journal of Philosophy*, Vol. 5.

Regan, Tom 1976. *Animal Rights and Human Obligations*, ed. Tom Regan and Peter Singer (Englewood-Cliff, N. J.: Prentice-Hall).

Regan, Tom 1979a, "An Examination and Defense of One Argument Concerning Animal Rights", *Inquiry* 22.

Regan, Tom 1979b. "Exploring the Idea of Animal Rights", in *Animals' Rights*, ed. David Paterson and Richard Ryder (London: Centaur).

Regan, Tom 1982. *All That Dwell Therein: Animal Rights and Environmental Ethics* (Berkeley: University of California Press).

Regan, Tom 1983. *The Case for Animal Rights* (Los Angeles: University of California Press).

Regan, Tom 1990. "America's New Extreamists: What You Need to Know About the Animal Rights Movement" (Washington D.C.: Washington Legal

Foundation).

Regan, Tom 2001a. "The Case for Animal Rights", in *The Animal Rights Debate* (New York: Rowman and Littlefield,).

Regan, Tom 2001b. "The Radical Egalitarian Case for Animal Rights", in *Environmental Ethics*, ed. Louis Pojman (Stamford, CT: Wadsworth).

Regan, Tom 2003. *Animal Rights, Human Wrongs: An Introduction to Moral Philosophy* (New York, Rowman and Littlefield).

Regan, Tom 2004. *Empty Cages: Facing the Challenge of Animal Rights* (New York, Rowman and Littlefield).

Rollin, Bernard 1992. *Animal Rights and Human Morality* (Buffalo, NY: Prometheus Books).

Rosenbaum, Stephen 1993. "How to Be Dead and Not Care", in John Fischer ed., *The Metaphysics of Death* (California: Stanford University Press).

Sanford John, Ewbank R, Molony V, Tavernor WD, Uvarov O 1986. "Guidelines for the recognition and assessment of pain in animals", *Veterinary Record* Vol. 118.

Sapontzis, Steve 1987. *Morals, Reason, and Animals* (Philadelphia, PA: Temple University Press).

Scheffler, Samuel 1982. The Rejection of Consequentialism (Cambridge: Cambridge University Press).

Scanlon, Thoman 2013. "Reply to Leif Wenar", *Journal of Moral Philosophy*, 10.

Scanlon, Thomas 1998. *What We Owe to Each Other* (Cambridge: Harvard University Press).

Scruton, Rodger 2000. *Animal Rights and Wrongs* (London: Demos).

Seyfarth, R. M., Cheney, D. L. and Marler, P. 1980. "Vervet Monkeys Alarm Calls:

Semantic Communication in a Free-ranging Primate", *Animal Behaviour* Vol. 28.

Shannon, Thomas and Wolter, Allan 1990. "Reflection on the Moral Status of the Pre-Embryo", *Theological Studies*, Vol. 51.

Short, C. E. 1998. "Fundamentals of pain perception in animals", *Applied Animal Behaviour Science* Vol. 59.

Silverstein, Harry 1993. "The Evil of Death", in John Fischer ed., *The Metaphysics of Death* (California: Stanford University Press).

Simmons, Aaron 2009. "Do Animals Have an Interest in Continued Life? In Defense of a Desire-Based Approach", *Environmental Ethics*, Winter 2009, Vol. 31.

Sinnot-Armstrong, Walter and Miller, Franklin 2013. "What Makes Killing Wrong?" *Journal of Medical Ethics*, Vol. 39, No. 1.

Singer, Peter 1972. "Famine, Affluence and Morality", *Philosophy & Public Affairs*, Vol. 1, No. 3.

Singer, Peter 1979a. "Killing Humans and Killing Animals", *Inquiry* Vol. 22.

Singer, Peter 1979b. "Not for Humans Only", in *Ethics and Problems of the 21st Century*, ed. Kenneth Goodpaster and Kenneth Sayre (Notre Dame, ind.: University of Notre Dame Press).

Singer, Peter 1980. "Animals and the Value of Life", in Tom Beauchamp & Tom Regan eds., *Matters of Life and Death, New Introductory Essays in Moral Philosophy* (Philadelphia: Temple University Press).

Singer, Peter 1985a. "Ten Years of Animal Liberation", *The New York Review of Books*, January 17.

Singer, Peter 1990. "Ethics and Animals", *Behavioral & Brain Science* Vol. 45.

Singer, Peter 1993. *Practical Ethics*, 2nd Edition ed. (Cambridge: Cambridge University Press).

Singer, Peter 2001. "A Utilitarian Defense of Animal Liberation", in *Environmental Ethics*, ed. Louis Pojman (Stamford, CT: Wadsworth).

Singer, Peter 2009(1975). *Animal Liberation, The Definitive Classic of the Animal Movement*, Updated Edition (HarperCollins Publishers).

Singer, Peter and Regan, Tom 1985 b. "Dog in the Lifeboat: An Exchange", *New York Review of Books*, April 25.

Skorupski, John 2010. *The Domain of Reasons* (Oxford: Oxford University Press).

Smart, J. J. C. and Williams, Bernard 1973. *Utilitarianism: For and Against* (Cambridge: Cambridge University Press).

Smith, Michael 2005. *The Moral Problem* (New York: Blackwell).

Spencer, Colin 1993. *The Heretic's Feast: A History of Vegetarianism* (Fourth Estate).

Sreenivasan, Gopal 2010. "Duties and Their Direction", *Ethics*, Vol 120, No 3.

Steinbock, Bonnie 1978. "Speciesism and the Idea of Equality", *Philosophy* Vol. No. 53.

Steinbock, Bonnie 1992. *Life Before Birth: The Moral and Legal Status of Embryos and Fetuses* (New York: Oxford University Press).

Steiner, Hillel 1994. *An Essay on Rights* (Blackwell Publishers, Oxford).

Stretton, Dean 2004. "The Deprivation Argument Against Abortion", *Bioethics* Vol. 18, No, 2.

Swanson, Jenniffer 2011. "Contractualism and the Moral Status of Animals", *Between the Species*, Vol. 14, Issue 1.

Taylor, Angus 2003. *Animals and Ethics* (Ontorio: Broadview Press).

Taylor, Paul 1984. "Are Humans Superior to Animals and Plants?" *Environmental Ethics*, 6.

Tooley, Michael 1972. "Abortion and Infanticide", *Philosophy and Public Affairs*, Vol.

2, No. 1.

Tooley, Michael 1973. "A Defense of *Abortion and Infanticide*", in Joel Feinberg, ed. *The Problem of Abortion*, (Belmont, California: Wadsworth Publishing Company).

Tooley, Michael 1983. *Abortion and Infanticide* (New York: Oxford University Press).

Tooley, Michael 1984. "In Defense of *Abortion and Infanticide*", in Joel Feinberg, ed. *The Problem of Abortion*, 2nd edition (Belmont, California: Wadsworth Publishing Company).

Tucker, Chris and C. MacDonald, Chris 2004. "Beastly contractarianism? A contractarian analysis of the possibility of animal rights", *Animal Ethics*, Vol. 5, No. 2.

Underwood, WJ (2002), "Pain and distress in agricultural animals", *Journal of the American Veterinary Medical Association* Vol. 221.

Viola, Marx and Emese, Nagy 2015. "*Fetal Behavioural Responses to Maternal Voice and Touch*", PLoS One 10: e0129118.

Vimal, Ram 2009. "Meanings Attributed to the term Consciousness: An Overview", *Journal of Consciousness Studies*, Vol.16, No. 5.

Warren, Mary 1983. "The Rights of the Nonhuman World", *Environmental Philosophy*, ed. Robert Elliot and Arran Gare (St. Lucia, Queensland and New York: University of Queensland Press).

Warren, Mary 1987. "Difficulties with the Strong Rights Position", *Between the Species* Vol 2, No 4.

Warren, Mary 2007. *Moral Status: Obligations to Persons and Other Living Things* (Oxford, Oxford University Press).

Wenar, Leif 2013. "Rights and What We Owe to Each Other", *Journal of Moral Philosophy*, Vol. 10.

Young, Thomas 1984. The Morality of Killing Animals: Four Arguments", *Ethics and Animals*, Vol 5.

찾아보기